司法所
工作规范手册

《司法所工作规范手册》编写组 编

中国法治出版社
CHINA LEGAL PUBLISHING HOUSE

关于《司法所工作规范手册》的编写说明

全面推进依法治国，基础在基层，工作重点在基层。以习近平同志为核心的党中央高度重视基层法治建设。习近平总书记强调，要深化基层依法治理，把法治建设建立在扎实的基层基础工作之上，让依法办事蔚然成风。党的二十届三中全会提出要"健全社会治理体系""拓宽基层各类组织和群众有序参与基层治理渠道"。司法所是新时代推进基层依法治理的重要力量。为深入贯彻落实习近平法治思想，贯彻落实党的二十届三中全会精神，更好发挥司法所在推进基层依法治理中的作用，增强司法行政基层一线工作者依法办事意识，提升司法所工作的规范化科学化标准化水平，司法部全面依法治国研究中心与中国法治出版社合作，组织汇编了这本《司法所工作规范手册》。

该书立足司法所工作实际，以司法所一线工作人员的实际需求为导向，紧密围绕司法所各项工作职责，对司法所工作涉及相关领域的法律、法规、规章、规范性文件等，加以系统归类和收录，以期为司法所一线工作人员提供一本手头必备的实用性工具用书，为新时代基层司法行政工作在法治轨道上规范有序推进提供便捷可及的专业支持；也希望能为相关业务管理人员和理论研究人员全面认识了解司法所工作制度概貌和实况，提供一份较为全面的参考资料；更希望能更好发挥司法行政研究和出版工作在服务促进司法所业务创新发展方面的积极作用，以期以跬步之积，助成致远之功，为新时代司法所工作的高质量发展、夯实全面依法治国基层基础，贡献一份力所能及的绵薄之力。

一、关于篇章结构

全书以工作内容和业务门类为纲，规范渊源形式为目，进行整体篇章构造。

第一层级（一级标题）分为：综合类、人民调解类、普法依法治理类、公共法律服务类、社区矫正类、依法行政类、队伍建设类、工作保障类等八类。

第二层级（二级标题）按照规范的效力来源及形式，主要分为：（一）法律法规类（又分为法律类、行政法规类、监察法规类、部门规章类、司法解释类等几个小类）；（二）规范性文件和业务规范、标准类（侧重收录的是部门规范性文件和相关业务单位发布的工作规范和行业标准。根据具体业务门类，有的又相应细分为规范性文件类和业务规范、标准类2个小类）。

二、关于选编范围

选编的内容在范围上既包括与司法所工作直接相关的规范，也包括与司法所业务间接相关的规范，还包括一些体现新时代司法所工作改革发展所需依据的背景性、指导性规范。

同时，从兼顾手册用书的便捷性与全面性考虑，本书采用纸质版和电子版两种书籍形态。与司法所工作直接相关的规范通过纸质书形态加以收录。对一些背景性的或者与司法所工作间接相关的规范，则大多通过电子书形态加以收录。也即，在纸质书的总目录中以楷体字标注的规范仅存目，条文具体内容可扫描总目录后二维码查阅规范的电子版本；总目录后的目录则为该纸质书所收录内容的目次。

三、关于目录的体例和编排顺序

总目录和目录呈现的内容包括规范标题和题注。题注包括公布或通过日期。总目录和目录的编排顺序，采用的是以时间递减标准优先，并以业务关联度由高至低降序、内容相近项靠近排列相补充的排列原则。

四、关于地方性法规、规章以及地方规范性文件的汇编

本书中未收录"地方性法规、规章""地方规范性文件",是考虑到相关规范数量较多,且对读者需求的满足方面稍欠普遍性和针对性;加以本书篇幅有限,承载能力有所不足。但在该书的编写过程中,我们已经对相关的地方性法规、规章以及地方性规范做了系统完整的收集和整理,有待后续在可能的条件下,探索新的更好服务地方司法所工作规范化标准化建设、促进司法所工作高质量高效能发展的方式和举措。

本书在编写过程中也多次征求相关业务主管部门、地方司法厅(局)、司法所工作一线同仁、法学专家的意见建议。司法部人民参与和促进法治局、政治部、法治调研局、监狱管理局、社区矫正管理局、行政复议与应诉局、行政执法协调监督局、普法与依法治理局、公共法律服务管理局、律师工作局、装备财务保障局、信息中心、法律援助中心的相关领导和同志,从自身业务领域出发,对本书相关部分内容给予了专业、权威的帮助、指导和支持。在此一并致以诚挚的感谢!

《司法所工作规范手册》编写组
2025年7月8日

【本书包含总目录和目录。总目录包含电子书和纸质书所收录的所有规范，总目录之后的目录仅为这本纸质书的目录。其中，总目录中楷体字标注的规范仅存目，其正文内容可扫描目录后二维码查阅电子版；总目录中宋体字标注的规范即为本书目录中的规范，其正文内容可在这本纸质书中直接查阅。】

总　目　录[*]

（为纸质书和电子书通排的目次）

一、综合类

（一）法律法规类

1. 法律类

中华人民共和国宪法 ………………………………………… 1
　　（2018年3月11日）
中华人民共和国民法典
　　（2020年5月28日）
中华人民共和国民事诉讼法
　　（2023年9月1日）
中华人民共和国乡村振兴促进法
　　（2021年4月29日）

---

[*] 本目录的时间为规范的公布时间，或最后一次修正、修订的通过时间或公布时间。

中华人民共和国城市居民委员会组织法
　　（2018年12月29日）
中华人民共和国村民委员会组织法
　　（2018年12月29日）
中华人民共和国突发事件应对法
　　（2024年6月28日）
中华人民共和国反电信网络诈骗法
　　（2022年9月2日）
中华人民共和国未成年人保护法
　　（2024年4月26日）
中华人民共和国妇女权益保障法
　　（2022年10月30日）
中华人民共和国老年人权益保障法
　　（2018年12月29日）
中华人民共和国反家庭暴力法
　　（2015年12月27日）
中华人民共和国仲裁法
　　（2017年9月1日）
中华人民共和国农村土地承包经营纠纷调解仲裁法
　　（2009年6月27日）
中华人民共和国劳动争议调解仲裁法
　　（2007年12月29日）

2. 行政法规类

保障农民工工资支付条例
　　（2019年12月30日）
农业保险条例
　　（2016年2月6日）

3. 部门规章类
司法行政机关信访工作办法
（2018年2月9日）

4. 司法解释类
最高人民法院关于审理涉彩礼纠纷案件适用法律若干问题的规定
（2024年1月17日）
最高人民法院关于审理涉及农村土地承包经营纠纷调解仲裁案件适用法律若干问题的解释
（2020年12月29日）
最高人民法院关于审理涉及农村土地承包纠纷案件适用法律问题的解释
（2020年12月29日）
最高人民法院关于人民法院民事调解工作若干问题的规定
（2020年12月29日）

（二）规范性文件和业务规范、标准类

1. 规范性文件类
司法部关于印发《司法所外观标识规范》的通知
（2019年8月28日）

2. 业务规范、标准类
全国司法所工作规范（SF/T 0084—2021） ·························· 30
（2021年12月9日）

3

二、人民调解类

（一）法律法规类

1. 法律类
中华人民共和国人民调解法 ………………………… 47
　　（2010年8月28日）

2. 行政法规类
人民调解委员会组织条例
　　（1989年6月17日）
医疗纠纷预防和处理条例
　　（2018年7月31日）

3. 司法解释类
最高人民法院关于人民调解协议司法确认程序的若干规定 ……… 52
　　（2011年3月23日）

4. 部门规章类
人民调解工作若干规定 ………………………………… 55
　　（2002年9月26日）
人民调解委员会及调解员奖励办法 …………………… 62
　　（1991年7月12日）
企业劳动争议协商调解规定
　　（2011年11月30日）

（二）规范性文件和业务规范、标准类

1. 规范性文件类

司法部关于推进个人调解工作室建设的指导意见 …………… 65
　　（2018 年 11 月 13 日）
中央政法委、最高人民法院、司法部、民政部、财政部、
　　人力资源和社会保障部关于印发《关于加强人民调解员
　　队伍建设的意见》的通知 ………………………………… 69
　　（2018 年 4 月 19 日）
全国妇联、中央综治办、最高人民法院、公安部、民政部、
　　司法部关于做好婚姻家庭纠纷预防化解工作的意见 …… 78
　　（2017 年 3 月 17 日）
司法部、中央综治办、最高人民法院、民政部关于推进行
　　业性专业性人民调解工作的指导意见 …………………… 85
　　（2016 年 1 月 5 日）
司法部关于进一步加强行业性专业性人民调解工作的意见
　　（2014 年 9 月 30 日）
司法部关于加强行业性、专业性人民调解委员会建设的意见
　　（2011 年 5 月 12 日）
司法部关于贯彻实施《中华人民共和国人民调解法》的意见 …… 91
　　（2010 年 12 月 24 日）
公安部、司法部、中国保险监督管理委员会关于推行人民
　　调解委员会调解道路交通事故民事损害赔偿工作的通知 …… 96
　　（2010 年 6 月 23 日）
司法部、卫生部、保监会关于加强医疗纠纷人民调解工作
　　的意见 ……………………………………………………… 99
　　（2010 年 1 月 8 日）

财政部、司法部关于进一步加强人民调解工作经费保障的
意见 ·· 103
 （2007年7月9日）
司法部关于加强人民调解员培训工作的意见
 （2003年7月8日）
司法部关于制发人民调解委员会印章问题的批复
 （2003年5月12日）
司法部、国家信访局印发《关于进一步深化人民调解参与
信访工作对接 推进信访工作法治化的意见》的通知
 （2025年2月10日）
国家知识产权局、司法部关于印发《关于加强知识产权纠
纷调解工作的意见》的通知
 （2021年10月22日）
民政部、中央政法委、最高人民法院、最高人民检察院、
公安部、司法部关于规范养老机构服务行为 做好服务纠
纷处理工作的意见
 （2020年7月27日）
人力资源社会保障部、司法部、财政部关于进一步加强劳
动人事争议调解仲裁法律援助工作的意见
 （2020年6月22日）
最高人民法院、国家发展和改革委员会、司法部关于深入
开展价格争议纠纷调解工作的意见
 （2019年12月9日）

2. 业务规范、标准类

全国人民调解工作规范（SF/T 0083—2020） ·················· 105
 （2020年12月30日）
中华全国人民调解员协会章程
 （2021年6月7日）

人力资源社会保障部办公厅、最高人民法院办公厅、司法部办公厅、全国总工会办公厅、全国工商联办公厅、中国企联办公室关于加强新就业形态劳动纠纷一站式调解工作的通知

（2024年1月19日）

三、普法依法治理类

（一）法律法规类

1. 法律类

中华人民共和国公共文化服务保障法

（2016年12月25日）

2. 部门规章类

中小学法治副校长聘任与管理办法 ………… 130

（2021年12月27日）

互联网文化管理暂行规定

（2017年12月15日）

（二）规范性文件和业务规范、标准类

教育部办公厅关于严禁有害APP进入中小学校园的通知

（2018年12月25日）

教育部、司法部、全国普法办关于印发《青少年法治教育大纲》的通知 ………… 135

（2016年6月28日）

四、公共法律服务类

（一）法律法规类

1. 法律类
中华人民共和国法律援助法
　　（2021年8月20日）
中华人民共和国律师法
　　（2017年9月1日）
中华人民共和国公证法
　　（2017年9月1日）
全国人民代表大会常务委员会关于司法鉴定管理问题的决定
　　（2015年4月24日）

2. 行政法规类
法律援助条例
　　（2003年7月21日）

3. 部门规章类
办理法律援助案件程序规定
　　（2023年7月11日）
律师事务所管理办法
　　（2018年12月5日）
律师执业管理办法
　　（2016年9月18日）
公证执业活动投诉处理办法
　　（2021年11月30日）
公证程序规则
　　（2020年10月20日）

公证员执业管理办法

（2006年3月14日）

公证机构执业管理办法

（2006年2月23日）

遗嘱公证细则

（2000年3月24日）

提存公证规则

（1995年6月2日）

司法鉴定执业活动投诉处理办法

（2019年4月4日）

司法鉴定程序通则

（2016年3月2日）

基层法律服务所管理办法

（2017年12月25日）

基层法律服务工作者管理办法

（2017年12月25日）

4. 司法解释类

最高人民法院关于审理涉及公证活动相关民事案件的若干规定

（2020年12月29日）

最高人民法院关于公证债权文书执行若干问题的规定

（2018年9月30日）

（二）规范性文件和业务规范、标准类

1. 规范性文件类

关于印发《基本公共服务标准体系建设工程工作方案》的通知

（2023年12月26日）

最高人民法院、最高人民检察院、公安部、司法部关于印
　发《法律援助法实施工作办法》的通知
　　（2023年11月20日）
中央社会工作部、教育部、司法部关于印发《关于加强高
　校法律援助志愿服务工作的意见》的通知
　　（2024年6月14日）
司法部、中国残疾人联合会关于进一步加强残疾人法律服
　务工作的意见
　　（2023年12月15日）
最高人民法院、中国残疾人联合会关于在审判执行工作中
　切实维护残疾人合法权益的意见（节录）
　　（2018年7月13日）
司法部关于印发《法律援助文书格式》的通知
　　（2023年11月10日）
司法部、中央文明办关于印发《法律援助志愿者管理办法》的通知
　　（2021年12月31日）
军人军属法律援助工作实施办法
　　（2023年3月1日）
退役军人事务部、司法部关于印发《关于加强退役军人法
　律援助工作的意见》的通知
　　（2021年12月7日）
人力资源社会保障部、司法部关于深化公共法律服务专业
　人员职称制度改革的指导意见
　　（2021年7月27日）
司法部关于印发《公共法律服务事项清单》的通知 …………… 150
　　（2019年9月27日）
司法部、财政部印发《关于完善法律援助补贴标准的指导
　意见》的通知
　　（2019年2月15日）

10

司法部关于进一步加强和规范村（居）法律顾问工作的意见 ··· 153
  （2018年6月15日）

司法部关于印发《关于促进律师参与公益法律服务的意见》
  的通知 ·· 159
  （2019年10月17日）

最高人民法院、司法部关于扩大律师调解试点工作的通知 ······ 164
  （2018年12月26日）

最高人民检察院、司法部、中华全国律师协会《关于依法
  保障律师执业权利的十条意见》
  （2023年3月1日）

最高人民法院、最高人民检察院、公安部、司法部关于进
  一步深化刑事案件律师辩护全覆盖试点工作的意见
  （2022年10月12日）

司法部、国家发展和改革委员会、国家市场监督管理总局
  印发《关于进一步规范律师服务收费的意见》的通知
  （2021年12月28日）

最高人民法院、最高人民检察院、公安部、国家安全部、
  司法部关于印发《法律援助值班律师工作办法》的通知
  （2020年8月20日）

最高人民法院、司法部关于依法保障律师诉讼权利和规范
  律师参与庭审活动的通知
  （2018年4月21日）

司法部、住房城乡建设部关于开展律师参与城市管理执法
  工作的意见
  （2017年11月2日）

司法部、中华全国律师协会关于进一步加强律师惩戒工作的通知
  （2017年7月4日）

最高人民法院、最高人民检察院、公安部、国家安全部、
　司法部、中华全国律师协会关于建立健全维护律师执业
　权利快速联动处置机制的通知
　　（2017年4月14日）
司法部关于加强律师违法违规行为投诉处理工作的通知
　　（2017年3月3日）
司法部、财政部印发《关于律师开展法律援助工作的意见》的通知
　　（2017年2月17日）
司法部、国家信访局关于深入开展律师参与信访工作的意见
　　（2016年12月16日）
最高人民法院、最高人民检察院、公安部、国家安全部、
　司法部印发《关于依法保障律师执业权利的规定》的通知
　　（2015年9月16日）
司法部关于印发《关于优化公证服务更好利企便民的意见》的通知
　　（2021年5月28日）
最高人民法院、司法部关于扩大公证参与人民法院司法辅
　助事务试点工作的通知
　　（2019年6月25日）
司法部、自然资源部关于印发《关于推进公证与不动产登
　记领域信息查询共享机制建设的意见》的通知
　　（2018年12月18日）
司法部关于公证执业"五不准"的通知
　　（2017年8月14日）
司法部、民政部、全国老龄工作委员会办公室关于开展
　"法律服务　助老护老"行动的通知……………………………174
　　（2024年4月15日）
司法部、全国老龄工作委员会办公室关于深入开展老年人
　法律服务和法律援助工作的通知 ……………………………178
　　（2015年3月11日）

2. 业务规范、标准类

全国刑事法律援助服务规范（SF/T 0032—2023）

  （2023 年 11 月 16 日）

全国民事行政法律援助服务规范（SF/T 0058—2023）

  （2023 年 11 月 16 日）

民事行政法律援助案件质量同行评估规则（SF/T 0085—2020）

  （2020 年 12 月 30 日）

司法部办公厅关于开展"法援护苗"行动的通知

  （2024 年 4 月 26 日）

关于印发《未成年人法律援助服务指引（试行）》的通知 …… 181

  （2020 年 9 月 16 日）

司法部办公厅关于印发公共法律服务领域基层政务公开标

  准指引的通知

  （2019 年 5 月 20 日）

司法部办公厅关于印发《"公证减证便民提速"活动方案》的通知

  （2024 年 2 月 19 日）

司法部办公厅关于进一步推进海外远程视频公证工作的通知

  （2023 年 5 月 31 日）

司法部办公厅关于推进海外远程视频公证试点工作的通知

  （2022 年 5 月 5 日）

司法部办公厅关于加快推进部分公证事项"跨省通办"工作的通知

  （2021 年 11 月 12 日）

司法部办公厅关于调整公证机构执业区域的通知

  （2021 年 7 月 29 日）

司法部办公厅关于落实部分公证服务事项"跨省通办"有

  关工作的通知

  （2020 年 12 月 4 日）

五、社区矫正类

（一）法律法规类

1. 法律类

中华人民共和国社区矫正法 …………………………… 194
（2019 年 12 月 28 日）
中华人民共和国刑法（节录）
（2023 年 12 月 29 日）
中华人民共和国刑事诉讼法（节录）
（2018 年 10 月 26 日）
中华人民共和国治安管理处罚法
（2025 年 6 月 27 日）
中华人民共和国反有组织犯罪法（节录）
（2021 年 12 月 24 日）
中华人民共和国预防未成年人犯罪法（节录）
（2020 年 12 月 26 日）
中华人民共和国反恐怖主义法（节录）
（2018 年 4 月 27 日）
中华人民共和国监狱法（节录）
（2012 年 10 月 26 日）

2. 司法解释类

最高人民法院关于适用《中华人民共和国刑事诉讼法》的
　解释（节录）
　（2021 年 1 月 26 日）

人民检察院刑事诉讼规则（节录）
（2019年12月30日）

（二）规范性文件和业务规范、标准类

1. 规范性文件类

最高人民法院、最高人民检察院、公安部、司法部关于印
　发《中华人民共和国社区矫正法实施办法》的通知 ………… 205
　（2020年6月18日）
最高人民法院、最高人民检察院、公安部、国家安全部、司
　法部印发《关于规范量刑程序若干问题的意见》的通知
　（2020年11月5日）
最高人民法院、最高人民检察院、公安部、国家安全部、
　司法部、国家卫生健康委关于印发《关于进一步规范暂
　予监外执行工作的意见》的通知 ……………………………… 226
　（2023年5月28日）
司法部关于印发《监狱暂予监外执行程序规定》的通知
　（2016年8月22日）
最高人民法院、最高人民检察院、公安部、司法部、国家
　卫生计生委关于印发《暂予监外执行规定》的通知
　（2014年10月24日）
最高人民法院、最高人民检察院、公安部、司法部关于进
　一步加强社区矫正工作衔接配合管理的意见
　（2016年8月30日）
司法部、中央综治办、教育部、民政部、财政部、人力资
　源社会保障部关于组织社会力量参与社区矫正工作的意见
　（2014年9月26日）
最高人民法院、最高人民检察院、公安部、司法部关于全
　面推进社区矫正工作的意见
　（2014年8月27日）

2. **业务规范、标准类**

社区矫正术语（SF/T 0055—2019） ·················· 233
（2019 年 9 月 30 日）

六、依法行政类

（一）法律法规类

1. **法律类**

中华人民共和国立法法
　　（2023 年 3 月 13 日）
中华人民共和国行政复议法
　　（2023 年 9 月 1 日）
中华人民共和国行政处罚法
　　（2021 年 1 月 22 日）
中华人民共和国行政许可法
　　（2019 年 4 月 23 日）
中华人民共和国行政诉讼法
　　（2017 年 6 月 27 日）
中华人民共和国行政强制法
　　（2011 年 6 月 30 日）
中华人民共和国国家赔偿法
　　（2012 年 10 月 26 日）

2. **行政法规类**

中华人民共和国政府信息公开条例
　　（2019 年 4 月 3 日）

中华人民共和国行政复议法实施条例

（2007年5月29日）

3. 部门规章类

网信部门行政执法程序规定

（2023年3月18日）

农业综合行政执法管理办法 ………………………………… 248

（2022年11月22日）

应急管理行政执法人员依法履职管理规定 ……………… 256

（2022年10月13日）

交通运输行政执法程序规定

（2021年6月30日）

市场监督管理行政执法责任制规定

（2021年5月26日）

（二）规范性文件和业务规范、标准类

1. 规范性文件类

司法部关于印发《行政复议普通程序听取意见办法》《行政
　　复议普通程序听证办法》《关于进一步加强行政复议调解
　　工作推动行政争议实质性化解的指导意见》的通知 ………… 263

（2024年4月3日）

财政部、司法部关于印发《综合行政执法制式服装和标志
　　管理办法》的通知

（2020年12月9日）

应急管理部关于印发《应急管理综合行政执法事项指导目
　　录（2023年版）》的通知

（2023年7月17日）

17

市场监管总局关于印发《市场监督管理综合行政执法事项指导目录（2022年版）》的通知

（2022年11月14日）

文化和旅游部关于印发《文化市场综合行政执法事项指导目录（2021年版）》的通知

（2021年6月25日）

交通运输部关于印发《交通运输综合行政执法事项指导目录（2020年版）》的通知

（2020年12月31日）

农业农村部关于印发《农业综合行政执法事项指导目录（2020年版）》的通知

（2020年5月27日）

农业农村部、国家乡村振兴局关于在乡村治理中推广运用清单制有关工作的通知

（2021年9月24日）

自然资源部办公厅关于印发《自然资源领域依法分类处理信访诉求清单及主要依据》的通知

（2020年3月5日）

2. 业务规范、标准类

行政执法法律法规章编码规则和数据元（SF/T 0163—2023）

（2023年11月16日）

行政执法综合管理监督信息系统数据元和代码集（SF/T 0052—2023）

（2023年11月16日）

七、队伍建设类

（一）法律法规类

1. 法律类

全国人民代表大会常务委员会关于实施渐进式延迟法定退休年龄的决定

　　（2024 年 9 月 13 日）

中华人民共和国公职人员政务处分法 …………………… 277

　　（2020 年 6 月 20 日）

中华人民共和国公务员法

　　（2018 年 12 月 29 日）

中华人民共和国监察法

　　（2024 年 12 月 25 日）

2. 行政法规类

志愿服务条例

　　（2017 年 8 月 22 日）

3. 监察法规类

中华人民共和国监察法实施条例

　　（2025 年 6 月 1 日）

（二）规范性文件和业务规范、标准类

关于新形势下加强司法行政队伍建设的意见

　　（2016 年 12 月 28 日）

关于进一步规范司法人员与当事人、律师、特殊关系人、
  中介组织接触交往行为的若干规定 ················ 292
（2015年9月6日）

八、工作保障类

（一）法律法规类

1. 法律类
中华人民共和国政府采购法
  （2014年8月31日）

2. 行政法规类
关键信息基础设施安全保护条例
  （2021年7月30日）
行政事业性国有资产管理条例
  （2021年2月1日）
中华人民共和国政府采购法实施条例
  （2015年1月30日）
财政违法行为处罚处分条例
  （2011年1月8日）

3. 部门规章类
网络信息内容生态治理规定
  （2019年12月15日）
政府采购货物和服务招标投标管理办法
  （2017年7月11日）

（二）规范性文件和业务规范、标准类

1. 规范性文件类

司法部、财政部关于建立健全政府购买法律服务机制的意见 … 296
　　（2020 年 10 月 8 日）
关于积极推行政府购买服务 加强基层社会救助经办服务能
　　力的意见
　　（2017 年 9 月 15 日）
关于印发《中央支持地方公共文化服务体系建设补助资金
　　管理办法》的通知
　　（2022 年 12 月 29 日）

2. 业务规范、标准类

司法行政信息资源中心建设规范（SF/T 0089—2021）
　　（2021 年 8 月 31 日）
司法行政云文档平台建设与应用技术规范（SF/T 0090—2021）
　　（2021 年 8 月 31 日）

扫描上方二维码可查阅本书电子版增补规范
(即总目录中为楷体字的规范)

目　　录

(仅载纸质书目次，所录规范目次与总目录保持一致)

一、综合类

(一) 法律法规类

1. 法律类

中华人民共和国宪法 …………………………………… 1
　　(2018 年 3 月 11 日)

(二) 规范性文件和业务规范、标准类

2. 业务规范、标准类

全国司法所工作规范（SF/T 0084—2021） ………………… 30
　　(2021 年 12 月 9 日)

二、人民调解类

(一) 法律法规类

1. 法律类

中华人民共和国人民调解法 …………………………… 47
　　(2010 年 8 月 28 日)

1

3. 司法解释类
最高人民法院关于人民调解协议司法确认程序的若干规定 ……… 52
　　（2011年3月23日）

4. 部门规章类
人民调解工作若干规定 …………………………………… 55
　　（2002年9月26日）
人民调解委员会及调解员奖励办法 ……………………… 62
　　（1991年7月12日）

（二）规范性文件和业务规范、标准类

1. 规范性文件类
司法部关于推进个人调解工作室建设的指导意见 ………… 65
　　（2018年11月13日）
中央政法委、最高人民法院、司法部、民政部、财政部、
　　人力资源和社会保障部关于印发《关于加强人民调解员
　　队伍建设的意见》的通知 ……………………………… 69
　　（2018年4月19日）
全国妇联、中央综治办、最高人民法院、公安部、民政部、
　　司法部关于做好婚姻家庭纠纷预防化解工作的意见 …… 78
　　（2017年3月17日）
司法部、中央综治办、最高人民法院、民政部关于推进行
　　业性专业性人民调解工作的指导意见 ………………… 85
　　（2016年1月5日）
司法部关于贯彻实施《中华人民共和国人民调解法》的意见 … 91
　　（2010年12月24日）
公安部、司法部、中国保险监督管理委员会关于推行人民
　　调解委员会调解道路交通事故民事损害赔偿工作的通知 …… 96
　　（2010年6月23日）

司法部、卫生部、保监会关于加强医疗纠纷人民调解工作
的意见 ·· 99
　　（2010 年 1 月 8 日）
财政部、司法部关于进一步加强人民调解工作经费保障的
意见 ·· 103
　　（2007 年 7 月 9 日）

2. 业务规范、标准类
全国人民调解工作规范（SF/T 0083—2020）················· 105
　　（2020 年 12 月 30 日）

三、普法依法治理类

（一）法律法规类

2. 部门规章类
中小学法治副校长聘任与管理办法 ······························· 130
　　（2021 年 12 月 27 日）

（二）规范性文件和业务规范、标准类

教育部、司法部、全国普法办关于印发《青少年法治教育
大纲》的通知 ··· 135
　　（2016 年 6 月 28 日）

3

四、公共法律服务类

（二）规范性文件和业务规范、标准类

1. 规范性文件类

司法部关于印发《公共法律服务事项清单》的通知 …………… 150
　　（2019年9月27日）
司法部关于进一步加强和规范村（居）法律顾问工作的意见 … 153
　　（2018年6月15日）
司法部关于印发《关于促进律师参与公益法律服务的意见》
　　的通知 …………………………………………………………… 159
　　（2019年10月17日）
最高人民法院、司法部关于扩大律师调解试点工作的通知 …… 164
　　（2018年12月26日）
司法部、民政部、全国老龄工作委员会办公室关于开展
　　"法律服务　助老护老"行动的通知 ………………………… 174
　　（2024年4月15日）
司法部、全国老龄工作委员会办公室关于深入开展老年人
　　法律服务和法律援助工作的通知 ……………………………… 178
　　（2015年3月11日）

2. 业务规范、标准类

关于印发《未成年人法律援助服务指引（试行）》的通知 …… 181
　　（2020年9月16日）

五、社区矫正类

（一）法律法规类

1. 法律类

中华人民共和国社区矫正法 ………………………… 194
　（2019年12月28日）

（二）规范性文件和业务规范、标准类

1. 规范性文件类

最高人民法院、最高人民检察院、公安部、司法部关于印
　发《中华人民共和国社区矫正法实施办法》的通知 ……… 205
　（2020年6月18日）
最高人民法院、最高人民检察院、公安部、国家安全部、
　司法部、国家卫生健康委关于印发《关于进一步规范暂
　予监外执行工作的意见》的通知 ……………………… 226
　（2023年5月28日）

2. 业务规范、标准类

社区矫正术语（SF/T 0055—2019） ……………………… 233
　（2019年9月30日）

六、依法行政类

（一）法律法规类

3. 部门规章类

农业综合行政执法管理办法 ·················· 248
　　（2022 年 11 月 22 日）
应急管理行政执法人员依法履职管理规定 ········ 256
　　（2022 年 10 月 13 日）

（二）规范性文件和业务规范、标准类

1. 规范性文件类

司法部关于印发《行政复议普通程序听取意见办法》《行政
　　复议普通程序听证办法》《关于进一步加强行政复议调解
　　工作推动行政争议实质性化解的指导意见》的通知 ······ 263
　　（2024 年 4 月 3 日）

七、队伍建设类

（一）法律法规类

1. 法律类

中华人民共和国公职人员政务处分法 ············ 277
　　（2020 年 6 月 20 日）

（二）规范性文件和业务规范、标准类

关于进一步规范司法人员与当事人、律师、特殊关系人、
 中介组织接触交往行为的若干规定 …………………… 292
 （2015年9月6日）

八、工作保障类

（二）规范性文件和业务规范、标准类

1. 规范性文件类
司法部、财政部关于建立健全政府购买法律服务机制的意见 … 296
 （2020年10月8日）

一、综合类

（一）法律法规类

1. 法律类

中华人民共和国宪法

（1982年12月4日第五届全国人民代表大会第五次会议通过　1982年12月4日全国人民代表大会公告公布施行

根据1988年4月12日第七届全国人民代表大会第一次会议通过的《中华人民共和国宪法修正案》、1993年3月29日第八届全国人民代表大会第一次会议通过的《中华人民共和国宪法修正案》、1999年3月15日第九届全国人民代表大会第二次会议通过的《中华人民共和国宪法修正案》、2004年3月14日第十届全国人民代表大会第二次会议通过的《中华人民共和国宪法修正案》和2018年3月11日第十三届全国人民代表大会第一次会议通过的《中华人民共和国宪法修正案》修正）

序　言

中国是世界上历史最悠久的国家之一。中国各族人民共同创造了光辉灿烂的文化，具有光荣的革命传统。

一八四〇年以后，封建的中国逐渐变成半殖民地、半封建的国家。中国人民为国家独立、民族解放和民主自由进行了前仆后继的英勇奋斗。

二十世纪，中国发生了翻天覆地的伟大历史变革。

一九一一年孙中山先生领导的辛亥革命，废除了封建帝制，创立了中华民国。但是，中国人民反对帝国主义和封建主义的历史任务还没有完成。

一九四九年，以毛泽东主席为领袖的中国共产党领导中国各族人民，在经历了长期的艰难曲折的武装斗争和其他形式的斗争以后，终于推翻了帝国主义、封建主义和官僚资本主义的统治，取得了新民主主义革命的伟大胜利，建立了中华人民共和国。从此，中国人民掌握了国家的权力，成为国家的主人。

中华人民共和国成立以后，我国社会逐步实现了由新民主主义到社会主义的过渡。生产资料私有制的社会主义改造已经完成，人剥削人的制度已经消灭，社会主义制度已经确立。工人阶级领导的、以工农联盟为基础的人民民主专政，实质上即无产阶级专政，得到巩固和发展。中国人民和中国人民解放军战胜了帝国主义、霸权主义的侵略、破坏和武装挑衅，维护了国家的独立和安全，增强了国防。经济建设取得了重大的成就，独立的、比较完整的社会主义工业体系已经基本形成，农业生产显著提高。教育、科学、文化等事业有了很大的发展，社会主义思想教育取得了明显的成效。广大人民的生活有了较大的改善。

中国新民主主义革命的胜利和社会主义事业的成就，是中国共产党领导中国各族人民，在马克思列宁主义、毛泽东思想的指引下，坚持真理，修正错误，战胜许多艰难险阻而取得的。我国将长期处于社会主义初级阶段。国家的根本任务是，沿着中国特色社会主义道路，集中力量进行社会主义现代化建设。中国各族人民将继续在中国共产党领导下，在马克思列宁主义、毛泽东思想、邓小平理论、"三个代表"重要思想、科学发展观、习近平新时代中国特色社会主义思想指引下，坚持人民民主专政，坚持社会主义道路，坚持改革开放，不断完善社会主义的各项制度，发展社会主义市场经济，发展社会主义民主，健全社会主义法治，贯彻新发展理念，自力更生，艰苦奋斗，逐步实现工业、农业、国防和科学技术的现代化，推动物质文明、政治文明、精神文明、社会文明、生态文明协调发展，把我国建设成为富强民主文明和谐美丽的社会主义现代化强国，实现中华民族伟大复兴。

在我国，剥削阶级作为阶级已经消灭，但是阶级斗争还将在一定范围内长期存在。中国人民对敌视和破坏我国社会主义制度的国内外的敌对势力和敌对分子，必须进行斗争。

台湾是中华人民共和国的神圣领土的一部分。完成统一祖国的大业是包括台湾同胞在内的全中国人民的神圣职责。

社会主义的建设事业必须依靠工人、农民和知识分子，团结一切可以团结的力量。在长期的革命、建设、改革过程中，已经结成由中国共产党领导的，有各民主党派和各人民团体参加的，包括全体社会主义劳动者、社会主义事业的建设者、拥护社会主义的爱国者、拥护祖国统一和致力于中华民族伟大复兴的爱国者的广泛的爱国统一战线，这个统一战线将继续巩固和发展。中国人民政治协商会议是有广泛代表性的统一战线组织，过去发挥了重要的历史作用，今后在国家政治生活、社会生活和对外友好活动中，在进行社会主义现代化建设、维护国家的统一和团结的斗争中，将进一步发挥它的重要作用。中国共产党领导的多党合作和政治协商制度将长期存在和发展。

中华人民共和国是全国各族人民共同缔造的统一的多民族国家。平等团结互助和谐的社会主义民族关系已经确立，并将继续加强。在维护民族团结的斗争中，要反对大民族主义，主要是大汉族主义，也要反对地方民族主义。国家尽一切努力，促进全国各民族的共同繁荣。

中国革命、建设、改革的成就是同世界人民的支持分不开的。中国的前途是同世界的前途紧密地联系在一起的。中国坚持独立自主的对外政策,坚持互相尊重主权和领土完整、互不侵犯、互不干涉内政、平等互利、和平共处的五项原则,坚持和平发展道路,坚持互利共赢开放战略,发展同各国的外交关系和经济、文化交流,推动构建人类命运共同体;坚持反对帝国主义、霸权主义、殖民主义,加强同世界各国人民的团结,支持被压迫民族和发展中国家争取和维护民族独立、发展民族经济的正义斗争,为维护世界和平和促进人类进步事业而努力。

本宪法以法律的形式确认了中国各族人民奋斗的成果,规定了国家的根本制度和根本任务,是国家的根本法,具有最高的法律效力。全国各族人民、一切国家机关和武装力量、各政党和各社会团体、各企业事业组织,都必须以宪法为根本的活动准则,并且负有维护宪法尊严、保证宪法实施的职责。

第一章 总　　纲

第一条　中华人民共和国是工人阶级领导的、以工农联盟为基础的人民民主专政的社会主义国家。

社会主义制度是中华人民共和国的根本制度。中国共产党领导是中国特色社会主义最本质的特征。禁止任何组织或者个人破坏社会主义制度。

第二条　中华人民共和国的一切权力属于人民。

人民行使国家权力的机关是全国人民代表大会和地方各级人民代表大会。

人民依照法律规定,通过各种途径和形式,管理国家事务,管理经济和文化事业,管理社会事务。

第三条　中华人民共和国的国家机构实行民主集中制的原则。

全国人民代表大会和地方各级人民代表大会都由民主选举产生,对人民负责,受人民监督。

国家行政机关、监察机关、审判机关、检察机关都由人民代表大会产生,对它负责,受它监督。

中央和地方的国家机构职权的划分，遵循在中央的统一领导下，充分发挥地方的主动性、积极性的原则。

第四条 中华人民共和国各民族一律平等。国家保障各少数民族的合法的权利和利益，维护和发展各民族的平等团结互助和谐关系。禁止对任何民族的歧视和压迫，禁止破坏民族团结和制造民族分裂的行为。

国家根据各少数民族的特点和需要，帮助各少数民族地区加速经济和文化的发展。

各少数民族聚居的地方实行区域自治，设立自治机关，行使自治权。各民族自治地方都是中华人民共和国不可分离的部分。

各民族都有使用和发展自己的语言文字的自由，都有保持或者改革自己的风俗习惯的自由。

第五条 中华人民共和国实行依法治国，建设社会主义法治国家。

国家维护社会主义法制的统一和尊严。

一切法律、行政法规和地方性法规都不得同宪法相抵触。

一切国家机关和武装力量、各政党和各社会团体、各企业事业组织都必须遵守宪法和法律。一切违反宪法和法律的行为，必须予以追究。

任何组织或者个人都不得有超越宪法和法律的特权。

第六条 中华人民共和国的社会主义经济制度的基础是生产资料的社会主义公有制，即全民所有制和劳动群众集体所有制。社会主义公有制消灭人剥削人的制度，实行各尽所能、按劳分配的原则。

国家在社会主义初级阶段，坚持公有制为主体、多种所有制经济共同发展的基本经济制度，坚持按劳分配为主体、多种分配方式并存的分配制度。

第七条 国有经济，即社会主义全民所有制经济，是国民经济中的主导力量。国家保障国有经济的巩固和发展。

第八条 农村集体经济组织实行家庭承包经营为基础、统分结合的双层经营体制。农村中的生产、供销、信用、消费等各种形式的合作经济，是社会主义劳动群众集体所有制经济。参加农村集体经济组织的劳动者，有权在法律规定的范围内经营自留地、自留山、家庭副业和饲养自留畜。

城镇中的手工业、工业、建筑业、运输业、商业、服务业等行业的各种形式的合作经济，都是社会主义劳动群众集体所有制经济。

国家保护城乡集体经济组织的合法的权利和利益，鼓励、指导和帮助集体经济的发展。

第九条 矿藏、水流、森林、山岭、草原、荒地、滩涂等自然资源，都属于国家所有，即全民所有；由法律规定属于集体所有的森林和山岭、草原、荒地、滩涂除外。

国家保障自然资源的合理利用，保护珍贵的动物和植物。禁止任何组织或者个人用任何手段侵占或者破坏自然资源。

第十条 城市的土地属于国家所有。

农村和城市郊区的土地，除由法律规定属于国家所有的以外，属于集体所有；宅基地和自留地、自留山，也属于集体所有。

国家为了公共利益的需要，可以依照法律规定对土地实行征收或者征用并给予补偿。

任何组织或者个人不得侵占、买卖或者以其他形式非法转让土地。土地的使用权可以依照法律的规定转让。

一切使用土地的组织和个人必须合理地利用土地。

第十一条 在法律规定范围内的个体经济、私营经济等非公有制经济，是社会主义市场经济的重要组成部分。

国家保护个体经济、私营经济等非公有制经济的合法的权利和利益。国家鼓励、支持和引导非公有制经济的发展，并对非公有制经济依法实行监督和管理。

第十二条 社会主义的公共财产神圣不可侵犯。

国家保护社会主义的公共财产。禁止任何组织或者个人用任何手段侵占或者破坏国家的和集体的财产。

第十三条 公民的合法的私有财产不受侵犯。

国家依照法律规定保护公民的私有财产权和继承权。

国家为了公共利益的需要,可以依照法律规定对公民的私有财产实行征收或者征用并给予补偿。

第十四条 国家通过提高劳动者的积极性和技术水平,推广先进的科学技术,完善经济管理体制和企业经营管理制度,实行各种形式的社会主义责任制,改进劳动组织,以不断提高劳动生产率和经济效益,发展社会生产力。

国家厉行节约,反对浪费。

国家合理安排积累和消费,兼顾国家、集体和个人的利益,在发展生产的基础上,逐步改善人民的物质生活和文化生活。

国家建立健全同经济发展水平相适应的社会保障制度。

第十五条 国家实行社会主义市场经济。

国家加强经济立法,完善宏观调控。

国家依法禁止任何组织或者个人扰乱社会经济秩序。

第十六条 国有企业在法律规定的范围内有权自主经营。

国有企业依照法律规定,通过职工代表大会和其他形式,实行民主管理。

第十七条 集体经济组织在遵守有关法律的前提下,有独立进行经济活动的自主权。

集体经济组织实行民主管理,依照法律规定选举和罢免管理人员,决定经营管理的重大问题。

第十八条 中华人民共和国允许外国的企业和其他经济组织或者个人依照中华人民共和国法律的规定在中国投资,同中国的企业或者其他经济组织进行各种形式的经济合作。

在中国境内的外国企业和其他外国经济组织以及中外合资经营的企业,都必须遵守中华人民共和国的法律。它们的合法的权利和利益受中华人民共和国法律的保护。

第十九条 国家发展社会主义的教育事业,提高全国人民的科学文化水平。

国家举办各种学校，普及初等义务教育，发展中等教育、职业教育和高等教育，并且发展学前教育。

国家发展各种教育设施，扫除文盲，对工人、农民、国家工作人员和其他劳动者进行政治、文化、科学、技术、业务的教育，鼓励自学成才。

国家鼓励集体经济组织、国家企业事业组织和其他社会力量依照法律规定举办各种教育事业。

国家推广全国通用的普通话。

第二十条 国家发展自然科学和社会科学事业，普及科学和技术知识，奖励科学研究成果和技术发明创造。

第二十一条 国家发展医疗卫生事业，发展现代医药和我国传统医药，鼓励和支持农村集体经济组织、国家企业事业组织和街道组织举办各种医疗卫生设施，开展群众性的卫生活动，保护人民健康。

国家发展体育事业，开展群众性的体育活动，增强人民体质。

第二十二条 国家发展为人民服务、为社会主义服务的文学艺术事业、新闻广播电视事业、出版发行事业、图书馆博物馆文化馆和其他文化事业，开展群众性的文化活动。

国家保护名胜古迹、珍贵文物和其他重要历史文化遗产。

第二十三条 国家培养为社会主义服务的各种专业人才，扩大知识分子的队伍，创造条件，充分发挥他们在社会主义现代化建设中的作用。

第二十四条 国家通过普及理想教育、道德教育、文化教育、纪律和法制教育，通过在城乡不同范围的群众中制定和执行各种守则、公约，加强社会主义精神文明的建设。

国家倡导社会主义核心价值观，提倡爱祖国、爱人民、爱劳动、爱科学、爱社会主义的公德，在人民中进行爱国主义、集体主义和国际主义、共产主义的教育，进行辩证唯物主义和历史唯物主义的教育，反对资本主义的、封建主义的和其他的腐朽思想。

第二十五条 国家推行计划生育，使人口的增长同经济和社会发展计划相适应。

第二十六条 国家保护和改善生活环境和生态环境，防治污染和其他公害。

国家组织和鼓励植树造林，保护林木。

第二十七条 一切国家机关实行精简的原则，实行工作责任制，实行工作人员的培训和考核制度，不断提高工作质量和工作效率，反对官僚主义。

一切国家机关和国家工作人员必须依靠人民的支持，经常保持同人民的密切联系，倾听人民的意见和建议，接受人民的监督，努力为人民服务。

国家工作人员就职时应当依照法律规定公开进行宪法宣誓。

第二十八条 国家维护社会秩序，镇压叛国和其他危害国家安全的犯罪活动，制裁危害社会治安、破坏社会主义经济和其他犯罪的活动，惩办和改造犯罪分子。

第二十九条 中华人民共和国的武装力量属于人民。它的任务是巩固国防，抵抗侵略，保卫祖国，保卫人民的和平劳动，参加国家建设事业，努力为人民服务。

国家加强武装力量的革命化、现代化、正规化的建设，增强国防力量。

第三十条 中华人民共和国的行政区域划分如下：

（一）全国分为省、自治区、直辖市；

（二）省、自治区分为自治州、县、自治县、市；

（三）县、自治县分为乡、民族乡、镇。

直辖市和较大的市分为区、县。自治州分为县、自治县、市。

自治区、自治州、自治县都是民族自治地方。

第三十一条 国家在必要时得设立特别行政区。在特别行政区内实行的制度按照具体情况由全国人民代表大会以法律规定。

第三十二条 中华人民共和国保护在中国境内的外国人的合法权利和利益，在中国境内的外国人必须遵守中华人民共和国的法律。

中华人民共和国对于因为政治原因要求避难的外国人，可以给予受庇护的权利。

第二章 公民的基本权利和义务

第三十三条 凡具有中华人民共和国国籍的人都是中华人民共和国公民。

中华人民共和国公民在法律面前一律平等。

国家尊重和保障人权。

任何公民享有宪法和法律规定的权利，同时必须履行宪法和法律规定的义务。

第三十四条 中华人民共和国年满十八周岁的公民，不分民族、种族、性别、职业、家庭出身、宗教信仰、教育程度、财产状况、居住期限，都有选举权和被选举权；但是依照法律被剥夺政治权利的人除外。

第三十五条 中华人民共和国公民有言论、出版、集会、结社、游行、示威的自由。

第三十六条 中华人民共和国公民有宗教信仰自由。

任何国家机关、社会团体和个人不得强制公民信仰宗教或者不信仰宗教，不得歧视信仰宗教的公民和不信仰宗教的公民。

国家保护正常的宗教活动。任何人不得利用宗教进行破坏社会秩序、损害公民身体健康、妨碍国家教育制度的活动。

宗教团体和宗教事务不受外国势力的支配。

第三十七条 中华人民共和国公民的人身自由不受侵犯。

任何公民，非经人民检察院批准或者决定或者人民法院决定，并由公安机关执行，不受逮捕。

禁止非法拘禁和以其他方法非法剥夺或者限制公民的人身自由，禁止非法搜查公民的身体。

第三十八条 中华人民共和国公民的人格尊严不受侵犯。禁止用任何方法对公民进行侮辱、诽谤和诬告陷害。

第三十九条 中华人民共和国公民的住宅不受侵犯。禁止非法搜查或者非法侵入公民的住宅。

第四十条 中华人民共和国公民的通信自由和通信秘密受法律的保护。除因国家安全或者追查刑事犯罪的需要,由公安机关或者检察机关依照法律规定的程序对通信进行检查外,任何组织或者个人不得以任何理由侵犯公民的通信自由和通信秘密。

第四十一条 中华人民共和国公民对于任何国家机关和国家工作人员,有提出批评和建议的权利;对于任何国家机关和国家工作人员的违法失职行为,有向有关国家机关提出申诉、控告或者检举的权利,但是不得捏造或者歪曲事实进行诬告陷害。

对于公民的申诉、控告或者检举,有关国家机关必须查清事实,负责处理。任何人不得压制和打击报复。

由于国家机关和国家工作人员侵犯公民权利而受到损失的人,有依照法律规定取得赔偿的权利。

第四十二条 中华人民共和国公民有劳动的权利和义务。

国家通过各种途径,创造劳动就业条件,加强劳动保护,改善劳动条件,并在发展生产的基础上,提高劳动报酬和福利待遇。

劳动是一切有劳动能力的公民的光荣职责。国有企业和城乡集体经济组织的劳动者都应当以国家主人翁的态度对待自己的劳动。国家提倡社会主义劳动竞赛,奖励劳动模范和先进工作者。国家提倡公民从事义务劳动。

国家对就业前的公民进行必要的劳动就业训练。

第四十三条 中华人民共和国劳动者有休息的权利。

国家发展劳动者休息和休养的设施,规定职工的工作时间和休假制度。

第四十四条 国家依照法律规定实行企业事业组织的职工和国家机关工作人员的退休制度。退休人员的生活受到国家和社会的保障。

第四十五条 中华人民共和国公民在年老、疾病或者丧失劳动能力的情况下,有从国家和社会获得物质帮助的权利。国家发展为公民享受这些权利所需要的社会保险、社会救济和医疗卫生事业。

国家和社会保障残废军人的生活,抚恤烈士家属,优待军人家属。

国家和社会帮助安排盲、聋、哑和其他有残疾的公民的劳动、生活和教育。

第四十六条 中华人民共和国公民有受教育的权利和义务。

国家培养青年、少年、儿童在品德、智力、体质等方面全面发展。

第四十七条 中华人民共和国公民有进行科学研究、文学艺术创作和其他文化活动的自由。国家对于从事教育、科学、技术、文学、艺术和其他文化事业的公民的有益于人民的创造性工作,给以鼓励和帮助。

第四十八条 中华人民共和国妇女在政治的、经济的、文化的、社会的和家庭的生活等各方面享有同男子平等的权利。

国家保护妇女的权利和利益,实行男女同工同酬,培养和选拔妇女干部。

第四十九条 婚姻、家庭、母亲和儿童受国家的保护。

夫妻双方有实行计划生育的义务。

父母有抚养教育未成年子女的义务,成年子女有赡养扶助父母的义务。

禁止破坏婚姻自由,禁止虐待老人、妇女和儿童。

第五十条 中华人民共和国保护华侨的正当的权利和利益,保护归侨和侨眷的合法的权利和利益。

第五十一条 中华人民共和国公民在行使自由和权利的时候,不得损害国家的、社会的、集体的利益和其他公民的合法的自由和权利。

第五十二条　中华人民共和国公民有维护国家统一和全国各民族团结的义务。

第五十三条　中华人民共和国公民必须遵守宪法和法律，保守国家秘密，爱护公共财产，遵守劳动纪律，遵守公共秩序，尊重社会公德。

第五十四条　中华人民共和国公民有维护祖国的安全、荣誉和利益的义务，不得有危害祖国的安全、荣誉和利益的行为。

第五十五条　保卫祖国、抵抗侵略是中华人民共和国每一个公民的神圣职责。

依照法律服兵役和参加民兵组织是中华人民共和国公民的光荣义务。

第五十六条　中华人民共和国公民有依照法律纳税的义务。

第三章　国家机构

第一节　全国人民代表大会

第五十七条　中华人民共和国全国人民代表大会是最高国家权力机关。它的常设机关是全国人民代表大会常务委员会。

第五十八条　全国人民代表大会和全国人民代表大会常务委员会行使国家立法权。

第五十九条　全国人民代表大会由省、自治区、直辖市、特别行政区和军队选出的代表组成。各少数民族都应当有适当名额的代表。

全国人民代表大会代表的选举由全国人民代表大会常务委员会主持。

全国人民代表大会代表名额和代表产生办法由法律规定。

第六十条　全国人民代表大会每届任期五年。

全国人民代表大会任期届满的两个月以前，全国人民代表大会常务委员会必须完成下届全国人民代表大会代表的选举。如果遇到不能进行选举的非常情况，由全国人民代表大会常务委员会以全体组成人员的三分之二以上的多数通过，可以推迟选举，延长本届全国人民代表大会的任期。在非常情况结束后一年内，必须完成下届全国人民代表大会代表的选举。

第六十一条 全国人民代表大会会议每年举行一次，由全国人民代表大会常务委员会召集。如果全国人民代表大会常务委员会认为必要，或者有五分之一以上的全国人民代表大会代表提议，可以临时召集全国人民代表大会会议。

全国人民代表大会举行会议的时候，选举主席团主持会议。

第六十二条 全国人民代表大会行使下列职权：

（一）修改宪法；

（二）监督宪法的实施；

（三）制定和修改刑事、民事、国家机构的和其他的基本法律；

（四）选举中华人民共和国主席、副主席；

（五）根据中华人民共和国主席的提名，决定国务院总理的人选；根据国务院总理的提名，决定国务院副总理、国务委员、各部部长、各委员会主任、审计长、秘书长的人选；

（六）选举中央军事委员会主席；根据中央军事委员会主席的提名，决定中央军事委员会其他组成人员的人选；

（七）选举国家监察委员会主任；

（八）选举最高人民法院院长；

（九）选举最高人民检察院检察长；

（十）审查和批准国民经济和社会发展计划和计划执行情况的报告；

（十一）审查和批准国家的预算和预算执行情况的报告；

（十二）改变或者撤销全国人民代表大会常务委员会不适当的决定；

（十三）批准省、自治区和直辖市的建置；

（十四）决定特别行政区的设立及其制度；

（十五）决定战争和和平的问题；

（十六）应当由最高国家权力机关行使的其他职权。

第六十三条　全国人民代表大会有权罢免下列人员：

（一）中华人民共和国主席、副主席；

（二）国务院总理、副总理、国务委员、各部部长、各委员会主任、审计长、秘书长；

（三）中央军事委员会主席和中央军事委员会其他组成人员；

（四）国家监察委员会主任；

（五）最高人民法院院长；

（六）最高人民检察院检察长。

第六十四条　宪法的修改，由全国人民代表大会常务委员会或者五分之一以上的全国人民代表大会代表提议，并由全国人民代表大会以全体代表的三分之二以上的多数通过。

法律和其他议案由全国人民代表大会以全体代表的过半数通过。

第六十五条　全国人民代表大会常务委员会由下列人员组成：

委员长，

副委员长若干人，

秘书长，

委员若干人。

全国人民代表大会常务委员会组成人员中，应当有适当名额的少数民族代表。

全国人民代表大会选举并有权罢免全国人民代表大会常务委员会的组成人员。

全国人民代表大会常务委员会的组成人员不得担任国家行政机关、监察机关、审判机关和检察机关的职务。

第六十六条　全国人民代表大会常务委员会每届任期同全国人民代表大会每届任期相同，它行使职权到下届全国人民代表大会选出新的常务委员会为止。

委员长、副委员长连续任职不得超过两届。

第六十七条 全国人民代表大会常务委员会行使下列职权：

（一）解释宪法，监督宪法的实施；

（二）制定和修改除应当由全国人民代表大会制定的法律以外的其他法律；

（三）在全国人民代表大会闭会期间，对全国人民代表大会制定的法律进行部分补充和修改，但是不得同该法律的基本原则相抵触；

（四）解释法律；

（五）在全国人民代表大会闭会期间，审查和批准国民经济和社会发展计划、国家预算在执行过程中所必须作的部分调整方案；

（六）监督国务院、中央军事委员会、国家监察委员会、最高人民法院和最高人民检察院的工作；

（七）撤销国务院制定的同宪法、法律相抵触的行政法规、决定和命令；

（八）撤销省、自治区、直辖市国家权力机关制定的同宪法、法律和行政法规相抵触的地方性法规和决议；

（九）在全国人民代表大会闭会期间，根据国务院总理的提名，决定部长、委员会主任、审计长、秘书长的人选；

（十）在全国人民代表大会闭会期间，根据中央军事委员会主席的提名，决定中央军事委员会其他组成人员的人选；

（十一）根据国家监察委员会主任的提请，任免国家监察委员会副主任、委员；

（十二）根据最高人民法院院长的提请，任免最高人民法院副院长、审判员、审判委员会委员和军事法院院长；

（十三）根据最高人民检察院检察长的提请，任免最高人民检察院副检察长、检察员、检察委员会委员和军事检察院检察长，并且批准省、自治区、直辖市的人民检察院检察长的任免；

（十四）决定驻外全权代表的任免；

（十五）决定同外国缔结的条约和重要协定的批准和废除；

（十六）规定军人和外交人员的衔级制度和其他专门衔级制度；

（十七）规定和决定授予国家的勋章和荣誉称号；

（十八）决定特赦；

（十九）在全国人民代表大会闭会期间，如果遇到国家遭受武装侵犯或者必须履行国际间共同防止侵略的条约的情况，决定战争状态的宣布；

（二十）决定全国总动员或者局部动员；

（二十一）决定全国或者个别省、自治区、直辖市进入紧急状态；

（二十二）全国人民代表大会授予的其他职权。

第六十八条 全国人民代表大会常务委员会委员长主持全国人民代表大会常务委员会的工作，召集全国人民代表大会常务委员会会议。副委员长、秘书长协助委员长工作。

委员长、副委员长、秘书长组成委员长会议，处理全国人民代表大会常务委员会的重要日常工作。

第六十九条 全国人民代表大会常务委员会对全国人民代表大会负责并报告工作。

第七十条 全国人民代表大会设立民族委员会、宪法和法律委员会、财政经济委员会、教育科学文化卫生委员会、外事委员会、华侨委员会和其他需要设立的专门委员会。在全国人民代表大会闭会期间，各专门委员会受全国人民代表大会常务委员会的领导。

各专门委员会在全国人民代表大会和全国人民代表大会常务委员会领导下，研究、审议和拟订有关议案。

第七十一条 全国人民代表大会和全国人民代表大会常务委员会认为必要的时候，可以组织关于特定问题的调查委员会，并且根据调查委员会的报告，作出相应的决议。

调查委员会进行调查的时候，一切有关的国家机关、社会团体和公民都有义务向它提供必要的材料。

第七十二条 全国人民代表大会代表和全国人民代表大会常务委员会组成人员，有权依照法律规定的程序分别提出属于全国人民代表大会和全国人民代表大会常务委员会职权范围内的议案。

第七十三条　全国人民代表大会代表在全国人民代表大会开会期间，全国人民代表大会常务委员会组成人员在常务委员会开会期间，有权依照法律规定的程序提出对国务院或者国务院各部、各委员会的质询案。受质询的机关必须负责答复。

第七十四条　全国人民代表大会代表，非经全国人民代表大会会议主席团许可，在全国人民代表大会闭会期间非经全国人民代表大会常务委员会许可，不受逮捕或者刑事审判。

第七十五条　全国人民代表大会代表在全国人民代表大会各种会议上的发言和表决，不受法律追究。

第七十六条　全国人民代表大会代表必须模范地遵守宪法和法律，保守国家秘密，并且在自己参加的生产、工作和社会活动中，协助宪法和法律的实施。

全国人民代表大会代表应当同原选举单位和人民保持密切的联系，听取和反映人民的意见和要求，努力为人民服务。

第七十七条　全国人民代表大会代表受原选举单位的监督。原选举单位有权依照法律规定的程序罢免本单位选出的代表。

第七十八条　全国人民代表大会和全国人民代表大会常务委员会的组织和工作程序由法律规定。

第二节　中华人民共和国主席

第七十九条　中华人民共和国主席、副主席由全国人民代表大会选举。

有选举权和被选举权的年满四十五周岁的中华人民共和国公民可以被选为中华人民共和国主席、副主席。

中华人民共和国主席、副主席每届任期同全国人民代表大会每届任期相同。

第八十条　中华人民共和国主席根据全国人民代表大会的决定和全国人民代表大会常务委员会的决定，公布法律，任免国务院总理、副总理、国务委员、各部部长、各委员会主任、审计长、秘书长，授予国家的勋章和荣誉称号，发布特赦令，宣布进入紧急状态，宣布战争状态，发布动员令。

第八十一条 中华人民共和国主席代表中华人民共和国，进行国事活动，接受外国使节；根据全国人民代表大会常务委员会的决定，派遣和召回驻外全权代表，批准和废除同外国缔结的条约和重要协定。

第八十二条 中华人民共和国副主席协助主席工作。

中华人民共和国副主席受主席的委托，可以代行主席的部分职权。

第八十三条 中华人民共和国主席、副主席行使职权到下届全国人民代表大会选出的主席、副主席就职为止。

第八十四条 中华人民共和国主席缺位的时候，由副主席继任主席的职位。

中华人民共和国副主席缺位的时候，由全国人民代表大会补选。

中华人民共和国主席、副主席都缺位的时候，由全国人民代表大会补选；在补选以前，由全国人民代表大会常务委员会委员长暂时代理主席职位。

第三节　国　务　院

第八十五条 中华人民共和国国务院，即中央人民政府，是最高国家权力机关的执行机关，是最高国家行政机关。

第八十六条 国务院由下列人员组成：

总理，

副总理若干人，

国务委员若干人，

各部部长，

各委员会主任，

审计长，

19

秘书长。

国务院实行总理负责制。各部、各委员会实行部长、主任负责制。

国务院的组织由法律规定。

第八十七条 国务院每届任期同全国人民代表大会每届任期相同。

总理、副总理、国务委员连续任职不得超过两届。

第八十八条 总理领导国务院的工作。副总理、国务委员协助总理工作。

总理、副总理、国务委员、秘书长组成国务院常务会议。

总理召集和主持国务院常务会议和国务院全体会议。

第八十九条 国务院行使下列职权：

（一）根据宪法和法律，规定行政措施，制定行政法规，发布决定和命令；

（二）向全国人民代表大会或者全国人民代表大会常务委员会提出议案；

（三）规定各部和各委员会的任务和职责，统一领导各部和各委员会的工作，并且领导不属于各部和各委员会的全国性的行政工作；

（四）统一领导全国地方各级国家行政机关的工作，规定中央和省、自治区、直辖市的国家行政机关的职权的具体划分；

（五）编制和执行国民经济和社会发展计划和国家预算；

（六）领导和管理经济工作和城乡建设、生态文明建设；

（七）领导和管理教育、科学、文化、卫生、体育和计划生育工作；

（八）领导和管理民政、公安、司法行政等工作；

（九）管理对外事务，同外国缔结条约和协定；

（十）领导和管理国防建设事业；

（十一）领导和管理民族事务，保障少数民族的平等权利和民族自治地方的自治权利；

（十二）保护华侨的正当的权利和利益，保护归侨和侨眷的合法的权利和利益；

（十三）改变或者撤销各部、各委员会发布的不适当的命令、指示和规章；

（十四）改变或者撤销地方各级国家行政机关的不适当的决定和命令；

（十五）批准省、自治区、直辖市的区域划分，批准自治州、县、自治县、市的建置和区域划分；

（十六）依照法律规定决定省、自治区、直辖市的范围内部分地区进入紧急状态；

（十七）审定行政机构的编制，依照法律规定任免、培训、考核和奖惩行政人员；

（十八）全国人民代表大会和全国人民代表大会常务委员会授予的其他职权。

第九十条 国务院各部部长、各委员会主任负责本部门的工作；召集和主持部务会议或者委员会会议、委务会议，讨论决定本部门工作的重大问题。

各部、各委员会根据法律和国务院的行政法规、决定、命令，在本部门的权限内，发布命令、指示和规章。

第九十一条 国务院设立审计机关，对国务院各部门和地方各级政府的财政收支，对国家的财政金融机构和企业事业组织的财务收支，进行审计监督。

审计机关在国务院总理领导下，依照法律规定独立行使审计监督权，不受其他行政机关、社会团体和个人的干涉。

第九十二条 国务院对全国人民代表大会负责并报告工作；在全国人民代表大会闭会期间，对全国人民代表大会常务委员会负责并报告工作。

第四节　中央军事委员会

第九十三条　中华人民共和国中央军事委员会领导全国武装力量。

中央军事委员会由下列人员组成：

主席，

副主席若干人，

委员若干人。

中央军事委员会实行主席负责制。

中央军事委员会每届任期同全国人民代表大会每届任期相同。

第九十四条　中央军事委员会主席对全国人民代表大会和全国人民代表大会常务委员会负责。

第五节　地方各级人民代表大会 和地方各级人民政府

第九十五条　省、直辖市、县、市、市辖区、乡、民族乡、镇设立人民代表大会和人民政府。

地方各级人民代表大会和地方各级人民政府的组织由法律规定。

自治区、自治州、自治县设立自治机关。自治机关的组织和工作根据宪法第三章第五节、第六节规定的基本原则由法律规定。

第九十六条　地方各级人民代表大会是地方国家权力机关。

县级以上的地方各级人民代表大会设立常务委员会。

第九十七条　省、直辖市、设区的市的人民代表大会代表由下一级的人民代表大会选举；县、不设区的市、市辖区、乡、民族乡、镇的人民代表大会代表由选民直接选举。

地方各级人民代表大会代表名额和代表产生办法由法律规定。

第九十八条　地方各级人民代表大会每届任期五年。

第九十九条　地方各级人民代表大会在本行政区域内，保证宪法、法律、行政法规的遵守和执行；依照法律规定的权限，通过和发布决议，审查和决定地方的经济建设、文化建设和公共事业建设的计划。

县级以上的地方各级人民代表大会审查和批准本行政区域内的国民经济和社会发展计划、预算以及它们的执行情况的报告；有权改变或者撤销本级人民代表大会常务委员会不适当的决定。

民族乡的人民代表大会可以依照法律规定的权限采取适合民族特点的具体措施。

第一百条　省、直辖市的人民代表大会和它们的常务委员会，在不同宪法、法律、行政法规相抵触的前提下，可以制定地方性法规，报全国人民代表大会常务委员会备案。

设区的市的人民代表大会和它们的常务委员会，在不同宪法、法律、行政法规和本省、自治区的地方性法规相抵触的前提下，可以依照法律规定制定地方性法规，报本省、自治区人民代表大会常务委员会批准后施行。

第一百零一条　地方各级人民代表大会分别选举并且有权罢免本级人民政府的省长和副省长、市长和副市长、县长和副县长、区长和副区长、乡长和副乡长、镇长和副镇长。

县级以上的地方各级人民代表大会选举并且有权罢免本级监察委员会主任、本级人民法院院长和本级人民检察院检察长。选出或者罢免人民检察院检察长，须报上级人民检察院检察长提请该级人民代表大会常务委员会批准。

第一百零二条　省、直辖市、设区的市的人民代表大会代表受原选举单位的监督；县、不设区的市、市辖区、乡、民族乡、镇的人民代表大会代表受选民的监督。

地方各级人民代表大会代表的选举单位和选民有权依照法律规定的程序罢免由他们选出的代表。

第一百零三条　县级以上的地方各级人民代表大会常务委员会由主任、副主任若干人和委员若干人组成，对本级人民代表大会负责并报告工作。

县级以上的地方各级人民代表大会选举并有权罢免本级人民代表大会常务委员会的组成人员。

县级以上的地方各级人民代表大会常务委员会的组成人员不得担任国家行政机关、监察机关、审判机关和检察机关的职务。

第一百零四条 县级以上的地方各级人民代表大会常务委员会讨论、决定本行政区域内各方面工作的重大事项；监督本级人民政府、监察委员会、人民法院和人民检察院的工作；撤销本级人民政府的不适当的决定和命令；撤销下一级人民代表大会的不适当的决议；依照法律规定的权限决定国家机关工作人员的任免；在本级人民代表大会闭会期间，罢免和补选上一级人民代表大会的个别代表。

第一百零五条 地方各级人民政府是地方各级国家权力机关的执行机关，是地方各级国家行政机关。

地方各级人民政府实行省长、市长、县长、区长、乡长、镇长负责制。

第一百零六条 地方各级人民政府每届任期同本级人民代表大会每届任期相同。

第一百零七条 县级以上地方各级人民政府依照法律规定的权限，管理本行政区域内的经济、教育、科学、文化、卫生、体育事业、城乡建设事业和财政、民政、公安、民族事务、司法行政、计划生育等行政工作，发布决定和命令，任免、培训、考核和奖惩行政工作人员。

乡、民族乡、镇的人民政府执行本级人民代表大会的决议和上级国家行政机关的决定和命令，管理本行政区域内的行政工作。

省、直辖市的人民政府决定乡、民族乡、镇的建置和区域划分。

第一百零八条 县级以上的地方各级人民政府领导所属各工作部门和下级人民政府的工作，有权改变或者撤销所属各工作部门和下级人民政府的不适当的决定。

第一百零九条 县级以上的地方各级人民政府设立审计机关。地方各级审计机关依照法律规定独立行使审计监督权，对本级人民政府和上一级审计机关负责。

第一百一十条　地方各级人民政府对本级人民代表大会负责并报告工作。县级以上的地方各级人民政府在本级人民代表大会闭会期间，对本级人民代表大会常务委员会负责并报告工作。

地方各级人民政府对上一级国家行政机关负责并报告工作。全国地方各级人民政府都是国务院统一领导下的国家行政机关，都服从国务院。

第一百一十一条　城市和农村按居民居住地区设立的居民委员会或者村民委员会是基层群众性自治组织。居民委员会、村民委员会的主任、副主任和委员由居民选举。居民委员会、村民委员会同基层政权的相互关系由法律规定。

居民委员会、村民委员会设人民调解、治安保卫、公共卫生等委员会，办理本居住地区的公共事务和公益事业，调解民间纠纷，协助维护社会治安，并且向人民政府反映群众的意见、要求和提出建议。

第六节　民族自治地方的自治机关

第一百一十二条　民族自治地方的自治机关是自治区、自治州、自治县的人民代表大会和人民政府。

第一百一十三条　自治区、自治州、自治县的人民代表大会中，除实行区域自治的民族的代表外，其他居住在本行政区域内的民族也应当有适当名额的代表。

自治区、自治州、自治县的人民代表大会常务委员会中应当有实行区域自治的民族的公民担任主任或者副主任。

第一百一十四条　自治区主席、自治州州长、自治县县长由实行区域自治的民族的公民担任。

第一百一十五条　自治区、自治州、自治县的自治机关行使宪法第三章第五节规定的地方国家机关的职权，同时依照宪法、民族区域自治法和其他法律规定的权限行使自治权，根据本地方实际情况贯彻执行国家的法律、政策。

第一百一十六条　民族自治地方的人民代表大会有权依照当地民族的政治、经济和文化的特点，制定自治条例和单行条例。自治区的自治条例和单行条例，报全国人民代表大会常务委员会批准后生效。自治州、自治县的自治条例和单行条例，报省或者自治区的人民代表大会常务委员会批准后生效，并报全国人民代表大会常务委员会备案。

第一百一十七条　民族自治地方的自治机关有管理地方财政的自治权。凡是依照国家财政体制属于民族自治地方的财政收入，都应当由民族自治地方的自治机关自主地安排使用。

第一百一十八条　民族自治地方的自治机关在国家计划的指导下，自主地安排和管理地方性的经济建设事业。

国家在民族自治地方开发资源、建设企业的时候，应当照顾民族自治地方的利益。

第一百一十九条　民族自治地方的自治机关自主地管理本地方的教育、科学、文化、卫生、体育事业，保护和整理民族的文化遗产，发展和繁荣民族文化。

第一百二十条　民族自治地方的自治机关依照国家的军事制度和当地的实际需要，经国务院批准，可以组织本地方维护社会治安的公安部队。

第一百二十一条　民族自治地方的自治机关在执行职务的时候，依照本民族自治地方自治条例的规定，使用当地通用的一种或者几种语言文字。

第一百二十二条　国家从财政、物资、技术等方面帮助各少数民族加速发展经济建设和文化建设事业。

国家帮助民族自治地方从当地民族中大量培养各级干部、各种专业人才和技术工人。

第七节　监察委员会

第一百二十三条　中华人民共和国各级监察委员会是国家的监察机关。

第一百二十四条　中华人民共和国设立国家监察委员会和地方各级监察委员会。

监察委员会由下列人员组成：

主任，

副主任若干人，

委员若干人。

监察委员会主任每届任期同本级人民代表大会每届任期相同。国家监察委员会主任连续任职不得超过两届。

监察委员会的组织和职权由法律规定。

第一百二十五条　中华人民共和国国家监察委员会是最高监察机关。

国家监察委员会领导地方各级监察委员会的工作，上级监察委员会领导下级监察委员会的工作。

第一百二十六条　国家监察委员会对全国人民代表大会和全国人民代表大会常务委员会负责。地方各级监察委员会对产生它的国家权力机关和上一级监察委员会负责。

第一百二十七条　监察委员会依照法律规定独立行使监察权，不受行政机关、社会团体和个人的干涉。

监察机关办理职务违法和职务犯罪案件，应当与审判机关、检察机关、执法部门互相配合，互相制约。

第八节　人民法院和人民检察院

第一百二十八条　中华人民共和国人民法院是国家的审判机关。

第一百二十九条　中华人民共和国设立最高人民法院、地方各级人民法院和军事法院等专门人民法院。

最高人民法院院长每届任期同全国人民代表大会每届任期相同，连续任职不得超过两届。

人民法院的组织由法律规定。

第一百三十条　人民法院审理案件，除法律规定的特别情况外，一律公开进行。被告人有权获得辩护。

第一百三十一条　人民法院依照法律规定独立行使审判权，不受行政机关、社会团体和个人的干涉。

第一百三十二条　最高人民法院是最高审判机关。

最高人民法院监督地方各级人民法院和专门人民法院的审判工作，上级人民法院监督下级人民法院的审判工作。

第一百三十三条　最高人民法院对全国人民代表大会和全国人民代表大会常务委员会负责。地方各级人民法院对产生它的国家权力机关负责。

第一百三十四条　中华人民共和国人民检察院是国家的法律监督机关。

第一百三十五条　中华人民共和国设立最高人民检察院、地方各级人民检察院和军事检察院等专门人民检察院。

最高人民检察院检察长每届任期同全国人民代表大会每届任期相同，连续任职不得超过两届。

人民检察院的组织由法律规定。

第一百三十六条　人民检察院依照法律规定独立行使检察权，不受行政机关、社会团体和个人的干涉。

第一百三十七条　最高人民检察院是最高检察机关。

最高人民检察院领导地方各级人民检察院和专门人民检察院的工作，上级人民检察院领导下级人民检察院的工作。

第一百三十八条　最高人民检察院对全国人民代表大会和全国人民代表大会常务委员会负责。地方各级人民检察院对产生它的国家权力机关和上级人民检察院负责。

第一百三十九条　各民族公民都有用本民族语言文字进行诉讼

的权利。人民法院和人民检察院对于不通晓当地通用的语言文字的诉讼参与人,应当为他们翻译。

在少数民族聚居或者多民族共同居住的地区,应当用当地通用的语言进行审理;起诉书、判决书、布告和其他文书应当根据实际需要使用当地通用的一种或者几种文字。

第一百四十条　人民法院、人民检察院和公安机关办理刑事案件,应当分工负责,互相配合,互相制约,以保证准确有效地执行法律。

第四章　国旗、国歌、国徽、首都

第一百四十一条　中华人民共和国国旗是五星红旗。

中华人民共和国国歌是《义勇军进行曲》。

第一百四十二条　中华人民共和国国徽,中间是五星照耀下的天安门,周围是谷穗和齿轮。

第一百四十三条　中华人民共和国首都是北京。

2. 行政法规类（略）[①]

3. 部门规章类（略）

4. 司法解释类（略）

---

① 正文对通过扫描二维码查阅的法律文件目录进行了省略,具体内容参见电子版。

（二）规范性文件和业务规范、标准类

1. 规范性文件类（略）

2. 业务规范、标准类

全国司法所工作规范（SF/T 0084—2021）

（2021年12月9日）

前　言

本文件按照 GB/T 1.1—2020《标准化工作导则 第1部分：标准化文件的结构和起草规则》的规定起草。

本文件由司法部人民参与和促进法治局提出。

本文件由司法部信息中心归口。

本文件起草单位：司法部人民参与和促进法治局、司法部信息中心。

本文件主要起草人：罗厚如、闫晋东、胡玉清、奚军庆、岳婷、刘颖。

全国司法所工作规范

1 范围

本文件规定了司法所工作原则、党的建设、工作职责、工作保障、工作制度要求。

本文件适用于全国司法所工作的组织实施和指导管理。同时可用于指导各省（区、市）司法行政机关依据本文件的要求制定具体实施细则。

2 规范性引用文件

下列文件中的内容通过文中的规范性引用而构成本文件必不可少的条款。其中，注日期的引用文件，仅该日期对应的版本适用于本文件；不注日期的引用文件，其最新版本（包括所有的修改单）适用于本文件。

SF/T 0017　全国司法所管理信息系统技术规范

SF/T 0032　全国刑事法律援助服务规范

SF/T 0058　全国民事行政法律援助服务规范

财行〔2017〕515号　财政部 司法部《司法行政机关财务管理办法》

司法部令第137号　基层法律服务所管理办法

司法部令第138号　基层法律服务工作者管理办法

司发通〔2019〕89号　司法部关于印发《司法所外观标识规范》的通知

司发通〔2020〕59号　最高人民法院、最高人民检察院、公安部、司法部关于印发《中华人民共和国社区矫正法实施办法》的通知

3 术语和定义

下列术语和定义适用于本文件。

3.1 司法所工作 work of judicial offices

基层政法工作的重要组成部分。司法所作为司法行政机关的最基层单位，是重要的基层法治工作机构，在县（市、区）司法局的管理、指导和监督下开展工作，具体承担指导调解工作、参与基层普法依法治理、组织提供基层公共法律服务、受委托承担社区矫正、协调开展刑满释放人员安置帮教等相关工作，参与推进辖区内基层法治建设，维护人民群众合法权益，维护社会和谐稳定。

4 工作原则

司法所工作应坚持以下原则：

a) 坚持党的绝对领导，深入贯彻落实习近平法治思想，牢牢把握司法所工作的正确政治方向；

b) 坚持以人民为中心，深入践行为民服务宗旨，不断增强人民群众的获得感、幸福感、安全感；

c) 坚持围绕中心，服务大局，立足新发展阶段，努力为基层经济社会高质量发展提供法律服务和法治保障；

d) 坚持依法履职，公正执法，强化管理，切实提升司法所工作能力和水平；

e) 坚持与时俱进，着力推进新时代司法所工作理念、工作机制和方式方法创新，不断满足人民群众新期待新需求。

5 党的建设

司法所应切实加强党的建设，工作内容包括：

a) 司法所有正式党员3人以上的，应成立党支部。正式党员不足3人的，应按规定成立联合党支部；

b) 加强司法所党支部标准化、规范化建设，充分发挥党支部战斗堡垒作用；

c) 严格执行党的组织生活制度，定期召开支部委员会会议，组织党员按期参加党员大会、党小组会和上党课；

d) 强化对党员的教育管理监督，引导党员加强政治理论学习和党性锻炼，充分发挥党员先锋模范作用；

e) 切实加强纪律作风建设，教育引导全体工作人员严格遵守廉洁自律规范，严于律己、廉洁从政、服务为民。

6 工作职责

6.1 指导调解工作

6.1.1 目标要求

目标要求应包括：

a) 人民调解组织网络健全，制度完善，保障到位；

b) 人民调解员队伍政治合格，结构合理，熟悉业务，依法履职；

c) 矛盾纠纷排查全面及时，调解工作扎实有效；

d) 行政调解和行业性专业性调解工作规范有序开展；

e) 推动形成以人民调解为基础，人民调解、行政调解、行业性专业性调解、司法调解优势互补、有机衔接和协调联动的大调解工作格局。

6.1.2 工作内容

6.1.2.1 基本要求

指导辖区人民调解、行政调解和行业性专业性调解工作，参与调处矛盾纠纷。

6.1.2.2 指导人民调解

指导人民调解工作，工作内容应包括：

a) 指导人民调解组织依法设立，及时进行委员选任和换届，将组织名称、人员组成、工作地址和联系方式等情况报县级司法行政机关；

b) 指导人民调解组织做好人民调解员选聘、公示和管理等工作，推动专职人民调解员队伍建设，培训辖区内人民调解员；

c) 指导督促人民调解组织完善管理制度和工作制度，规范人民调解组织名称、印章、徽章、标识、文书卷宗、档案管理和统计报送等工作；

d) 指导人民调解组织开展矛盾纠纷普遍排查，依法及时就地做好矛盾纠纷调解工作，通过调解工作宣传法律、法规和政策，弘扬社会主义核心价值观；

e) 解答和处理人民调解组织或者纠纷当事人就人民调解工作有关问题的咨询、请示和投诉，纠正违法和不当的调解活动，维护当事人和人民调解员合法权益；

f) 定期分析研判辖区内矛盾纠纷特点和规律，加强人民调解工作的总结、交流和宣传，选编典型案例，推广调解工作经验；

g）推动落实人民调解组织场所、设施和经费等工作保障，协助做好人民调解员补贴发放和救助抚恤等工作。

6.1.2.3 指导行政调解和行业性专业性调解

根据需要指导行政调解和行业性专业性调解工作，工作内容应包括：

a）指导乡镇（街道）具有行政调解职能的部门和行政调解组织开展行政调解工作，协助做好调解员选聘和培训等工作；

b）会同乡镇（街道）相关职能部门，共同指导行业性专业性调解组织规范开展调解工作；

c）指导做好行政调解和行业性专业性调解统计工作。

6.1.2.4 参与调处矛盾纠纷

参与调处矛盾纠纷，工作内容应包括：

a）协助乡镇（街道）党委政府或受乡镇（街道）党委政府委托调解辖区内矛盾纠纷；

b）司法所工作人员可担任乡镇（街道）人民调解委员会委员或人民调解员调解矛盾纠纷；

c）应辖区内调解组织或有关单位的邀请，参与调解矛盾纠纷。

6.2 参与基层普法依法治理

6.2.1 目标要求

目标要求应包括：

a）习近平法治思想深入人心，基层法治观念普遍增强；

b）"谁执法谁普法"普法责任制进一步落实，普法工作机制进一步健全，普法工作合力基本形成；

c）辖区内社会主义法治文化建设载体丰富、形式多样，人民群众日益增长的法治文化需求不断得到满足；

d）基层法治创建活动深入开展，人民群众参与基层法治建设的积极性不断提升，基层法治建设水平不断提高；

e）法治宣传教育针对性和实效性进一步增强，乡镇（街道）工作人员法治素养和依法办事能力切实提高，社会公众法治意识不断增强。

6.2.2 工作内容

6.2.2.1 基本要求

深入学习宣传、贯彻落实习近平法治思想，开展辖区内法治宣传教育，推动落实"谁执法谁普法"普法责任制，推进基层社会主义法治文化建设，指导推进法治乡村建设。

6.2.2.2 开展法治宣传教育

组织开展法治宣传教育，工作内容应包括：

a) 参与拟订本辖区法治宣传教育规划或方案；

b) 坚持集中法治宣传教育与经常性法治宣传教育相结合，深化法律进机关、进乡村、进社区、进学校、进企业和进单位等主题活动；

c) 指导和推进乡镇（街道）国家工作人员学法用法工作；

d) 鼓励引导社会团体和专业组织等社会力量参与法治宣传教育，鼓励引导相关专业人员加入普法志愿者队伍。

6.2.2.3 推动落实"谁执法谁普法"普法责任制

推动落实"谁执法谁普法"普法责任制，工作内容应包括：

a) 协助乡镇（街道）党委政府督促有关职能部门建立普法责任清单；

b) 推动有关部门及人员落实"以案释法"制度，加强典型案例的收集、整理和报送等工作；

c) 指导推动乡镇（街道）各行业和各单位在管理和服务过程中，结合行业特点和特定群体的法律需求，开展法治宣传教育。

6.2.2.4 推进基层社会主义法治文化建设

推进基层社会主义法治文化建设，工作内容应包括：

a) 协助乡镇（街道）党委政府建好用好法治文化载体阵地；

b) 深入推动法治实践，积极开展法治文化活动，鼓励引导群众开展法治文艺作品创作。

6.2.2.5 指导推进法治乡村建设

指导推进法治乡村建设，工作内容应包括：

a）参与推进乡村"法律明白人"培养工程的实施；

b）协调相关部门指导村（社区）依法制定修订自治章程、村规民约和居民公约，教育引导群众实现自我约束和自我管理；

c）指导民主法治示范村（社区）创建活动。

6.3 组织提供基层公共法律服务

6.3.1 目标要求

目标要求应包括：

a）基层公共法律服务平台不断健全，运行规范有序；

b）基层公共法律服务事项明晰，社会知晓率不断提高，人民群众多层次、多领域法律服务需求不断得到满足；

c）基层公共法律服务协作沟通机制健全完善，服务更加及时便捷高效；

d）基层公共法律服务方式方法不断创新，服务质量不断提高；

e）基层公共法律服务保障更加有力、更可持续；

f）乡镇（街道）党委政府依法决策和依法治理能力水平不断提升，群众满意度不断提高。

6.3.2 工作内容

6.3.2.1 基本要求

指导辖区内乡镇（街道）公共法律服务工作站工作，协助开展法律援助，推动乡镇（街道）党委政府法律顾问工作，指导村（社区）公共法律服务工作室和村（社区）法律顾问工作，指导监督基层法律服务所和基层法律服务工作者工作。

6.3.2.2 指导乡镇（街道）公共法律服务工作站工作

指导乡镇（街道）公共法律服务工作站工作，工作内容应包括：

a）依托司法所设立乡镇（街道）公共法律服务工作站；

b）指导工作站开展法律咨询、调解和法治宣传服务，提供法律援助、律师、公证、基层法律服务、司法鉴定、仲裁和行政复议等法律业务咨询指引；

c）指导工作站收集研判辖区内法律服务需求信息，发布公共法律服务资讯。

6.3.2.3 协助开展法律援助

协助开展法律援助，工作内容包括：

a) 按照SF/T 0032中的要求，可接收刑事法律援助申请，并将法律援助申请表、申请人经济状况证明材料、与所申请法律援助事项有关的案件材料等申请材料及时转交所在地法律援助机构审查；

b) 按照SF/T 0058中的要求，可就民事行政法律援助事项解答法律咨询、接收申请材料并转交所在地法律援助机构审查；司法所工作人员可依法接受法律援助机构的指派或安排，承办民事行政法律援助事项；

c) 指导乡镇（街道）法律援助工作站工作，根据法律援助机构委托，组织法律援助宣传和志愿服务工作。

6.3.2.4 推动乡镇（街道）党委政府法律顾问和公职律师工作

推动建立乡镇（街道）党委政府法律顾问和公职律师制度，工作内容应包括：

a) 协助指导乡镇（街道）党委政府法律顾问的选聘、联络和考核等日常事务，推动有条件的乡镇（街道）开展公职律师工作；

b) 协助乡镇（街道）党委政府组织法律顾问和公职律师对乡镇（街道）党委政府制定涉及公民、法人和其他组织权利义务的规范性文件提出合法性审查意见，对乡镇（街道）党委政府重大决策和重大行政行为提供法律意见和建议；为乡镇（街道）党委政府处置涉法涉诉案件、信访案件和重大突发性事件等提供法律服务。

6.3.2.5 指导村（社区）公共法律服务工作室和村（社区）法律顾问工作

指导村（社区）公共法律服务工作室和村（社区）法律顾问工作，工作内容应包括：

a) 协助落实"一村（社区）一法律顾问"制度；

b) 参与指导、监督、考核村（社区）公共法律服务工作室及村（社区）法律顾问工作；

c）指导有条件的村（社区）依托人民调解委员会、村民委员会（社区居民委员会）和便民服务中心等设立村（社区）公共法律服务工作室；

d）指导村（社区）公共法律服务工作室和村（社区）法律顾问开展宪法法律学习宣传、参与矛盾纠纷化解、为村居民提供法律咨询和法律服务、推动村（社区）依法治理等工作。

6.3.2.6 指导监督基层法律服务所和基层法律服务工作者工作

指导监督基层法律服务所和基层法律服务工作者，工作内容应包括：

a）根据司法部令第 137 号和司法部令第 138 号的规定，承担对基层法律服务所和基层法律服务工作者指导监督的具体工作；

b）组织基层法律服务所和基层法律服务工作者参加法律服务专项活动等。

6.4 受委托承担社区矫正工作

6.4.1 目标要求

目标要求应包括：

a）接受委托承担社区矫正工作事项及要求明确，社区矫正工作机制健全完善；

b）社区矫正工作依法依规开展，规范化和专业化水平不断提高；

c）社区矫正对象的监督管理和教育帮扶措施落实到位，矫正质量不断提高。

6.4.2 工作内容

6.4.2.1 基本要求

按照司发通〔2020〕59 号要求，根据社区矫正机构委托，开展调查评估、确定矫正小组、组织入（解）矫宣告、制定和落实矫正方案、开展社区矫正对象日常监督管理和教育帮扶及考核等社区矫正相关工作。

6.4.2.2 开展调查评估

依法接受委托开展调查评估，提出评估意见。

6.4.2.3 确定矫正小组

受社区矫正机构委托,为社区矫正对象确定矫正小组,与矫正小组签订矫正责任书,明确矫正小组成员的责任和义务。

6.4.2.4 组织入矫宣告

受社区矫正机构委托,按照规定程序组织入矫宣告。

6.4.2.5 制定和落实矫正方案

受社区矫正机构委托,根据社区矫正对象的性别、年龄、心理特点、健康状况、犯罪原因和悔罪表现等具体情况,制定和落实矫正方案。

6.4.2.6 开展社区矫正对象日常监督管理

受社区矫正机构委托,开展对社区矫正对象的日常监督管理,工作内容应包括:

a) 督促社区矫正对象遵守会客、报告、外出、迁居和保外就医等监督管理规定,服从管理;

b) 根据社区矫正对象的个人生活、工作及所处社区的实际情况,了解掌握社区矫正对象的活动情况和行为表现;

c) 可批准社区矫正对象在七日内的外出申请,并报社区矫正机构备案,落实社区矫正对象外出期间监督管理措施;

d) 做好社区矫正对象七日以上外出和变更执行地申请等审签报批工作。

6.4.2.7 开展社区矫正对象教育帮扶

在社区矫正机构的协调指导下,组织社会工作者和志愿者等社会力量,有针对性地对社区矫正对象开展教育帮扶工作。

6.4.2.8 考核社区矫正对象并提出相关建议

受社区矫正机构委托,对社区矫正对象进行定期考核,并根据其认罪悔罪、遵守有关规定、服从监督管理和接受教育等情况,向社区矫正机构提出奖惩建议、治安管理处罚建议和减刑、撤销缓刑、撤销假释以及收监执行等变更刑事执行建议。

6.4.2.9 组织解除矫正宣告

受社区矫正机构委托，社区矫正对象矫正期满或被赦免的，可按照规定程序组织解除矫正宣告。

6.4.2.10 建立社区矫正工作档案

接受委托对社区矫正对象进行日常管理的司法所应建立工作档案，做好档案移交及保管工作。

6.5 协调开展刑满释放人员安置帮教工作

6.5.1 目标要求

目标要求包括：

a) 安置帮教工作机制进一步健全，相关部门作用得到充分发挥；

b) 安置帮教政策进一步落实，安置帮教对象更好地融入社会。

6.5.2 工作内容

在当地党委政府领导下，按照县级安置帮教机构要求，协调开展刑满释放人员安置救助和教育帮扶等工作。

6.6 开展相关工作

6.6.1 参与推进辖区基层法治建设

根据依法治县（市、区）办和乡镇（街道）党委政府要求，参与推进辖区基层法治建设相关工作，协调推动各项任务落实。

6.6.2 开展行政执法协调监督工作

探索开展行政执法协调监督有关工作，推进乡镇（街道）严格规范公正文明执法。

6.6.3 开展合法性审核（查）工作

按照有关规定，组织开展乡镇（街道）重大行政决策合法性审查、行政规范性文件合法性审核和重大行政执法决定法制审核等工作。

6.6.4 面向社会收集立法意见建议

引导公众积极参与法律法规规章制定项目征集和立法草案征求意见等活动。

6.6.5 协助做好人民陪审员选任工作

协助做好辖区内人民陪审员制度宣传、人民陪审员候选人资格审查等工作。

6.6.6 应完成法律法规赋予和上级司法行政机关交办的其他事务。

7 工作保障

7.1 组织队伍

7.1.1 组织机构

根据基层法治建设实际和人民群众对基层公共法律服务的需求设置司法所。

7.1.2 司法所长

司法所实行所长负责制。

7.1.3 人员配备

人员配备要求应包括：

a) 根据辖区面积、人口规模和经济社会发展状况及开展工作需要，配备与司法所工作任务相适应的司法所工作人员；

b) 根据实际工作需要，采取招录、聘用、政府购买服务、发展志愿者队伍等多种方式，充实司法所工作力量。

7.1.4 人员要求

人员要求应包括：

a) 司法所工作人员具有较高的政治素质，以及履行岗位职责所必备的法律专业知识和业务工作能力；

b) 各级司法行政机关根据司法所工作实际，建立健全司法所工作人员职位岗位准入规定；

c) 司法所工作人员在执行公务时着装规范，仪表端庄，举止文明。

7.1.5 人员管理

人员管理要求应包括：

a) 司法所统筹使用政法专项编制等各类编制资源和人员力量；

b) 按照规定条件和程序招录、选调司法所工作人员，优化年龄结构和知识结构。

7.1.6 人员培训

7.1.6.1 分级培训

分级培训要求应包括：

a）司法所工作人员积极参加县（市、区）司法局组织的各类教育培训；

b）地市级司法行政机关加强对辖区内司法所长和司法所业务骨干的培训工作；

c）省（区、市）司法厅（局）按国家有关干部培训规定，根据司法所人员构成实际，统筹制定司法所干部队伍培训规划，加强师资培训，开展示范性培训；

d）各级司法行政机关结合实际，有计划地开展对少数民族地区司法所工作人员的双语培训。

7.1.6.2 培训要求

培训要求应包括：

a）对新录用的司法所工作人员进行岗前培训；

b）司法所干部每年参加培训累计不少于12天或者90小时，其他工作人员达到一定培训时间；

c）应支持司法所工作人员在职攻读学历学位，参加法律职业资格考试，鼓励立足岗位成长成才。

7.1.6.3 培训内容及形式

培训内容及形式包括：

a）培训应适应依法治国新要求和人民群众新期待，重点加强对司法所工作人员政治理论、政策法规、业务知识、岗位技能和职业道德等方面的教育培训，着力提高司法所队伍履职服务水平；

b）培训可通过精准化培训、专业化训练和实战化教学等形式，广泛开展岗位练兵和技能比武等活动，努力提升司法所队伍整体素质。

7.2 基础设施

7.2.1 建设规划

司法所建设应纳入当地国民经济和社会发展计划，建设项目应纳入当地城市或乡镇建设总体规划并符合有关建设标准要求。

7.2.2 业务用房

业务用房要求应包括：

a）司法所业务用房相对独立，功能设置科学，布局合理，方便群众；

b）司法所业务用房建设内容与其担负的业务职能相适应，包括法律事务接待用房、法律援助业务用房、调解业务用房、社区矫正业务用房、安置帮教业务用房、普法依法治理业务用房和资料档案用房等，满足工作需要；

c）司法所业务用房建设符合国家有关建设标准。

7.2.3 设施装备

应按照现行县级司法行政机关基本业务装备配备指导标准，配备必要的办公通讯设备、执法执勤设备、交通工具和满足服务群众需要的其他设施装备。

7.2.4 外观标识

应按照司发通〔2019〕89号要求，规范司法所外观标识。

7.3 工作经费

7.3.1 经费保障

司法所人员经费，日常运行公用经费，调解、普法依法治理、基层公共法律服务、社区矫正、安置帮教等办案（业务）经费、业务装备经费和基础设施建设经费等支出应纳入财政预算予以保障，并按照财行〔2017〕515号文件要求执行。

7.3.2 经费使用

各项经费应严格管理，按程序审批，合法合规使用，提高资金使用效益。

7.4 信息化建设

7.4.1 基本要求

基本要求应包括：

a) 司法所具备信息化工作所需的硬件与软件环境；

b) 司法所信息应用系统满足与司法行政及其他存在业务协同关系的信息系统的集成对接要求；

c) 司法所管理信息系统建设符合 SF/T 0017 及相关标准要求。

7.4.2 信息系统功能

信息系统功能应包括：

a) 司法所管理信息系统具有对司法所的组织机构、人员队伍、基础设施、业务工作和规章制度等信息采集、统计和管理功能，基层司法行政工作交流功能，以及综合查询统计分析功能；

b) 其他业务应用系统具有对司法所承担的业务工作记录、信息采集和动态管理等功能。

7.4.3 信息系统应用

信息系统应用要求应包括：

a) 司法所明确信息系统的管理人员、操作人员及维护人员；

b) 工作人员应熟练掌握信息系统应用，提高工作质效。

7.4.4 管理维护

管理维护要求应包括：

a) 定期对信息系统进行维护更新，保证信息的及时、准确和有效；

b) 信息系统使用和维护符合国家信息安全相关规定和要求。

7.4.5 统计分析

统计分析要求应包括：

a) 按照相关要求进行数据采集录入，保证信息采集及时准确；

b) 对各项业务数据定期进行汇总分析，制定工作预案，提出工作意见建议报乡镇（街道）党委政府和县（市、区）司法局。

8 工作制度

8.1 所务管理

8.1.1 岗位目标责任制度

应结合司法所承担的职能任务和本所实际，明确目标、细化任务、科学分工、责任到人。

8.1.2 工作例会制度

应定期召开工作例会，进行分析研判，根据情况可邀请县（市、区）司法局或乡镇（街道）党委政府领导参加。

8.1.3 请示报告制度

请示报告制度要求应包括：

a) 定期向县（市、区）司法局和乡镇（街道）党委政府请示汇报工作；

b) 遇到重大问题和重要情况，及时请示报告。

8.1.4 档案管理制度

应建立健全各类工作档案，按照相关规范要求及时收集整理和立卷归档，有条件的可同时建立电子档案，明确专人负责，分类妥善保管。

8.1.5 保密管理制度

应认真遵守和严格落实各项保密制度，严守国家秘密，不应泄露秘密文件资料信息，不应泄露有关商业秘密和当事人隐私等信息。

8.1.6 应急处置制度

应急处置制度要求应包括：

a) 结合工作实际，对可能出现的突发事件等情况做出研判预警，制定应急处置预案，内容一般包括风险隐患分析、处置工作程序、响应措施以及相关单位联络人员和电话等；

b) 发生突发事件，如实及时向县（市、区）司法局和乡镇（街道）党委政府报告，并迅速按预案处置。

8.2 监督评价

8.2.1 所务公开制度

所务公开制度要求应包括：

a）自觉接受社会各界和广大人民群众的监督，及时更新公开信息，提升司法所工作透明度；

b）公开工作职能、工作流程和工作规则，以及司法所工作人员职责、职务和联系方式等内容。

8.2.2 工作考核制度

工作考核制度要求包括：

a）县（市、区）司法局负责制定司法所及工作人员考核规定，开展定期考核，并将考核结果作为评先、评优、奖励、培训、晋升和辞退的主要依据；

b）考核司法所工作，应充分征求乡镇（街道）党委政府意见建议；

c）司法所应对其工作情况定期开展自我评估，并主动接受考核。

8.2.3 工作评价制度

工作评价制度要求包括：

a）县（市、区）司法局应坚持以人民满意为标准，科学制定符合基层工作实际的司法所工作评价体系；

b）司法所应持续关注服务对象及社会公众对司法所工作的评价情况，确保人民群众的意见建议得到及时有效反馈，持续推进司法所工作创新发展；

c）有条件的司法所可利用信息化手段和第三方平台等多种方式开展评价，努力打造人民满意司法所。

二、人民调解类

（一）法律法规类

1. 法律类

中华人民共和国人民调解法

（2010年8月28日第十一届全国人民代表大会常务委员会第十六次会议通过 2010年8月28日中华人民共和国主席令第34号公布 自2011年1月1日起施行）

第一章 总 则

第一条 为了完善人民调解制度，规范人民调解活动，及时解决民间纠纷，维护社会和谐稳定，根据宪法，制定本法。

第二条 本法所称人民调解，是指人民调解委员会通过说服、疏导等方法，促使当事人在平等协商基础上自愿达成调解协议，解决民间纠纷的活动。

第三条 人民调解委员会调解民间纠纷，应当遵循下列原则：

（一）在当事人自愿、平等的基础上进行调解；

（二）不违背法律、法规和国家政策；

（三）尊重当事人的权利，不得因调解而阻止当事人依法通过仲裁、行政、司法等途径维护自己的权利。

第四条 人民调解委员会调解民间纠纷，不收取任何费用。

第五条　国务院司法行政部门负责指导全国的人民调解工作，县级以上地方人民政府司法行政部门负责指导本行政区域的人民调解工作。

基层人民法院对人民调解委员会调解民间纠纷进行业务指导。

第六条　国家鼓励和支持人民调解工作。县级以上地方人民政府对人民调解工作所需经费应当给予必要的支持和保障，对有突出贡献的人民调解委员会和人民调解员按照国家规定给予表彰奖励。

第二章　人民调解委员会

第七条　人民调解委员会是依法设立的调解民间纠纷的群众性组织。

第八条　村民委员会、居民委员会设立人民调解委员会。企业事业单位根据需要设立人民调解委员会。

人民调解委员会由委员三至九人组成，设主任一人，必要时，可以设副主任若干人。

人民调解委员会应当有妇女成员，多民族居住的地区应当有人数较少民族的成员。

第九条　村民委员会、居民委员会的人民调解委员会委员由村民会议或者村民代表会议、居民会议推选产生；企业事业单位设立的人民调解委员会委员由职工大会、职工代表大会或者工会组织推选产生。

人民调解委员会委员每届任期三年，可以连选连任。

第十条　县级人民政府司法行政部门应当对本行政区域内人民调解委员会的设立情况进行统计，并且将人民调解委员会以及人员组成和调整情况及时通报所在地基层人民法院。

第十一条　人民调解委员会应当建立健全各项调解工作制度，听取群众意见，接受群众监督。

第十二条　村民委员会、居民委员会和企业事业单位应当为人民调解委员会开展工作提供办公条件和必要的工作经费。

第三章　人民调解员

第十三条　人民调解员由人民调解委员会委员和人民调解委员会聘任的人员担任。

第十四条　人民调解员应当由公道正派、热心人民调解工作，并具有一定文化水平、政策水平和法律知识的成年公民担任。

县级人民政府司法行政部门应当定期对人民调解员进行业务培训。

第十五条　人民调解员在调解工作中有下列行为之一的，由其所在的人民调解委员会给予批评教育、责令改正，情节严重的，由推选或者聘任单位予以罢免或者解聘：

（一）偏袒一方当事人的；

（二）侮辱当事人的；

（三）索取、收受财物或者牟取其他不正当利益的；

（四）泄露当事人的个人隐私、商业秘密的。

第十六条　人民调解员从事调解工作，应当给予适当的误工补贴；因从事调解工作致伤致残，生活发生困难的，当地人民政府应当提供必要的医疗、生活救助；在人民调解工作岗位上牺牲的人民调解员，其配偶、子女按照国家规定享受抚恤和优待。

第四章　调 解 程 序

第十七条　当事人可以向人民调解委员会申请调解；人民调解委员会也可以主动调解。当事人一方明确拒绝调解的，不得调解。

第十八条　基层人民法院、公安机关对适宜通过人民调解方式解决的纠纷，可以在受理前告知当事人向人民调解委员会申请调解。

第十九条　人民调解委员会根据调解纠纷的需要，可以指定一名或者数名人民调解员进行调解，也可以由当事人选择一名或者数名人民调解员进行调解。

第二十条　人民调解员根据调解纠纷的需要，在征得当事人的同意后，可以邀请当事人的亲属、邻里、同事等参与调解，也可以邀请具有专门知识、特定经验的人员或者有关社会组织的人员参与调解。

人民调解委员会支持当地公道正派、热心调解、群众认可的社会人士参与调解。

第二十一条 人民调解员调解民间纠纷，应当坚持原则，明法析理，主持公道。

调解民间纠纷，应当及时、就地进行，防止矛盾激化。

第二十二条 人民调解员根据纠纷的不同情况，可以采取多种方式调解民间纠纷，充分听取当事人的陈述，讲解有关法律、法规和国家政策，耐心疏导，在当事人平等协商、互谅互让的基础上提出纠纷解决方案，帮助当事人自愿达成调解协议。

第二十三条 当事人在人民调解活动中享有下列权利：

（一）选择或者接受人民调解员；

（二）接受调解、拒绝调解或者要求终止调解；

（三）要求调解公开进行或者不公开进行；

（四）自主表达意愿、自愿达成调解协议。

第二十四条 当事人在人民调解活动中履行下列义务：

（一）如实陈述纠纷事实；

（二）遵守调解现场秩序，尊重人民调解员；

（三）尊重对方当事人行使权利。

第二十五条 人民调解员在调解纠纷过程中，发现纠纷有可能激化的，应当采取有针对性的预防措施；对有可能引起治安案件、刑事案件的纠纷，应当及时向当地公安机关或者其他有关部门报告。

第二十六条 人民调解员调解纠纷，调解不成的，应当终止调解，并依据有关法律、法规的规定，告知当事人可以依法通过仲裁、行政、司法等途径维护自己的权利。

第二十七条 人民调解员应当记录调解情况。人民调解委员会应当建立调解工作档案，将调解登记、调解工作记录、调解协议书等材料立卷归档。

第五章　调 解 协 议

第二十八条　经人民调解委员会调解达成调解协议的，可以制作调解协议书。当事人认为无需制作调解协议书的，可以采取口头协议方式，人民调解员应当记录协议内容。

第二十九条　调解协议书可以载明下列事项：

（一）当事人的基本情况；

（二）纠纷的主要事实、争议事项以及各方当事人的责任；

（三）当事人达成调解协议的内容，履行的方式、期限。

调解协议书自各方当事人签名、盖章或者按指印，人民调解员签名并加盖人民调解委员会印章之日起生效。调解协议书由当事人各执一份，人民调解委员会留存一份。

第三十条　口头调解协议自各方当事人达成协议之日起生效。

第三十一条　经人民调解委员会调解达成的调解协议，具有法律约束力，当事人应当按照约定履行。

人民调解委员会应当对调解协议的履行情况进行监督，督促当事人履行约定的义务。

第三十二条　经人民调解委员会调解达成调解协议后，当事人之间就调解协议的履行或者调解协议的内容发生争议的，一方当事人可以向人民法院提起诉讼。

第三十三条　经人民调解委员会调解达成调解协议后，双方当事人认为有必要的，可以自调解协议生效之日起三十日内共同向人民法院申请司法确认，人民法院应当及时对调解协议进行审查，依法确认调解协议的效力。

人民法院依法确认调解协议有效，一方当事人拒绝履行或者未全部履行的，对方当事人可以向人民法院申请强制执行。

人民法院依法确认调解协议无效的，当事人可以通过人民调解方式变更原调解协议或者达成新的调解协议，也可以向人民法院提起诉讼。

第六章　附　则

第三十四条　乡镇、街道以及社会团体或者其他组织根据需要可以参照本法有关规定设立人民调解委员会，调解民间纠纷。

第三十五条　本法自 2011 年 1 月 1 日起施行。

2. 行政法规类（略）

3. 司法解释类

最高人民法院关于人民调解协议司法确认程序的若干规定

（2011 年 3 月 21 日最高人民法院审判委员会第 1515 次会议通过　2011 年 3 月 23 日最高人民法院公告公布　自 2011 年 3 月 30 日起施行　法释〔2011〕5 号）

为了规范经人民调解委员会调解达成的民事调解协议的司法确认程序，进一步建立健全诉讼与非诉讼相衔接的矛盾纠纷解决机制，依照《中华人民共和国民事诉讼法》和《中华人民共和国人民调解法》的规定，结合审判实际，制定本规定。

第一条　当事人根据《中华人民共和国人民调解法》第三十三条的规定共同向人民法院申请确认调解协议的，人民法院应当依法受理。

第二条　当事人申请确认调解协议的，由主持调解的人民调解委员会所在地基层人民法院或者它派出的法庭管辖。

人民法院在立案前委派人民调解委员会调解并达成调解协议，当事人申请司法确认的，由委派的人民法院管辖。

第三条　当事人申请确认调解协议，应当向人民法院提交司法确认申请书、调解协议和身份证明、资格证明，以及与调解协议相关的财产权利证明等证明材料，并提供双方当事人的送达地址、电话号码等联系方式。委托他人代为申请的，必须向人民法院提交由委托人签名或者盖章的授权委托书。

第四条　人民法院收到当事人司法确认申请，应当在三日内决定是否受理。人民法院决定受理的，应当编立"调确字"案号，并及时向当事人送达受理通知书。双方当事人同时到法院申请司法确认的，人民法院可以当即受理并作出是否确认的决定。

有下列情形之一的，人民法院不予受理：

（一）不属于人民法院受理民事案件的范围或者不属于接受申请的人民法院管辖的；

（二）确认身份关系的；

（三）确认收养关系的；

（四）确认婚姻关系的。

第五条　人民法院应当自受理司法确认申请之日起十五日内作出是否确认的决定。因特殊情况需要延长的，经本院院长批准，可以延长十日。

在人民法院作出是否确认的决定前，一方或者双方当事人撤回司法确认申请的，人民法院应当准许。

第六条　人民法院受理司法确认申请后，应当指定一名审判人员对调解协议进行审查。人民法院在必要时可以通知双方当事人同时到场，当面询问当事人。当事人应当向人民法院如实陈述申请确认的调解协议的有关情况，保证提交的证明材料真实、合法。人民法院在审查中，认为当事人的陈述或者提供的证明材料不充分、不完备或者有疑义的，可以要求当事人补充陈述或者补充证明材料。当事人无正当理由未按时补充或者拒不接受询问的，可以按撤回司法确认申请处理。

第七条 具有下列情形之一的,人民法院不予确认调解协议效力:

(一) 违反法律、行政法规强制性规定的;
(二) 侵害国家利益、社会公共利益的;
(三) 侵害案外人合法权益的;
(四) 损害社会公序良俗的;
(五) 内容不明确,无法确认的;
(六) 其他不能进行司法确认的情形。

第八条 人民法院经审查认为调解协议符合确认条件的,应当作出确认决定书;决定不予确认调解协议效力的,应当作出不予确认决定书。

第九条 人民法院依法作出确认决定后,一方当事人拒绝履行或者未全部履行的,对方当事人可以向作出确认决定的人民法院申请强制执行。

第十条 案外人认为经人民法院确认的调解协议侵害其合法权益的,可以自知道或者应当知道权益被侵害之日起一年内,向作出确认决定的人民法院申请撤销确认决定。

第十一条 人民法院办理人民调解协议司法确认案件,不收取费用。

第十二条 人民法院可以将调解协议不予确认的情况定期或者不定期通报同级司法行政机关和相关人民调解委员会。

第十三条 经人民法院建立的调解员名册中的调解员调解达成协议后,当事人申请司法确认的,参照本规定办理。人民法院立案后委托他人调解达成的协议的司法确认,按照《最高人民法院关于人民法院民事调解工作若干问题的规定》(法释〔2004〕12号)的有关规定办理。

4. 部门规章类

人民调解工作若干规定

(2002年9月26日司法部令第75号公布 自2002年11月1日起施行)

第一章 总 则

第一条 为了规范人民调解工作，完善人民调解组织，提高人民调解质量，根据《中华人民共和国宪法》和《中华人民共和国民事诉讼法》、《人民调解委员会组织条例》等法律、法规的规定，结合人民调解工作实际，制定本规定。

第二条 人民调解委员会是调解民间纠纷的群众性组织。

人民调解员是经群众选举或者接受聘任，在人民调解委员会领导下，从事人民调解工作的人员。

人民调解委员会委员、调解员，统称人民调解员。

第三条 人民调解委员会的任务是：

(一) 调解民间纠纷，防止民间纠纷激化；

(二) 通过调解工作宣传法律、法规、规章和政策，教育公民遵纪守法，尊重社会公德，预防民间纠纷发生；

(三) 向村民委员会、居民委员会、所在单位和基层人民政府反映民间纠纷和调解工作的情况。

第四条 人民调解委员会调解民间纠纷，应当遵守下列原则：

(一) 依据法律、法规、规章和政策进行调解，法律、法规、规章和政策没有明确规定的，依据社会主义道德进行调解；

(二) 在双方当事人自愿平等的基础上进行调解；

（三）尊重当事人的诉讼权利，不得因未经调解或者调解不成而阻止当事人向人民法院起诉。

第五条　根据《最高人民法院关于审理涉及人民调解协议的民事案件的若干规定》，经人民调解委员会调解达成的、有民事权利义务内容，并由双方当事人签字或者盖章的调解协议，具有民事合同性质。当事人应当按照约定履行自己的义务，不得擅自变更或者解除调解协议。

第六条　在人民调解活动中，纠纷当事人享有下列权利：

（一）自主决定接受、不接受或者终止调解；

（二）要求有关调解人员回避；

（三）不受压制强迫，表达真实意愿，提出合理要求；

（四）自愿达成调解协议。

第七条　在人民调解活动中，纠纷当事人承担下列义务：

（一）如实陈述纠纷事实，不得提供虚假证明材料；

（二）遵守调解规则；

（三）不得加剧纠纷、激化矛盾；

（四）自觉履行人民调解协议。

第八条　人民调解委员会调解民间纠纷不收费。

第九条　司法行政机关依照本办法对人民调解工作进行指导和管理。

指导和管理人民调解委员会的日常工作，由乡镇、街道司法所（科）负责。

第二章　人民调解委员会和人民调解员

第十条　人民调解委员会可以采用下列形式设立：

（一）农村村民委员会、城市（社区）居民委员会设立的人民调解委员会；

（二）乡镇、街道设立的人民调解委员会；

（三）企业事业单位根据需要设立的人民调解委员会；

（四）根据需要设立的区域性、行业性的人民调解委员会。

人民调解委员会的设立及其组成人员，应当向所在地乡镇、街道司法所（科）备案；乡镇、街道人民调解委员会的设立及其组成人员，应当向县级司法行政机关备案。

第十一条 人民调解委员会由委员三人以上组成，设主任一人，必要时可以设副主任。

多民族聚居地区的人民调解委员会中，应当有人数较少的民族的成员。

人民调解委员会中应当有妇女委员。

第十二条 村民委员会、居民委员会和企业事业单位的人民调解委员会根据需要，可以自然村、小区（楼院）、车间等为单位，设立调解小组，聘任调解员。

第十三条 乡镇、街道人民调解委员会委员由下列人员担任：

（一）本乡镇、街道辖区内设立的村民委员会、居民委员会、企业事业单位的人民调解委员会主任；

（二）本乡镇、街道的司法助理员；

（三）在本乡镇、街道辖区内居住的懂法律、有专长、热心人民调解工作的社会志愿人员。

第十四条 担任人民调解员的条件是：为人公正，联系群众，热心人民调解工作，具有一定法律、政策水平和文化水平。

乡镇、街道人民调解委员会委员应当具备高中以上文化程度。

第十五条 人民调解员除由村民委员会成员、居民委员会成员或者企业事业单位有关负责人兼任的以外，一般由本村民区、居民区或者企业事业单位的群众选举产生，也可以由村民委员会、居民委员会或者企业事业单位聘任。

乡镇、街道人民调解委员会委员由乡镇、街道司法所（科）聘任。

区域性、行业性的人民调解委员会委员，由设立该人民调解委员会的组织聘任。

第十六条 人民调解员任期三年，每三年改选或者聘任一次，可以连选连任或者续聘。

人民调解员不能履行职务时，由原选举单位或者聘任单位补选、补聘。

人民调解员严重失职或者违法乱纪的，由原选举单位或者聘任单位撤换。

第十七条　人民调解员调解纠纷，必须遵守下列纪律：

（一）不得徇私舞弊；

（二）不得对当事人压制、打击报复；

（三）不得侮辱、处罚纠纷当事人；

（四）不得泄露当事人隐私；

（五）不得吃请受礼。

第十八条　人民调解员依法履行职务，受到非法干涉、打击报复的，可以请求司法行政机关和有关部门依法予以保护。

人民调解员履行职务，应当坚持原则，爱岗敬业，热情服务，诚实守信，举止文明，廉洁自律，注重学习，不断提高法律、道德素养和调解技能。

第十九条　人民调解委员会应当建立健全岗位责任制、例会、学习、考评、业务登记、统计和档案等各项规章制度，不断加强组织、队伍和业务建设。

第三章　民间纠纷的受理

第二十条　人民调解委员会调解的民间纠纷，包括发生在公民与公民之间、公民与法人和其他社会组织之间涉及民事权利义务争议的各种纠纷。

第二十一条　民间纠纷，由纠纷当事人所在地（所在单位）或者纠纷发生地的人民调解委员会受理调解。

村民委员会、居民委员会或者企业事业单位的人民调解委员会调解不了的疑难、复杂民间纠纷和跨地区、跨单位的民间纠纷，由乡镇、街道人民调解委员会受理调解，或者由相关的人民调解委员会共同调解。

第二十二条 人民调解委员会不得受理调解下列纠纷：

（一）法律、法规规定只能由专门机关管辖处理的，或者法律、法规禁止采用民间调解方式解决的；

（二）人民法院、公安机关或者其他行政机关已经受理或者解决的。

第二十三条 人民调解委员会根据纠纷当事人的申请，受理调解纠纷；当事人没有申请的，也可以主动调解，但当事人表示异议的除外。

当事人申请调解纠纷，可以书面申请，也可以口头申请。

受理调解纠纷，应当进行登记。

第二十四条 当事人申请调解纠纷，符合条件的，人民调解委员会应当及时受理调解。

不符合受理条件的，应当告知当事人按照法律、法规规定提请有关机关处理或者向人民法院起诉；随时有可能激化的，应当在采取必要的缓解疏导措施后，及时提交有关机关处理。

第四章　民间纠纷的调解

第二十五条 人民调解委员会调解纠纷，应当指定一名人民调解员为调解主持人，根据需要可以指定若干人民调解员参加调解。

当事人对调解主持人提出回避要求的，人民调解委员会应当予以调换。

第二十六条 人民调解委员会调解纠纷，应当分别向双方当事人询问纠纷的事实和情节，了解双方的要求及其理由，根据需要向有关方面调查核实，做好调解前的准备工作。

第二十七条 人民调解委员会调解纠纷，根据需要可以邀请有关单位或者个人参加，被邀请的单位或者个人应当给予支持。

调解跨地区、跨单位的纠纷，相关人民调解委员会应当相互配合，共同做好调解工作。

第二十八条　人民调解委员会调解纠纷，一般在专门设置的调解场所进行，根据需要也可以在便利当事人的其他场所进行。

第二十九条　人民调解委员会调解纠纷，根据需要可以公开进行，允许当事人的亲属、邻里和当地（本单位）群众旁听。但是涉及当事人的隐私、商业秘密或者当事人表示反对的除外。

第三十条　人民调解委员会调解纠纷，在调解前应当以口头或者书面形式告知当事人人民调解的性质、原则和效力，以及当事人在调解活动中享有的权利和承担的义务。

第三十一条　人民调解委员会调解纠纷，应当在查明事实、分清责任的基础上，根据当事人的特点和纠纷性质、难易程度、发展变化的情况，采取灵活多样的方式方法，开展耐心、细致的说服疏导工作，促使双方当事人互谅互让，消除隔阂，引导、帮助当事人达成解决纠纷的调解协议。

第三十二条　人民调解委员会调解纠纷，应当密切注意纠纷激化的苗头，通过调解活动防止纠纷激化。

第三十三条　人民调解委员会调解纠纷，一般在一个月内调结。

第五章　人民调解协议及其履行

第三十四条　经人民调解委员会调解解决的纠纷，有民事权利义务内容的，或者当事人要求制作书面调解协议的，应当制作书面调解协议。

第三十五条　调解协议应当载明下列事项：
（一）双方当事人基本情况；
（二）纠纷简要事实、争议事项及双方责任；
（三）双方当事人的权利和义务；
（四）履行协议的方式、地点、期限；
（五）当事人签名，调解主持人签名，人民调解委员会印章。
调解协议由纠纷当事人各执一份，人民调解委员会留存一份。

第三十六条　当事人应当自觉履行调解协议。

人民调解委员会应当对调解协议的履行情况适时进行回访,并就履行情况做出记录。

第三十七条 当事人不履行调解协议或者达成协议后又反悔的,人民调解委员会应当按下列情形分别处理:

(一)当事人无正当理由不履行协议的,应当做好当事人的工作,督促其履行;

(二)如当事人提出协议内容不当,或者人民调解委员会发现协议内容不当的,应当在征得双方当事人同意后,经再次调解变更原协议内容;或者撤销原协议,达成新的调解协议;

(三)对经督促仍不履行人民调解协议的,应当告知当事人可以请求基层人民政府处理,也可以就调解协议的履行、变更、撤销向人民法院起诉。

第三十八条 对当事人因对方不履行调解协议或者达成协议后又后悔,起诉到人民法院的民事案件,原承办该纠纷调解的人民调解委员会应当配合人民法院对该案件的审判工作。

第六章 对人民调解工作的指导

第三十九条 各级司法行政机关应当采取切实措施,加强指导,不断推进本地区人民调解委员会的组织建设、队伍建设、业务建设和制度建设,规范人民调解工作,提高人民调解工作的质量和水平。

各级司法行政机关在指导工作中,应当加强与人民法院的协调和配合。

第四十条 各级司法行政机关应当采取多种形式,加强对人民调解员的培训,不断提高人民调解员队伍的素质。

第四十一条 各级司法行政机关对于成绩显著、贡献突出的人民调解委员会和人民调解员,应当定期或者适时给予表彰和奖励。

第四十二条 各级司法行政机关应当积极争取同级人民政府的支持,保障人民调解工作的指导和表彰经费;协调和督促村民委员会、居民委员会和企业事业单位,落实人民调解委员会的工作经费和人民调解员的补贴经费。

第四十三条 乡镇、街道司法所（科），司法助理员应当加强对人民调解委员会工作的指导和监督，负责解答、处理人民调解委员会或者纠纷当事人就人民调解工作有关问题的请示、咨询和投诉；应人民调解委员会的请求或者根据需要，协助、参与对具体纠纷的调解活动；对人民调解委员会主持达成的调解协议予以检查，发现违背法律、法规、规章和政策的，应当予以纠正；总结交流人民调解工作经验，调查研究民间纠纷的特点和规律，指导人民调解委员会改进工作。

第七章 附 则

第四十四条 人民调解委员会工作所需的各种文书格式，由司法部统一制定。

第四十五条 本规定自二○○二年十一月一日起施行。本规定发布前，司法部制定的有关规章、规范性文件与本规定相抵触的，以本规定为准。

人民调解委员会及调解员奖励办法

（1991年7月12日司法部令第15号公布 自公布之日起施行）

第一条 为加强人民调解委员会组织建设，鼓励先进，调动调解人员的工作积极性，促进人民调解工作的开展，维护社会安定，根据《人民调解委员会组织条例》的有关规定，制定本办法。

第二条 本办法规定的奖励适用于人民调解委员会、人民调解员。

第三条 奖励必须实事求是，实行精神鼓励和物质奖励相结合，以精神鼓励为主的原则。

第四条 奖励条件

符合下列条件的人民调解委员会,给予集体奖励:

1. 组织健全,制度完善;

2. 调解纠纷和防止民间纠纷激化工作成绩显著,连续三年无因民间纠纷引起的刑事案件、自杀事件和群众性械斗;

3. 积极开展法制宣传教育、预防民间纠纷效果显著;

4. 积极向村(居)民委员会报告民间纠纷和调解工作情况,为减少纠纷发生和加强基层政权建设作出突出成绩。

符合下列条件之一的人民调解员,给予奖励:

1. 长期从事人民调解工作,勤勤恳恳,任劳任怨,全心全意为人民服务,为维护社会安定、增进人民团结作出突出贡献者;

2. 在防止民间纠纷激化工作中,积极疏导,力排隐患,临危不惧,挺身而出,舍己救人,对制止恶性案件发生或减轻危害后果作出突出贡献者;

3. 在纠纷当事人准备或正在实施自杀行为的紧急时刻,及时疏导调解,采取果断措施,避免当事人死亡的;

4. 刻苦钻研人民调解业务,认真总结人民调解工作经验,勇于改革开拓,对发展人民调解工作理论,丰富人民调解工作实践作出突出贡献者;

5. 忠实于法律、忠实于事实、忠实于人民利益,秉公办事,不徇私情、不谋私利事迹突出者;

6. 及时提供民间纠纷激化信息,为防止或减轻因民间纠纷激化引起的重大刑事案件、群众性械斗事件发生,作出较大贡献者;

7. 在维护社会安定、增进人民团结等其他方面作出重大贡献者。

第五条 奖励分为:模范人民调解委员会、模范人民调解员;优秀人民调解委员会、优秀人民调解员;先进人民调解委员会、先进人民调解员。

事迹特别突出、贡献特别大的集体或个人,给予命名表彰。

第六条 对受集体奖励者发给奖状或锦旗;对受个人奖励者发

给奖状、证书和奖金。

第七条 奖励的审批权限

模范人民调解委员会和模范人民调解员以及集体和个人的命名表彰，由司法部批准。

优秀人民调解委员会和优秀人民调解员由省、自治区、直辖市司法厅（局）批准。

地（市）、县级司法局（处）表彰的统称先进人民调解委员会和先进人民调解员，分别由地（市）、县级司法局（处）批准。

第八条 凡报上一级机关批准奖励的集体或个人，呈报机关应当报送拟表彰奖励的请示报告、事迹材料和奖励审批表。

第九条 奖励工作具体事项，由各级司法行政机关基层工作部门商政工（人事）部门办理。

第十条 表彰奖励集体和个人，地（市）、县级司法局（处）每一年或两年一次，省、自治区、直辖市司法厅（局）每两年一次，司法部每四年一次。对有特殊贡献的集体和个人，可随时表彰奖励。

对在人民调解工作岗位上牺牲的调解人员，符合本办法奖励条件的，应追授奖励。

第十一条 凡发现受奖者事迹失实、隐瞒严重错误骗取荣誉的，或授予称号后犯严重错误，丧失模范作用的，由批准机关撤销其称号，并收回奖状、证书和锦旗。

第十二条 奖励经费按司法部、财政部（85）司发计财字384号《关于修订司法业务费开支范围的规定的通知》的有关规定，由批准奖励机关编造预算报同级财政部门列入调解费开支。

第十三条 按本办法受过奖励的人民调解委员会和人民调解员，仍可受各级人民政府依据《人民调解委员会组织条例》第十三条的规定给予的表彰和奖励。

第十四条 各省、自治区、直辖市司法厅（局）根据本办法可以制定实施细则，报司法部备案。

第十五条 本办法自公布之日起施行。

（二）规范性文件和业务规范、标准类

1. 规范性文件类

司法部关于推进个人调解工作室建设的指导意见

（2018 年 11 月 13 日　司发通〔2018〕119 号）

各省、自治区、直辖市司法厅（局），新疆生产建设兵团司法局：

为坚持发展"枫桥经验"，深入贯彻落实《关于加强人民调解员队伍建设的意见》，充分发挥人民调解维护社会和谐稳定"第一道防线"作用，完善人民调解组织网络，创新人民调解组织形式，及时就地化解矛盾纠纷，努力实现矛盾不上交，现就推进个人调解工作室建设提出如下意见。

一、充分认识推进个人调解工作室建设的重要意义

个人调解工作室是以人民调解员姓名或特有名称命名设立的调解组织。近年来，各地充分发挥调解能手的引领示范作用，推动建立以个人命名的人民调解工作室，有效化解了大量矛盾纠纷。实践证明，个人调解工作室是传统调解组织形式的创新发展，是基层调解组织触角的有效延伸，对于增强人民调解员的积极性、主动性、扩大人民调解工作的权威性、影响力，提升人民调解工作质量水平具有重要意义。当前，中国特色社会主义进入新时代。随着我国社会主要矛盾的变化，矛盾纠纷呈现出一些新情况和新特点，人民群众对调解工作也提出了新的更高要求。各级司法行政机关要切实提高政治站位，充分认识推进个人调解工作室建设的重要意义，采取

有效措施，努力打造一批"做得好、信得过、叫得响"的调解工作品牌，不断推动新时代人民调解工作创新发展，实现矛盾就地化解，不上交、不激化，保障人民群众合法权益，促进社会公平正义，维护国家安全和社会和谐稳定。

二、总体要求

（一）指导思想

坚持以习近平新时代中国特色社会主义思想为指导，全面贯彻落实党的十九大和十九届二中、三中全会精神，深入贯彻实施《人民调解法》，坚持发展"枫桥经验"，以组织形式创新和队伍素质提升为着力点，积极推进个人调解工作室建设，依法规范个人调解工作室的设立、命名、管理、保障，充分发挥个人调解工作室在排查化解矛盾纠纷中的重要作用，切实维护人民群众合法权益和社会和谐稳定，为平安中国、法治中国建设作出积极贡献。

（二）基本原则

——坚持党的领导。认真贯彻落实中央关于加强人民调解工作的决策部署，把党的领导贯彻到人民调解工作的全过程、各方面，确保个人调解工作室建设的正确方向。

——坚持以人民为中心。坚持人民调解为人民，把群众满意作为衡量人民调解工作的根本标准，努力为当事人提供优质高效的调解服务，维护双方当事人合法权益。

——坚持依法设立，规范管理。遵守《人民调解法》的基本规定，完善个人调解工作室设立程序，健全管理制度，规范工作流程，不断提高调解工作质量和水平。

——坚持因地制宜，突出特色。立足本地矛盾纠纷实际状况和调解员擅长领域、专业特长，从实际出发，"成熟一个、发展一个"，积极打造各具特色的调解工作品牌，确保个人调解工作室的权威性和公信力。

三、主要任务

（一）加强组织建设

1. 申请设立个人调解工作室的条件。人民调解员具备以下条件的，可以申请设立个人调解工作室：具有较高的政治素质，为人公道正派，在群众中有较高威信；热心人民调解工作，有较为丰富的调解工作经验，调解成功率较高；具有一定的文化水平、政策水平和法律知识，形成有特点、有成效的调解方式方法；获得过县级以上党委政府、有关部门或司法行政机关表彰奖励。

2. 规范个人调解工作室的命名。个人调解工作室全称由"所属人民调解委员会名称"、"个人姓名或特有名称"和"调解工作室"三部分内容依次组成，简称由"个人姓名或特有名称"和"调解工作室"两部分内容依次组成，由县级以上司法行政机关负责命名。

（二）加强队伍建设

3. 个人调解工作室组成。个人调解工作室可以由一名调解员组成，也可以由多名调解员组成。鼓励专职人民调解员和退休政法干警、律师等社会专业人士、基层德高望重的人士等建立个人调解工作室，推动形成一支结构合理、优势互补的调解工作团队。

4. 加强对调解员的业务培训。各级司法行政机关要采取开设调解大讲堂、集中授课、交流研讨、案例评析、现场观摩、旁听庭审等形式，加强对个人调解工作室调解员的培训，不断增强调解员的法律素养、政策水平、专业知识和调解技能。

（三）加强业务建设

5. 个人调解工作室职责。开展辖区内一般矛盾纠纷排查调解，参与当地重大疑难复杂矛盾纠纷调解；开展法治宣传教育；参与承担人民调解员培训授课任务；主动向所属人民调解委员会报告工作情况，做好调解统计和文书档案管理等工作；自觉接受司法行政机关指导和基层人民法院业务指导，认真完成司法行政机关和所属人民调解委员会交办的其他工作任务。

6. 依法开展调解工作。个人调解工作室应当遵守人民调解法的各项规定,坚持人民调解的基本原则,不得收取任何费用。个人调解工作室开展调解活动应接受所属人民调解委员会的指导,制作的调解协议书加盖所属人民调解委员会的印章。

7. 加强信息化建设。个人调解工作室要充分利用中国法律服务网和人民调解信息系统,开展人民调解在线咨询、受理、调解等。积极运用人民调解移动终端、手机APP、微信群等开展调解工作,创新在线调解、视频调解等方式方法。

(四)加强制度建设

8. 建立健全工作制度。个人调解工作室应当依法建立健全岗位责任、学习培训、纠纷登记、排查调解、回访、信息反馈、考核奖惩、统计报送、文书档案等制度。县级以上司法行政机关要建立名册制度,定期向社会公布个人调解工作室情况;完善绩效评价制度,加强对个人调解工作室的动态管理。

9. 建立退出机制。被命名的人民调解员具有下列情形之一的,由命名的司法行政机关撤销其个人调解工作室命名,并定期向社会公告:弄虚作假、虚报申请资料获得个人调解工作室命名的;因身体、工作变动等个人原因申请不再担任人民调解员的;因严重违法违纪不适合继续从事调解工作的;因调解工作不力导致矛盾纠纷激化,造成恶劣社会影响的;其他应予撤销命名的情形。

四、组织保障

(一)组织领导

各级司法行政机关要高度重视个人调解工作室建设,加强指导,督促落实。要主动汇报个人调解工作室建设情况和工作成效,积极争取党委、政府和有关部门的政策支持和工作保障。要加强调查研究,及时协调解决个人调解工作室建设中遇到的新情况、新问题。要认真总结个人调解工作室建设经验,推动形成一批可复制、可借鉴、可推广的做法。

(二)工作保障

个人调解工作室的调解员享受与所属人民调解委员会的调解员

在补贴、培训、表彰等方面同等待遇。个人调解工作室应有相对独立的办公场所和必要的办公设备，不具备条件的可以与所属人民调解委员会共用办公场所，但应有固定的调解场所。支持个人调解工作室登记为民办非企业组织，或通过当地人民调解员协会承接政府购买服务项目，促进工作有效开展。

（三）宣传表彰

要充分利用传统媒体和网络、微信、微博等新媒体，大力宣传个人调解工作室的优势特点、工作成效和典型案例，不断扩大个人调解工作室的社会影响力。要加大对个人调解工作室及其调解员的表彰奖励力度，为个人调解工作室开展工作营造良好社会氛围。

各地可结合实际，按照本意见精神制定具体实施意见。

中央政法委、最高人民法院、司法部、民政部、财政部、人力资源和社会保障部关于印发《关于加强人民调解员队伍建设的意见》的通知

（2018年4月19日 司发〔2018〕2号）

各省、自治区、直辖市党委政法委、高级人民法院、司法厅（局）、民政厅（局）、财政厅（局）、人力资源和社会保障厅（局），新疆维吾尔自治区高级人民法院生产建设兵团分院、新疆生产建设兵团党委政法委、司法局、民政局、财务局、人力资源和社会保障局：

《关于加强人民调解员队伍建设的意见》已经2018年3月28日中央全面深化改革委员会第一次会议审议通过，现印发给你们，请结合实际认真贯彻执行。

关于加强人民调解员队伍建设的意见

为认真落实党的十九大精神，深入贯彻党的十八届四中全会关于发展人民调解员队伍的决策部署，全面贯彻实施人民调解法，现就加强人民调解员队伍建设提出如下意见。

一、充分认识加强人民调解员队伍建设的重要意义

人民调解是在继承和发扬我国民间调解优良传统基础上发展起来的一项具有中国特色的法律制度，是公共法律服务体系的重要组成部分，在矛盾纠纷多元化解机制中发挥着基础性作用。人民调解员是人民调解工作的具体承担者，肩负着化解矛盾、宣传法治、维护稳定、促进和谐的职责使命。加强人民调解员队伍建设，对于提高人民调解工作质量，充分发挥人民调解维护社会和谐稳定"第一道防线"作用，推进平安中国、法治中国建设，实现国家治理体系与治理能力现代化具有重要意义。党中央、国务院历来高度重视人民调解工作。党的十八大以来，习近平总书记多次对人民调解工作作出重要指示批示，为做好人民调解工作和加强人民调解员队伍建设指明了方向。广大人民调解员牢记使命、扎根基层、无私奉献，积极开展矛盾纠纷排查调解工作，切实把矛盾纠纷化解在基层，消除在萌芽状态，为维护社会和谐稳定、服务保障和改善民生作出了积极贡献。当前，中国特色社会主义进入新时代。社会主要矛盾已经转化为人民日益增长的美好生活需要和不平衡不充分的发展之间的矛盾。人民不仅对物质文化生活提出了更高要求，而且在民主、法治、公平、正义、安全、环境等方面的要求日益增长。党的十九大强调，要加强预防和化解社会矛盾机制建设，正确处理人民内部矛盾。这些都对人民调解、行业专业调解和调解员队伍建设提出了新的更高要求。各地各有关部门一定要充分认识加强人民调解员队伍建设的重要性、紧迫性，切实增强责任感和使命感，采取有效措施，大力推进人民调解员队伍建设，不断提高人民调解工作水平，全力维护社会和谐稳定。

二、加强人民调解员队伍建设的指导思想和基本原则

(一) 指导思想

深入贯彻落实党的十九大精神，坚持以习近平新时代中国特色社会主义思想为指导，按照"五位一体"总体布局和"四个全面"战略布局，全面贯彻实施人民调解法，优化队伍结构，着力提高素质，完善管理制度，强化工作保障，努力建设一支政治合格、熟悉业务、热心公益、公道正派、秉持中立的人民调解员队伍，为平安中国、法治中国建设作出积极贡献。

(二) 基本原则

——坚持党的领导。认真贯彻落实中央关于人民调解工作的决策部署，确保人民调解员队伍建设的正确方向。

——坚持依法推动。贯彻落实人民调解法、民事诉讼法等法律规定，不断提高人民调解员队伍建设的规范化、法治化水平。

——坚持择优选聘。按照法定条件和公开公平公正的原则，吸收更多符合条件的社会人士和专业人员参与人民调解工作。

——坚持专兼结合。在积极发展兼职人民调解员队伍的同时，大力加强专职人民调解员队伍建设，不断优化人民调解员队伍结构。

——坚持分类指导。根据各地实际情况和专兼职人民调解员队伍的不同特点，完善管理制度，创新管理方式，不断提高人民调解工作质量。

三、加强人民调解员队伍建设的主要任务

(一) 认真做好人民调解员选任工作

1. 严格人民调解员选任条件。人民调解员由人民调解委员会委员和人民调解委员会聘任的人员担任，既可以兼职，也可以专职。人民调解员应由公道正派、廉洁自律、热心人民调解工作，并具有一定文化水平、政策水平和法律知识的成年公民担任。乡镇（街道）人民调解委员会的调解员一般应具有高中以上学历，行业性、专业性人民调解委员会的调解员一般应具有大专以上学历，并具有相关行业、专业知识或工作经验。

2. 依法推选人民调解委员会委员。人民调解委员会委员通过推选产生。村民委员会、社区居民委员会的人民调解委员会委员由村民会议或者村民代表会议、居民会议或者居民代表会议推选产生。企业事业单位设立的人民调解委员会委员由职工大会、职工代表大会或者工会组织推选产生。乡镇（街道）人民调解委员会委员由行政区域内村（居）民委员会、有关单位、社会团体、其他组织推选产生。行业性、专业性人民调解委员会委员由有关单位、社会团体或者其他组织推选产生。人民调解委员会委员任期届满，应及时改选，可连选连任。任期届满的原人民调解委员会主任应向推选单位报告工作，听取意见。新当选的人民调解委员会委员应及时向社会公布。

3. 切实做好人民调解员聘任工作。人民调解委员会根据需要可以聘任一定数量的专兼职人民调解员，并颁发聘书。要注重从德高望重的人士中选聘基层人民调解员。要注重选聘律师、公证员、仲裁员、基层法律服务工作者、医生、教师、专家学者等社会专业人士和退休法官、检察官、民警、司法行政干警以及相关行业主管部门退休人员担任人民调解员，不断提高人民调解员的专业化水平。要积极发展专职人民调解员队伍，行业性、专业性人民调解委员会应有3名以上专职人民调解员，乡镇（街道）人民调解委员会应有2名以上专职人民调解员，有条件的村（居）和企事业单位人民调解委员会应有1名以上专职人民调解员，派驻有关单位和部门的人民调解工作室应有2名以上专职人民调解员。

（二）明确人民调解员职责任务

4. 人民调解员的职责任务。积极参与矛盾纠纷排查，对排查发现的矛盾纠纷线索，采取有针对性的措施，预防和减少矛盾纠纷的发生；认真开展矛盾纠纷调解，在充分听取当事人陈述和调查了解有关情况的基础上，通过说服、教育、规劝、疏导等方式方法，促进当事人平等协商、自愿达成调解协议，督促当事人及时履行协议约定的义务，人民调解员对当事人主动申请调解的，无正当理由不得推诿不受理；

做好法治宣传教育工作，注重通过调解工作宣传法律、法规、规章和政策，教育公民遵纪守法，弘扬社会公德、职业道德和家庭美德；发现违法犯罪以及影响社会稳定和治安秩序的苗头隐患，及时报告辖区公安机关；主动向所在的人民调解委员会报告矛盾纠纷排查调解情况，认真做好纠纷登记、调解统计、案例选报和文书档案管理等工作；自觉接受司法行政部门指导和基层人民法院业务指导，严格遵守人民调解委员会制度规定，积极参加各项政治学习和业务培训；认真完成司法行政部门和人民调解委员会交办的其他工作任务。

（三）加强人民调解员思想作风建设

5. 加强思想政治建设。组织广大人民调解员认真学习宣传贯彻党的十九大精神，坚持以习近平新时代中国特色社会主义思想武装头脑、指导工作。教育引导人民调解员牢固树立政治意识、大局意识、核心意识、看齐意识，自觉在思想上政治上行动上同以习近平同志为核心的党中央保持高度一致。加强人民调解员职业道德教育，深入开展社会主义核心价值观和社会主义法治理念教育，弘扬调解文化，增强人民调解员的社会责任感和职业荣誉感。

6. 加强纪律作风建设。完善人民调解员行为规范，教育人民调解员严格遵守和执行职业道德和工作纪律，树立廉洁自律良好形象，培养优良作风。建立投诉处理机制，及时查处人民调解员违法违纪行为，不断提高群众满意度。

7. 加强党建工作。党员人民调解员应积极参加所属党支部的组织生活，加强党性修养，严守党员标准，自觉接受党内外群众的监督，发挥党员在人民调解工作中的先锋模范作用。支持具备条件的人民调解委员会单独建立党组织，落实基层党建基本制度，严格党内政治生活，突出政治功能，发挥战斗堡垒作用。

（四）加强人民调解员业务培训

8. 落实培训责任。开展人民调解员培训是司法行政部门的重要职责。要坚持分级负责、以县（市、区）为主，加大对人民调解员的培训力度。县（市、区）司法行政部门主要负责辖区内人民调解委员会主任、骨干调解员的岗前培训和年度培训，指导和组织司法所培训辖区内人民调解员；市（地、州）司法行政部门主要负责辖区内大中型企业、乡镇（街道）和行业性、专业性人民调解委员会主任、骨干调解员的岗前培训和年度培训；省（区、市）司法行政部门负责制定本地区人民调解员培训规划，组织人民调解员骨干示范培训，建立培训师资库；司法部负责组织编写培训教材，规范培训内容，开展人民调解员师资培训。司法行政部门要积极吸纳律师、公证员、司法鉴定人、专职人民调解员等作为培训师资力量，提高培训质量和水平。基层人民法院要结合审判工作实际和人民调解员队伍状况，积极吸纳人民调解委员会进入人民法院特邀调解组织名册，通过委派调解、委托调解，选任符合条件的人民调解员担任人民陪审员，加强司法确认工作等灵活多样的形式，加大对人民调解员进行业务培训的力度。

9. 丰富培训内容和形式。司法行政部门和人民调解员协会要根据本地和行业、专业领域矛盾纠纷特点设置培训课程，重点开展社会形势、法律政策、职业道德、专业知识和调解技能等方面的培训。创新培训方式和载体，采取集中授课、研讨交流、案例评析、实地考察、现场观摩、旁听庭审、实训演练等形式，提高培训的针对性、有效性。顺应"互联网+"发展趋势，建立完善人民调解员网络培训平台，推动信息技术与人民调解员培训深度融合。依托有条件的高校、培训机构开展培训工作，开发人民调解员培训课程和教材，建立完善人民调解员培训质量评估体系。

（五）加强对人民调解员的管理

10. 健全管理制度。人民调解委员会应当建立健全人民调解员聘用、学习、培训、考评、奖惩等各项管理制度，加强对人民调解员的日常管理。建立人民调解员名册制度，县（市、区）司法行政部门定期汇总人民调解员基本信息，及时向社会公开并通报人民法院，方便当事人选择和监督。建立岗位责任和绩效评价制度，完善评价指标体系。

11. 完善退出机制。人民调解员调解民间纠纷，应当坚持原则、明法析理、主持公道。对偏袒一方当事人，侮辱当事人，索取、收受财物或者牟取其他不正当利益，或泄露当事人的个人隐私、商业秘密的人民调解员，由其所在的人民调解委员会给予批评教育、责令改正；情节严重的，由推选或者聘任单位予以罢免或者解聘。对因违法违纪不适合继续从事调解工作；严重违反管理制度、怠于履行职责造成恶劣社会影响；不能胜任调解工作；因身体原因无法正常履职；自愿申请辞职的人民调解员，司法行政部门应及时督促推选或者聘任单位予以罢免或者解聘。

（六）积极动员社会力量参与人民调解工作

12. 发动社会力量广泛参与。切实发挥村（居）民小组长、楼栋长、网格员的积极作用，推动在村（居）民小组、楼栋（院落）等建立纠纷信息员队伍，帮助了解社情民意，排查发现矛盾纠纷线索隐患。发展调解志愿者队伍，积极邀请"两代表一委员"（党代表、人大代表、政协委员）、"五老人员"（老党员、老干部、老教师、老知识分子、老政法干警）、专家学者、专业技术人员、城乡社区工作者、大学生村官等参与矛盾纠纷化解。充分发挥律师、公证员、司法鉴定人、基层法律服务工作者、法律援助工作者等司法行政系统资源优势，形成化解矛盾纠纷工作合力。

13. 建立人民调解咨询专家库。县级以上司法行政部门可以根据调解纠纷需要，会同相关行业主管部门设立人民调解咨询专家库，由法学、心理学、社会工作和相关行业、专业领域的专业人员组成，相关专家负责向人民调解委员会提供专家咨询意见和调解建议。人民调解咨询专家库可以是包含多领域专业人才的区域性综合型专家库，也可以是某一特定行业、专业领域的专家库。

（七）强化对人民调解员的工作保障

14. 落实人民调解员待遇。地方财政根据当地经济社会发展水平和财力状况，适当安排人民调解员补贴经费。人民调解员补贴经费的安排和发放应考虑调解员调解纠纷的数量、质量、难易程度、社会影响大小以及调解的规范化程度。补贴标准由县级以上司法行政部门商同级财政部门确定，明令禁止兼职取酬的人员，不得领取人民调解员补贴。对财政困难地区，省级要统筹现有资金渠道，加强人民调解工作经费保障。人民调解委员会设立单位和相关行业主管部门应依法为人民调解员开展工作提供场所、设施等办公条件和必要的工作经费。省（区、市）司法行政部门或人民调解员协会应通过报纸、网络等形式，每半年或一年向社会公开人民调解经费使用情况和工作开展情况，接受社会监督。

15. 通过政府购买服务推进人民调解工作。司法行政部门应当会同有关部门做好政府购买人民调解服务工作，完善购买方式和程序，积极培育人民调解员协会、相关行业协会等社会组织，鼓励其聘请专职人民调解员，积极参与承接政府购买人民调解服务。

16. 落实人民调解员抚恤政策。司法行政部门应及时了解掌握人民调解员需要救助的情况，协调落实相关政策待遇。符合条件的人民调解员因从事调解工作致伤致残，生活发生困难的，当地人民政府应当按照有关规定提供必要的医疗、生活救助；在人民调解工作岗位上因工作原因死亡的，其配偶、子女按照国家规定享受相应的抚恤等相关待遇。探索多种资金渠道为在调解工作中因工作原因死亡、伤残的人民调解员或其亲属提供帮扶。

17. 加强对人民调解员的人身保护。人民调解员依法调解民间纠纷，受到非法干涉、打击报复或者本人及其亲属人身财产安全受到威胁的，当地司法行政部门和人民调解员协会应当会同有关部门采取措施予以保护，维护其合法权益。探索建立人民调解员人身保障机制，鼓励人民调解委员会设立单位和人民调解员协会等为人民调解员购买人身意外伤害保险等。

四、加强对人民调解员队伍建设的组织领导

（一）加强组织领导

司法行政机关负责指导人民调解工作，要把人民调解员队伍建设摆上重要位置，列入重要议事日程，切实加强指导。要主动向党委和政府汇报人民调解工作，积极争取有关部门重视和支持，着力解决人民调解员开展工作遇到的困难和问题。要完善相关制度,提高人民调解员队伍管理水平。人民调解员协会要发挥行业指导作用,积极做好对人民调解员的教育培训、典型宣传、权益维护等工作,加强对人民调解员队伍的服务和管理。

(二)落实部门职责

各有关部门要明确自身职责,加强协调配合,共同做好人民调解工作。各级政法委要将人民调解员队伍建设纳入综治工作(平安建设)考核评价体系。人民法院要通过各种形式,加强对人民调解员调解纠纷的业务指导,提高人民调解工作水平。财政部门要落实财政保障责任,会同司法行政部门确定经费保障标准,建立动态调整机制。民政部门要对符合条件的人民调解员落实相关社会救助和抚恤政策,会同人力资源社会保障部门把符合条件的人民调解员纳入社会工作专业人才培养和职业水平评价体系。各相关行业主管部门要从各方面对人民调解员开展工作提供支持和保障。

(三)加强表彰宣传

认真贯彻落实人民调解法,加大对人民调解员的表彰力度,对有突出贡献的人民调解员按照国家有关规定给予表彰奖励。要充分运用传统媒体和网络、微信、微博等新媒体,积极宣传人民调解工作典型人物和先进事迹,扩大人民调解工作社会影响力,增强广大人民调解员的职业荣誉感和自豪感,为人民调解员开展工作创造良好社会氛围。

各地要结合实际,按照本意见精神制定具体实施意见。

全国妇联、中央综治办、最高人民法院、公安部、民政部、司法部关于做好婚姻家庭纠纷预防化解工作的意见

(2017年3月17日 妇字〔2017〕13号)

婚姻家庭关系是基础社会关系，婚姻家庭和谐是社会稳定的基础和前提。当前，我国正处于社会转型的历史时期，传统婚姻家庭观念和稳定性受到冲击，相关矛盾纠纷易发多发，有的甚至引发刑事案件乃至重大命案，严重损害家庭成员权益、影响社会和谐稳定。为进一步完善矛盾纠纷多元化解机制，做好婚姻家庭纠纷预防化解工作，现提出如下意见。

一、指导思想和基本原则

（一）指导思想。全面贯彻党的十八大和十八届三中、四中、五中、六中全会精神，以邓小平理论、"三个代表"重要思想、科学发展观为指导，深入学习贯彻习近平总书记系列重要讲话精神，增强政治责任感，提高工作预见性，落实中共中央办公厅、国务院办公厅印发的《关于完善矛盾纠纷多元化解机制的意见》，以调解为重要渠道，以防范婚姻家庭纠纷激化引发命案为重点，健全完善预防化解婚姻家庭纠纷工作机制，引导社会公众建立和维护平等、和睦、文明的婚姻家庭关系，进一步增强人民群众的安全感和幸福感，为全面建成小康社会创造和谐稳定的社会环境。

（二）基本原则。坚持党委领导、政府主导、综治协调，发挥人民法院、公安、司法行政、民政等部门职能作用，发挥妇联组织的工作优势，完善衔接联动机制，形成工作合力，为群众化解婚姻家庭纠纷提供多元、便捷的服务。坚持预防为主，把群众满意作为出发点和落脚点，提高预测预警预防能力，积极化解矛盾纠纷，努力

做到发现在早、防范在先、处置在小，着力建设平等、和睦、文明的婚姻家庭关系，注重从源头上减少婚姻家庭纠纷的产生，以家庭平安促进社会平安。坚持依法治理，运用法治思维和法治方式化解婚姻家庭纠纷，维护当事人的合法权益。

二、扎实开展基层婚姻家庭纠纷排查化解工作

（三）健全婚姻家庭纠纷排查调处制度。各级综治组织要在党委和政府领导下，切实做好调查研究、组织协调、督导检查、考评、推动等工作，深化"平安家庭"建设，推进婚姻家庭纠纷排查调处工作。针对婚姻家庭纠纷，推动建立集中排查调处和经常性排查调处相结合的工作制度。定期召开矛盾纠纷排查调处工作协调会议，并将分析研判婚姻家庭纠纷作为会议的重要内容，及时掌握婚姻家庭纠纷总体情况，对可能引发恶性案事件的苗头性问题，深入调查研究，并按照"属地管理"和"谁主管谁负责"原则，落实工作责任，推动采取切实可行的措施予以化解。以农村地区为重点，根据本地区婚姻家庭纠纷发生规律特点，组织力量加强春节前后和农民工返乡期等重点时段的专项矛盾纠纷排查化解行动。推动基层组织健全完善农村留守老人、妇女、儿童关爱帮扶体系，重点关注有两地分居、招婿、失独、婚姻关系变化、扶养关系变动、发生遗产继承等情况的家庭，定期了解情况，对家庭关系不和的主动上门做工作、给予重点帮扶，做到底数清、情况明、措施实，有效预防矛盾纠纷的发生、激化。推动加大对公益慈善类、城乡社区服务类社会组织的培育扶持力度，通过政府购买服务等方式，支持社会组织参与婚姻家庭纠纷预防化解工作。支持律师事务所或其他具有调解功能的组织根据当事人的需求提供婚姻家庭纠纷多元化解服务并适当收取费用。

（四）充分发挥综治中心和网格化服务管理作用。按照《社会治安综合治理综治中心建设与管理规范》要求加强各级综治中心建设，发挥其平台作用。确保到2020年，在乡镇及以上地方各级综治中心，通过公安、民政、司法行政、人民法院、妇联等单位派员入

驻办公，或依托综治信息系统、综治视联网进行信息共享和可视化办公，全部建立婚姻家庭纠纷多元化解的协作联动工作机制；县乡两级综治中心全部建立妇女儿童维权站或婚姻家庭纠纷专门调处窗口，为相关工作开展提供必要场所；村（社区）综治中心，全部建立矛盾纠纷调处室，并与警务室（站）、相关调解组织工作实现衔接，及时发现、处置婚姻家庭纠纷。推进基层综治中心心理咨询室或社会工作室（站）建设，配备心理辅导人员或引入心理咨询师、婚姻家庭咨询师、社会工作师等专业队伍，就婚姻家庭问题开展心理服务、疏导和危机干预等工作。推动城乡社区网格化服务管理全覆盖，发挥其"底座"作用。整合条线资源，设立综合网格员，将定期入户走访、排查上报、先期处置婚姻家庭纠纷作为网格员的重要职责。组织社区工作者、网格员及平安志愿者、"五老人员"等社会力量，发挥好他们的人缘、地缘优势，推动工作进一步向楼栋（院落）、家庭延伸，第一时间发现并处置婚姻家庭纠纷。

（五）切实发挥公安机关的职能作用。各级公安机关要积极参与矛盾纠纷多元化解机制建设，进一步强化矛盾纠纷排查工作。要坚持预防为主的原则，深入社区、家庭、群众，及时排查发现婚姻家庭纠纷的苗头和线索，会同有关部门及时化解稳控。要积极贯彻落实反家庭暴力法，依法处置家庭暴力行为，严防矛盾激化升级。进一步加强与综治组织、司法行政机关、人民法院、妇联等单位及有关调解组织的衔接配合，有条件的公安派出所等基层执法单位可以设立人民调解室，及时调解受理婚姻家庭纠纷，最大限度预防一般性婚姻家庭纠纷转化为治安案件、刑事案件。

（六）有效发挥妇联组织在家庭和社区的工作优势。各级妇联组织要积极开展法治宣传和家庭美德教育，推动预防和制止家庭暴力工作，维护妇女儿童合法权益，促进家庭和谐、社会稳定。组织开展"建设法治中国·巾帼在行动"、寻找"最美家庭"等活动，建好各级妇联信访接待室，畅通12338妇女维权服务热线，拓展网络等渠道，及时受理婚姻家庭纠纷投诉。推进城乡社区"妇女之家"、县乡两级综治中心妇女儿童维权站建设，协助调处婚姻家庭纠纷及其他涉及妇女儿童合法权益的案件，做好矛盾排查、心理疏导、纠纷调解、信访代理、法律帮助、困难帮扶等工作。发挥妇联的组织和人才优势，加大与相关单位的衔接配合力度，推进婚姻家庭纠纷人民调解组织建设，积极参与婚姻家庭纠纷的人民调解、行政调解、司法调解等工作。

三、加强婚姻家庭纠纷人民调解工作

（七）建立健全婚姻家庭纠纷人民调解组织。根据矛盾纠纷化解需要，因地制宜推进婚姻家庭纠纷人民调解组织建设。鼓励在县（市、区），由妇联组织会同司法行政机关等建立健全婚姻家庭纠纷人民调解委员会，选聘法律、心理、社会工作等领域的专家、实务工作者和妇联维权干部等担任人民调解员，建立专家库，调解疑难纠纷。在乡镇（街道）、村（社区），充分发挥人民调解组织遍及城乡、熟悉社情民意的优势，选聘专兼职调解员，配备婚姻家庭纠纷调解工作力量，逐步增强调解工作的专业性，立足抓早抓小抓苗头，及时就地化解婚姻家庭纠纷。婚姻家庭纠纷人民调解委员会要以方便群众为原则选择办公地点和办公场所，有条件的基层综治中心应当为婚姻家庭纠纷人民调解委员会提供办公场所，办公场所应悬挂统一的人民调解标牌和标识，公开人民调解制度及调委会组成人员。

（八）着力建设婚姻家庭纠纷人民调解员队伍。司法行政机关要与妇联组织合作加强婚姻家庭纠纷人民调解员队伍建设。设立婚姻家庭纠纷人民调解委员会专职调解员公益岗位，弥补专职调解力量的不足。加强对人民调解员的专业指导，把婚姻家庭纠纷人民调解员纳入司法行政系统培训计划。通过举办培训班、案例研讨等形式，组织开展社会性别意识、法律、心理、社会工作等多方面的专业培训，支持调解员获得法律职业资格、社会工作者职业资格、婚姻家庭咨询师、心理咨询师等资质，增强调解员促进男女平等、坚持儿童利益优先以及保护家庭弱势群体利益的意识，提高调解员专业能力和素质，打造一支专业水平过硬、调解技能娴熟的婚姻家庭纠纷调解员队伍，在人民调解、司法调解、行政调解以及婚姻家庭辅导等工作领域发挥积极作用。

（九）切实加强婚姻家庭纠纷调解工作经费保障。推动落实人民调解法和财政部、司法部《关于进一步加强人民调解工作经费保障的意见》等相关规定，各级地方财政安排婚姻家庭纠纷人民调解委员会补助经费和人民调解员补贴经费，提高保障标准，建立动态增长机制。加快运用政府购买服务的方式，把婚姻家庭纠纷调解工作纳入政府购买服务指导性目录，按照规定的购买方式和程序积极组织实施，并逐步加大购买力度。建立健全"以案定补"、"以奖代补"等办法，引导激励调解员爱岗奉献，落实好因公致伤致残、牺牲人民调解员的医疗、生活救助和抚恤优待政策。鼓励婚姻家庭纠纷人民调解组织通过吸纳社会捐赠、公益赞助等符合国家法律法规规定的渠道筹措经费，提高保障水平。

四、大力推进结婚登记颁证和婚姻家庭辅导工作

（十）加强结婚登记颁证工作。民政部门要探索开展多种形式的婚前教育工作，让婚姻当事人在接受教育中慎思明辨，培养成熟理性的婚姻观念，掌握经营婚姻家庭的技巧。要在坚持自愿、免费的前提下，深入推进结婚登记颁证工作，让当事人在庄重神圣的颁证仪式中感悟婚姻家庭所蕴含的责任与担当。

（十一）推进婚姻家庭辅导工作。民政部门要加强婚姻家庭辅导室建设，发挥好社会组织和专业人才队伍的积极作用，通过政府购买服务等方式，开展婚姻家庭辅导工作。婚姻登记机关应围绕群众需求，在坚持事前告知、自愿接受的前提下，免费提供心理疏导、纠纷调解、法律咨询等婚姻家庭辅导服务，预防和化解纠纷，促进婚姻家庭的和谐稳定。要善于运用互联网、手机等新载体，不断扩大婚姻辅导工作受众，提高婚姻辅导工作实效。

五、推进家事审判制度改革

（十二）稳步推进家事审判方式和工作机制改革。人民法院要总结家事审判方式和工作机制改革试点经验，研究制定家事审判方式和工作机制改革试点工作规程，积极推动健全婚姻家庭案件审判组织和审判队伍，设立家事审判庭和家事审判团队，选任符合条件的家事主审法官，聘用、培养家事调查员、心理辅导员等审判辅助人员。加强家事审判工作人员调解技能、心理学知识等方面的系统培训。加强硬件设施配置，提升业务装备配备水平。针对家事审判特点，着眼于修复家庭关系，坚持未成年人最大利益原则，从审判组织、队伍建设、证明标准、制止家庭暴力、家庭财产申报、诉讼程序等多方面进行家事审判专业化探索，逐步形成不同于财产类案件的审判模式。

（十三）把调解贯穿婚姻家庭诉讼全过程。人民法院要加强诉调对接平台建设，完善特邀调解组织和特邀调解员名册制度，通过委托调解、委派调解、特邀调解做好婚姻家庭案件调解工作。鼓励相关调解组织在诉调对接平台设立调解工作室，办理人民法院委派或委托调解的案件，推动构建司法、行政和社会力量相结合的新型家事纠纷综合协调解决模式。积极试行家事案件调解前置制度，落实离婚等案件应当调解的规定，把调解贯穿于诉前、诉中、诉后全过程。经人民调解委员会调解达成的协议，鼓励双方当事人依法向人民法院申请司法确认调解协议的效力。

六、强化工作支持

（十四）加强信息化建设。依托社会治安综合治理信息化综合平台，按照相关数据和技术标准，建设在线矛盾纠纷化解信息系统，完善信息沟通机制，推动综治组织和公安、民政、司法行政、人民法院、妇联等单位相关信息系统的互联互通，数据的共享共用，做好婚姻家庭纠纷的在线受理、统计、督办、反馈等工作。依托"雪亮工程"建设，拓展和联接相关视频会议、视频通信系统，逐步延伸至村（社区），开展视频调解等工作，使专业矛盾纠纷调解资源向基层延伸。探索建立婚姻家庭纠纷网上专家库，建立在线法律咨询、在线调解和诉讼案件在线立案、在线审判系统，满足人民群众对便捷、高效化解矛盾纠纷的需求。开发应用平安建设移动客户端、平安建设微信公众号等，建立激励机制，鼓励网格员、志愿者和广大群众利用信息化手段及时上报矛盾纠纷，提升隐患发现能力，逐步探索为群众提供"掌上咨询""掌上调解"等服务。通过加强信息化支撑，构建"互联网+"婚姻家庭纠纷预防化解工作格局，推动各单位建立更为灵活的对接协作、跟踪服务制度，使矛盾纠纷在不同发展阶段、不同情况下，都有相应的力量介入开展工作，确保"民不转刑、刑不转命"。

（十五）严格落实责任。贯彻实施中共中央办公厅、国务院办公厅印发的《健全落实社会治安综合治理领导责任制规定》，坚持奖惩并举，充分运用通报、约谈、挂牌督办、一票否决权制等责任督导和追究措施，压实各地各有关部门预防化解婚姻家庭纠纷的责任。发挥综治工作（平安建设）考评的作用，完善"平安家庭"考评标准，坚持问题导向，将因婚姻家庭纠纷引发"民转刑"重大命案等情况作为"平安家庭"考评的重要指标，引导强化命案防控意识和防控责任。加强督导检查，对于因婚姻家庭纠纷引发的一次死亡3人以上（包括本数，下同）命案，省级综治组织应当会同相关部门组织工作组进行督查，督促当地分析原因，找准症结，研究提出解决问题的具体措施，限期进行整改。对发生因婚姻家庭纠纷引发的一次死亡6人以上命案或一年内发生因婚姻家庭纠纷引发的一次死亡3人以上命案超过3起的市（地、州、盟），要纳入本省（区、市）公共安全、治安问题相对突出的市（地、州、盟）核报范围。

（十六）营造良好氛围。以贯彻落实婚姻法、反家庭暴力法、妇女权益保障法等为重点，禁止包办、买卖婚姻和其他干涉婚姻自由的行为，禁止借婚姻索取财物，禁止家庭暴力。倡导夫妻互相忠实，互相尊重，家庭成员间敬老爱幼，互助友爱，维护平等、和睦、文明的婚姻家庭关系。大力开展婚姻家庭法律法规宣传教育，注重用典型案例和"大白话""身边事"释理说法，努力为建设和谐婚姻家庭关系营造良好法治氛围。加强村居（社区）公共法律服务，推动"一村（社区）一法律顾问"工作，重点加强面向农村的法律咨询、法律援助工作，使广大群众享受到方便、高效的法律服务，进一步增强通过法律途径解决纠纷、维护权益的意识。健全基层群众自治制度，通过制订完善村民公约、社区公约，发挥村民议事会、道德评议会、红白事理事会等作用，引导农民自我教育、自我管理，革除高额彩礼等陋习，树立文明新风。

司法部、中央综治办、最高人民法院、民政部关于推进行业性专业性人民调解工作的指导意见

（2016年1月5日 司发通〔2016〕1号）

各省、自治区、直辖市司法厅（局）、综治办、高级人民法院、民政厅（局），新疆维吾尔自治区高级人民法院生产建设兵团分院，新疆生产建设兵团司法局、综治办、民政局：

为深入贯彻落实党的十八大和十八届三中、四中、五中全会精神，及时有效预防化解行业、专业领域矛盾纠纷，充分发挥人民调解在矛盾纠纷多元化解机制中的基础性作用，维护社会和谐稳定，现就推进行业性、专业性人民调解工作提出如下意见。

一、充分认识推进行业性、专业性人民调解工作的重要意义

推进行业性、专业性人民调解工作，是适应经济社会发展、化解新型矛盾纠纷的迫切需要，是维护群众合法权益、促进社会公平正义的必然要求，是创新社会治理、完善矛盾纠纷多元化解机制的重要内容。近年来，在党中央、国务院的正确领导和各级党委、政府的大力支持下，各地围绕中心、服务大局，积极推进行业性、专业性人民调解工作，化解了大量矛盾纠纷，取得了明显成效。实践证明，开展行业性、专业性人民调解工作，是新时期人民调解工作的创新发展，是人民调解制度的丰富完善。当前，我国经济发展进

入新常态，改革进入攻坚期和深水区，社会结构深刻变动，利益关系深刻调整，各种矛盾凸显叠加，特别是一些行业、专业领域矛盾纠纷易发多发，这类矛盾纠纷行业特征明显，专业性强，涉及主体多，影响面大，必须及时有效化解。党的十八届四中全会从全面推进依法治国的高度，对完善矛盾纠纷多元化解机制，加强行业性、专业性人民调解工作作出部署，对新时期人民调解工作提出了新的更高要求。贯彻落实党的十八届四中全会精神，大力加强行业性、专业性人民调解工作，依法及时化解行业、专业领域矛盾纠纷，对于维护相关行业、专业领域正常工作秩序，维护社会和谐稳定，保障公平正义，促进经济社会发展具有重要意义。

二、推进行业性、专业性人民调解工作的总体要求

加强行业性、专业性人民调解工作要认真贯彻落实党的十八大和十八届三中、四中、五中全会精神，以邓小平理论、"三个代表"重要思想和科学发展观为指导，深入贯彻落实习近平总书记系列重要讲话精神，按照协调推进"四个全面"战略布局的要求，全面贯彻落实人民调解法，进一步加强行业性、专业性人民调解组织队伍建设，健全部门间协调配合机制，完善工作制度，提升保障能力，有效预防化解矛盾纠纷，切实维护社会和谐稳定。

推进行业性、专业性人民调解工作必须遵循以下原则：

——坚持党委领导，政府主导，司法行政机关指导，相关部门密切配合，共同推进行业性、专业性人民调解工作。

——坚持以人为本，始终把维护双方当事人合法权益作为人民调解工作的出发点和落脚点，根据当事人需求，提供便捷服务，维护双方合法权益。

——坚持实事求是，因地制宜，不搞一刀切，从化解矛盾纠纷的实际需要出发，积极推动设立行业性、专业性人民调解组织。

——坚持尊重科学，根据矛盾纠纷的行业、专业特点和规律，运用专业知识，借助专业力量，提高调解的权威性和公信力。

——坚持工作创新，充分发挥人民调解工作优势，大力推进工作理

念、制度机制和方式方法创新，努力实现人民调解工作创新发展。

三、进一步加强行业性、专业性人民调解组织建设

行业性、专业性人民调解组织是在司法行政机关指导下，依法设立的调解特定行业、专业领域矛盾纠纷的群众性组织。加强行业性、专业性人民调解组织建设，必须遵守人民调解法的各项规定，坚持人民调解的基本属性，发挥人民调解的特点和优势。司法行政机关要加强与有关行业主管部门协调配合，根据相关行业、专业领域矛盾纠纷情况和特点，指导人民调解协会、相关行业协会等社会团体和其他组织，设立行业性、专业性人民调解委员会或依托现有的人民调解委员会设立人民调解工作室。要围绕党委、政府中心工作和广大群众关注的热点、难点问题，总结借鉴医疗卫生、道路交通、劳动关系、家事关系等领域人民调解工作的经验，积极推动相关行业、专业领域人民调解组织建设。对于本地相关行业、专业领域需要设立人民调解组织的，要主动向党委、政府汇报，与有关部门沟通协调，及时推动设立。已设立行业性、专业性人民调解组织的，要进一步巩固提高，依法规范人民调解委员会的组成、人民调解员选聘等，健全各项工作制度，强化学习培训，提高工作能力，有效化解矛盾纠纷。对尚未设立行业性、专业性人民调解组织的，现有人民调解委员会应将辖区内行业性、专业性矛盾纠纷纳入调解范围。行业性、专业性人民调解组织要以方便群众调解为目的选择办公地点和办公场所，办公场所应悬挂统一的人民调解组织标牌和标识，公开人民调解制度及调委会组成人员，方便群众调解纠纷。行业性、专业性人民调解组织应当自设立或变更之日起三十日内，将组织名称、人员组成、工作地址、联系方式等情况报所在地县级司法行政机关，县级司法行政机关应及时通报所在地综治组织和基层人民法院。

四、大力加强行业性、专业性人民调解员队伍建设

司法行政机关要积极协调相关行业主管部门，指导设立单位做好人民调解员的选聘、培训和考核管理等工作。行业性、专业性人

民调解委员会的调解员由设立单位或人民调解委员会聘任。要充分利用社会资源，根据矛盾纠纷的行业、专业特点，选聘具有相关行业、专业背景和法学、心理学、社会工作等专业知识的人员担任专职人民调解员，聘请教学科研单位专家学者、行政事业单位专业技术人员作为兼职人民调解员参与调解，建设一支适应化解行业性、专业性矛盾纠纷需要，专兼结合、优势互补、结构合理的人民调解员队伍。每个行业性、专业性人民调解委员会一般应配备3名以上专职人民调解员，人民调解工作室应配备1名以上专职人民调解员。行业性、专业性人民调解委员会主任一般由专职人民调解员担任。要加强专家库建设，根据化解矛盾纠纷需要，聘请法学、心理学、社会工作和相关行业、专业领域专家学者组建人民调解专家库，为人民调解组织化解矛盾纠纷提供专业咨询，专家咨询意见可以作为调解的参考依据。要加大培训力度，通过举办培训班、现场观摩、案例研讨等形式，加强政策法规、业务知识、调解技能培训，切实提高人民调解员队伍的素质和能力。新任人民调解员须经司法行政机关培训合格后上岗。要加强考核工作，及时了解掌握人民调解员的工作情况，对不称职的人民调解员应及时调整或解聘。要按照《关于加强社会工作专业人才队伍建设的意见》（中组发〔2011〕25号）要求，把人民调解员纳入社会工作专业人才培养、职业水平评价体系，积极探索人民调解员专业化、职业化发展的途径。

五、大力加强行业性、专业性人民调解工作制度化、规范化建设

司法行政机关要会同相关部门指导行业性、专业性人民调解委员会建立健全纠纷受理、调解、履行、回访等工作制度，使调解工作各个环节都有章可循；建立健全矛盾纠纷分析研判制度，定期对矛盾纠纷进行分析研判，把握趋势、掌握规律；建立健全信息反馈制度，根据矛盾纠纷调解情况，分析行业、专业领域矛盾纠纷发生原因，提出对策建议，并及时向有关行业主管部门和单位反馈。相关部门和单位要建立健全告知引导制度，对适宜通过人民调解方式化解的矛盾纠纷，应当告知人民调解的特点和优势，引导当事人优先选择人民调解；建立健全矛盾纠纷移交委托等衔接工作制度，明确移交委托范围，规范移交委托程序，健全完善人民调解与行政调解、司法调解联动工作机制。要加强规范化建设，依法规范行业性、专业性人民调解委员会设立及人员组成，规范人民调解员选聘、培训、考核，规范人民调解委员会名称、标牌、标识，规范文书和卷宗制作，规范人民调解统计报送等，不断提高行业性、专业性人民调解工作制度化、规范化水平。

六、进一步提高工作保障能力和水平

按照人民调解法的规定，设立行业性、专业性人民调解委员会的单位应为人民调解委员会开展工作提供办公场所、办公设施和必要的工作经费。要按照《财政部、司法部关于进一步加强人民调解工作经费保障的意见》（财行〔2007〕179号）要求，切实落实行业性、专业性人民调解工作指导经费、人民调解委员会补助经费、人民调解员补贴经费，并建立动态增长机制。要按照《财政部、民政部、工商总局关于印发政府购买服务管理办法（暂行）的通知》（财综〔2014〕96号）要求，把人民调解作为社会管理性服务内容纳入政府购买服务指导性目录，并按照规定的购买方式和程序积极组织实施，提高行业性、专业性人民调解工作经费保障水平。鼓励社会各界通过社会捐赠、公益赞助等方式，为行业性、专业性人民调解工作提供经费支持。

七、全力化解行业、专业领域矛盾纠纷

要及时受理矛盾纠纷，人民调解委员会对排查出来的矛盾纠纷，应及时引导双方当事人通过人民调解方式解决；对当事人申请调解的矛盾纠纷，应认真听取当事人诉求，根据矛盾纠纷的不同情况，采取相应的措施予以解决；对有关单位移交委托调解的矛盾纠纷，属于人民调解范围的，人民调解委员会应当及时受理；不属于人民调解范围的，应向当事人说明情况，并向委托单位反馈。要善于运用法治思维和法治方式化解纠纷，对合法诉求，应依法予以支持；

对不合法、不合理的诉求，要做好疏导工作，引导当事人放弃于法无据、于理不符的要求，说服当事人在平等协商、互谅互让的基础上自愿达成调解协议，做到案结事了。对调解不成的，要告知当事人通过仲裁、行政裁决、诉讼等合法渠道解决。对涉及人员多、影响面广，可能引发治安案件或刑事案件的纠纷，要及时向当地公安机关、行业主管部门报告，并配合做好疏导化解工作。要善于运用专业知识调解，注重发挥相关行业、专业领域专家学者的专业优势，根据调解纠纷的需要邀请相关专家参与调解工作；对复杂疑难案件应充分听取专家咨询意见，必要时可委托具有资质的鉴定机构进行鉴定，确保矛盾纠纷得到科学公正处理。要善于运用法、理、情相结合的方式开展调解工作，既讲法律政策、也重情理疏导，既解法结、又解心结，不断提高调解成功率、协议履行率和人民群众满意度。

八、切实加强组织领导

各级司法行政机关、综治组织、人民法院、民政和相关行业主管部门要高度重视行业性、专业性人民调解工作，积极争取将其纳入党委政府提升社会治理能力、深入推进平安建设、法治建设的总体部署，为行业性、专业性人民调解工作顺利开展提供政策保障。要坚持问题导向，加强调查研究，定期沟通行业性、专业性人民调解工作情况，认真总结行业性、专业性人民调解工作的经验做法，及时解决工作中存在的困难和问题。要广泛宣传行业性、专业性人民调解工作典型经验做法、人民调解特点优势、工作成效等，大力表彰工作中涌现出的先进集体和先进个人，进一步扩大人民调解工作的社会影响，引导更多的纠纷当事人选择人民调解方式解决矛盾纠纷。司法行政机关要切实履行指导人民调解组织设立、人民调解员选任培训等法定职责，认真研究新形势下加强和改进行业性、专业性人民调解工作的方法和措施，大力加强行业性、专业性人民调解工作制度化、规范化建设，及时了解掌握人民调解员需要救助和抚恤的情况，对符合相关条件的，协调落实生活救助或抚恤优待政策。综治组织要将行业性、专业性人民调解纳入综治工作（平安建设）考核评价体系。民政部门要鼓励引导行业协会商会等社会团体和其他社会组织设立行业性、专业性人民调解组织，支持把行业性、专业性人民调解纳入政府购买服务规划。人民法院要通过选任人民调解员担任人民陪审员、邀请人民调解员旁听民事案件审理等形式，对人民调解工作进行业务指导；要及时开展人民调解协议司法确认工作，并将司法确认情况告知人民调解委员会和同级司法行政机关。

司法部关于贯彻实施
《中华人民共和国人民调解法》的意见

（2010年12月24日 司发通〔2010〕224号）

为贯彻实施《中华人民共和国人民调解法》（以下简称人民调解法），现就有关问题提出以下意见：

一、深入学习宣传贯彻人民调解法

1. 充分认识贯彻实施人民调解法的重要意义。人民调解法是我国第一部专门规范人民调解工作的法律。人民调解法的颁布实施，对于完善人民调解制度、促进人民调解工作发展，对于深入推进三项重点工作、维护社会和谐稳定，对于进一步做好群众工作、密切党群干群关系，都具有十分重要的意义。各级司法行政机关要切实增强贯彻实施人民调解法的责任感、使命感，以贯彻实施人民调解法为契机，努力开创人民调解工作新局面。

2. 广泛深入地学习宣传人民调解法。各级司法行政机关、广大人民调解组织和人民调解员要深入学习人民调解法，掌握人民调解法的立法精神和各项规定，做到准确理解法律、自觉遵守法律、正确执行法律。要按照统一规划、分级负责、分期分批实施的原则，切实组织好人民调解法学习培训工作，为贯彻实施人民调解法奠定牢固基础。要面向社会、面向群众，广泛宣传人民调解法的重要意义和主要内容，宣传人民调解制度的特色和优势，为人民调解法的贯彻实施营造良好社会氛围。

3. 全面贯彻落实人民调解法的各项要求。人民调解法内容完备、要求明确，要在人民调解工作中全面贯彻、严格执行人民调解法，确保各项规定落到实处。要坚持人民调解的本质特征和工作原则，保证人民调解工作的正确方向。要加强人民调解组织和人民调解员队伍建设，为开展人民调解工作提供强有力的组织保障。要规范人民调解程序，不断提高人民调解工作的质量。要把握人民调解的基础性地位，充分发挥人民调解在化解矛盾纠纷中的优势和作用。要切实履行司法行政机关对人民调解工作的指导职责，有力推动人民调解工作的改革发展。

二、积极推进人民调解组织队伍建设

4. 建立健全人民调解委员会。依法全面建立村（居）人民调解委员会，实现村（居）人民调解委员会全覆盖。结合企业事业单位的特点和实际，鼓励和帮助企业事业单位建立人民调解委员会。加强乡镇（街道）人民调解委员会建设，充分发挥其化解疑难复杂矛盾纠纷的作用。积极与有关行业主管部门、社会团体和其他组织沟通协调，着重加强专业性、行业性人民调解委员会建设。

5. 健全完善人民调解组织网络。村（居）和企业事业单位人民调解委员会根据需要，可以在自然村、小区、楼院、车间等设立人民调解小组开展调解工作，也可以在机关、单位等场所设立人民调解工作室调解特定的民间纠纷。

6. 规范人民调解委员会名称。村（居）、企业事业单位、乡镇（街道）人民调解委员会名称由"所在村民委员会、居民委员会名称或者所在乡镇、街道行政区划名称或者所在企业事业单位名称"和"人民调解委员会"两部分内容依次组成。区域性、行业性、专业性人民调解委员会名称由"所在市、县或者乡镇、街道行政区划名称"、"特定区域名称或者行业、专业纠纷类型"和"人民调解委员会"三部分内容依次组成。

7. 提高人民调解员队伍素质。严格按照法定条件推选、聘任人民调解员。充分利用社会资源，吸收具有专业技能和专业知识的人员担任专兼职人民调解员。积极开展法律政策、职业道德和调解技巧的培训，不断提高人民调解员的政治素质和工作能力。

三、大力预防和化解社会矛盾纠纷

8. 全面做好人民调解工作。广泛开展经常性的矛盾纠纷排查，及时发现倾向性、苗头性问题，做到底数清、情况明。切实做好矛盾纠纷化解工作，依法及时、就地调解矛盾纠纷，做到案结事了，防止纠纷激化。认真做好矛盾纠纷预防工作，及时发现可能导致矛盾纠纷的潜在因素，尽早采取有针对性的防范措施。

9. 努力拓展人民调解工作领域。主动适应新时期社会矛盾纠纷发展变化的新趋势，在做好婚姻家庭、相邻关系、损害赔偿等常见性、多发性矛盾纠纷调解工作的同时，积极在征地拆迁、教育医疗、道路交通、劳动争议、物业管理、环境保护等领域开展人民调解工作，扩大人民调解覆盖面。

10. 着力化解重大复杂疑难民间纠纷。人民调解组织要着力化解本地区多年积累、长期未得到有效解决的矛盾纠纷，群众反映强烈、社会影响大的矛盾纠纷以及党委、政府交办的矛盾纠纷。要集中时间、集中力量，深入开展形式多样、主题鲜明的人民调解专项活动，推进人民调解工作不断深入。对于重大、复杂、疑难的矛盾纠纷，司法行政机关领导干部要加强督促指导，亲自参与调解，确保矛盾纠纷得到有效化解。

四、规范开展人民调解活动

11. 完善人民调解受理方式。当事人书面申请调解的，应当填写《人民调解申请书》；口头申请的，人民调解委员会应当填写《人民调解受理登记表》。对于排查中主动发现的、群众反映的或者有关部门移送的民间纠纷，人民调解委员会应当主动进行调解。对于不属于受理范围的纠纷，人民调解委员会应当告知当事人按照法律、法规的规定，可以请求有关部门处理或者向人民法院提起诉讼。

12. 依法开展调解活动。人民调解员调解纠纷，应当严格遵循人民调解工作的原则，主动告知当事人在调解活动中的权利义务，耐心听取当事人对纠纷事实的讲述，深入讲解法律政策和社会公德，帮助当事人认识其在纠纷中应当承担的责任和享有的权利，采取有针对性的措施防止纠纷激化。

13. 规范人民调解协议。经人民调解委员会调解达成调解协议的，可以制作《人民调解协议书》。调解协议有给付内容且非即时履行的，一般应当制作《人民调解协议书》。当事人认为无需制作调解协议书的，可以采取口头协议方式，由人民调解员填写《人民调解口头协议登记表》。

14. 督促当事人履行人民调解协议。人民调解委员会应当对人民调解协议的履行情况，适时进行回访，并填写《人民调解回访记录》。当事人无正当理由不履行人民调解协议的，应当督促其履行。发现人民调解协议内容不当的，在征得各方当事人同意后，可以再次进行调解达成新的调解协议。

五、建立健全人民调解委员会工作制度

15. 健全人民调解委员会工作制度。人民调解委员会要建立完善学习培训、社情民意分析、重大纠纷集体讨论、重大疑难纠纷报告及档案管理等制度，逐步形成有效预防和化解矛盾纠纷的人民调解工作制度体系。

16. 加强人民调解统计报送工作。要全面、及时地对人民调解工作情况进行登记和统计。人民调解员调解每一件纠纷，都应当填写《人民调解员调解案件登记单》。人民调解委员会应当按期填写《人民调解委员会调解案件汇总登记表》，及时向司法行政机关报送《人民调解组织队伍经费保障情况统计表》、《人民调解案件情况统计表》。

17. 规范人民调解卷宗。人民调解委员会调解纠纷，一般应当制作调解卷宗，做到一案一卷。调解卷宗主要包括《人民调解申请书》或者《人民调解受理登记表》、人民调解调查（调解、回访）记录、

《人民调解协议书》或者《人民调解口头协议登记表》等。纠纷调解过程简单或者达成口头调解协议的，也可以多案一卷，定期集中组卷归档。

六、切实加强对人民调解工作的指导

18. 依法全面履行指导人民调解工作职责。各级司法行政机关特别是县级司法行政机关，要采取有力措施，推进人民调解组织建设、队伍建设、制度建设和保障能力建设，不断提高人民调解工作质量和水平，充分发挥人民调解在化解社会矛盾、维护社会稳定中的作用。

19. 大力开展人民调解队伍培训工作。省级、市级司法行政机关负责培训县级司法行政机关指导人民调解工作干部和司法所工作人员。县级司法行政机关组织开展本行政区域内的人民调解员培训工作，每年至少开展一次人民调解员任职培训，每三年完成一次人民调解员轮训。

20. 推动落实人民调解工作各项保障政策。各级司法行政机关应当加强与有关部门的沟通协调，解决好人民调解工作指导经费、人民调解委员会补助经费、人民调解员补贴经费；协调人民调解委员会设立单位为其提供必要的工作经费和办公条件；推动落实人民调解员的表彰奖励、困难救助、优待抚恤政策，充分调动广大人民调解员的积极性、主动性和创造性。

21. 进一步强化司法所指导人民调解工作的职能。司法所要切实履行对人民调解工作的日常指导职责，帮助有关单位和组织建立健全人民调解委员会，配齐配强人民调解员，健全完善人民调解工作制度；总结交流人民调解工作经验，指导人民调解委员会调解民间纠纷，纠正违法和不当的调解活动；维护人民调解员合法权益，协调解决人民调解委员会和人民调解员工作中的困难和问题，保障人民调解工作的顺利发展。

22. 充分发挥人民调解员协会的作用。司法行政机关要依法指导人民调解员协会开展工作，支持人民调解员协会充分履行组织会员学习、总结交流经验、开展理论研究、维护会员权益等职责，团结和带领广大人民调解员努力做好人民调解工作。

公安部、司法部、中国保险监督管理委员会关于推行人民调解委员会调解道路交通事故民事损害赔偿工作的通知

（2010年6月23日　公通字〔2010〕29号）

各省、自治区、直辖市公安厅、局，司法厅、局，各中资财产保险公司、各保监局，中国保险行业协会：

2009年下半年，公安部、司法部相关部门就人民调解委员会调解道路交通事故民事损害赔偿纠纷进行了先期试点，取得初步成效。为总结推广试点工作经验，全面推行人民调解委员会调解道路交通事故民事损害赔偿工作，充分发挥人民调解委员会在化解道路交通事故损害赔偿矛盾纠纷方面的积极作用，现将有关工作要求通知如下：

一、加强组织领导，明确工作目标

人民调解委员会调解道路交通事故民事损害赔偿，是贯彻中央政法委"三项重点工作"部署，推动行业性、专业性人民调解工作开展，创新道路交通事故处理和人民调解工作机制，深入推进社会矛盾纠纷化解的一项重要举措，有利于充分发挥人民调解工作预防和化解矛盾纠纷的功能，进一步减少道路交通事故损害赔偿引发的矛盾纠纷，更好地维护社会和谐稳定。各地公安、司法行政、保险监管部门要高度重视，加强组织领导和协调配合，共同研究制定工作方案，落实工作措施，结合本地工作实际，扎实稳妥地推进此项工作。

二、加强工作指导，完善工作制度

调解道路交通事故民事损害赔偿纠纷可以采取建立道路交通事

故人民调解工作室或者专门的道路交通事故人民调解委员会的形式进行，组织建设和队伍建设由司法行政部门负责，人员培训和业务指导工作由司法行政部门会同公安、保险监管部门共同开展。公安、司法行政、保险监管部门要指导道路交通事故人民调解委员会或者人民调解工作室建立完善工作制度，明确工作职责、工作纪律及工作要求，统一工作标准、工作规程，建立工作台账，规范制作案卷文书。调解案件实行一案一档，案卷文书包括调解申请书、调解受理登记表、权利义务告知书、调解笔录、调解协议、送达回执或回访记录等。

三、加强队伍建设，落实工作保障

参与道路交通事故民事损害赔偿纠纷调解工作的人民调解员的聘任和管理由司法行政部门负责，主要从律师、法律工作者或者退休交警、法官、司法行政工作人员中公开招聘。司法行政部门要将道路交通事故损害赔偿人民调解员的培训纳入司法行政队伍培训计划，认真组织培训，严格考核，持证上岗，不断提高人民调解员的业务能力和水平，并定期组织考评工作。公安部门要积极配合司法行政部门做好人员招聘工作，积极为人民调解工作室和调解委员会提供办公场所和办公设备，保障必需的工作条件。司法行政部门要会同公安机关交通管理部门商请财政部门，按照财政部、司法部《关于进一步加强人民调解工作经费保障的意见》（财行〔2007〕179号）文件精神，解决调解委员会的工作经费和调解员工作补助经费。

四、明确适用范围，规范工作程序

人民调解委员会调解道路交通事故民事损害赔偿主要适用于公安机关交通管理部门按照一般程序处理的道路交通事故。各地可以根据调解员业务素质水平、调解工作量等实际情况进行适当调整，但必须遵循当事人自愿原则，以当事人自愿接受人民调解为前提。道路交通事故认定书生效后，当事人可以申请公安机关交通管理部门调解，也可以请求人民调解委员会调解。各方当事人自愿接受人民调解委员会调解的，可以不经过交警调解，由人民调解委员会直接组织调解。人民调解委员会调解民事损害赔偿纠纷，一般应当在一个月内调结。经调解达成协议的，制作书面调解协议，人民调解委员会应当督促当事人履行调解协议。当事人未达成协议或者达成协议不履行的，当事人可以请求公安机关交通管理部门调解，也可以直接向人民法院提起民事诉讼。

五、完善保险理赔制度

各地保险监管部门要指导各保险机构与人民调解委员会建立信息共享工作机制，完善人民调解与保险理赔工作环节的程序衔接，并配合公安、司法行政部门加强对人民调解员的业务培训，使人民调解员掌握相应的保险理赔业务知识和赔付原则。人民调解委员会调解涉及保险赔偿的案件时，应当在3日前将调解时间和地点通报相关保险机构，保险机构可以派员以第三人的身份参加调解。在道路交通事故人民调解委员会主持下达成的人民调解协议，可以作为保险理赔的依据，被保险人据此申请赔偿保险金的，保险人应当按照法律规定和合同约定进行赔偿。公安、司法行政、保险监管部门要共同建立完善人民调解工作监督检查机制，确保人民调解工作严格遵循公开、公平、公正的原则，防止保险诈骗案件的发生。

六、加强社会宣传

要充分利用广播、电视、报纸、网络等新闻媒体，向社会广泛宣传人民调解委员会调解道路交通事故民事损害赔偿的工作机制、工作流程等，使广大群众特别是道路交通事故当事人了解、认可道路交通事故民事损害赔偿人民调解工作，使人民调解工作机制在道路交通事故处理工作中的作用得到更加充分、有效的发挥。

各地贯彻实施情况请分别报送公安部、司法部、保监会。

司法部、卫生部、保监会关于加强医疗纠纷人民调解工作的意见

(2010年1月8日 司发通〔2010〕5号)

各省、自治区、直辖市司法厅(局)、卫生厅(局),新疆生产建设兵团司法局、卫生局,各保监局:

为进一步发挥新时期人民调解工作在化解医疗纠纷、和谐医患关系、促进平安医院建设、构建社会主义和谐社会中的重要作用,现就加强医疗纠纷人民调解工作提出如下意见:

一、高度重视人民调解工作的重要作用,积极构建和谐医患关系

构建和谐的医患关系,维护医患双方的合法权益,维持正常的医疗秩序,实现病有所医,是以改善民生为重点的社会建设的重要内容,是构建社会主义和谐社会的需要。近年来,随着我国经济、社会、文化等各项事业的快速发展,人民群众不断增长的医疗服务需求与医疗服务能力、医疗保障水平的矛盾日益突出,人民群众对疾病的诊治期望与医学技术的客观局限性之间的矛盾日益突出,因医疗产生的医患纠纷呈频发态势,严重影响医疗秩序,一些地方甚至出现了因医疗纠纷引发的群体性事件,成为影响社会稳定的突出问题。贯彻"调解优先"原则,引入人民调解工作机制,充分发挥人民调解工作预防和化解矛盾纠纷的功能,积极参与医疗纠纷的化解工作,对于建立和谐的医患关系,最大限度地消除不和谐因素,最大限度地增加和谐因素,更好地维护社会稳定具有十分重要的意义。

加强医疗纠纷人民调解工作要以邓小平理论和"三个代表"重要思想为指导,深入贯彻落实科学发展观,坚持围绕中心、服务大局,发挥人民调解扎根基层、贴近群众、熟悉民情的特点和优势,

坚持合理合法、平等自愿、不妨碍当事人诉讼权利的原则，及时妥善、公平公正地化解医疗纠纷，构建和谐医患关系，维护社会和谐稳定。

二、加强医疗纠纷人民调解组织建设

医疗纠纷人民调解委员会是专业性人民调解组织。各级司法行政部门、卫生行政部门要积极与公安、保监、财政、民政等相关部门沟通，指导各地建立医疗纠纷人民调解委员会，为化解医疗纠纷提供组织保障。

要积极争取党委、政府支持，建立由党委、政府领导的，司法行政部门和卫生行政部门牵头，公安、保监、财政、民政等相关部门参加的医疗纠纷人民调解工作领导小组，明确相关部门在化解医疗纠纷、维护医疗机构秩序、保障医患双方合法权益等方面的职责和任务，指导医疗纠纷人民调解委员会的工作。

医疗纠纷人民调解委员会原则上在县（市、区）设立。各地应结合本地实际，循序渐进，有计划、有步骤开展，不搞一刀切。

三、加强医疗纠纷人民调解员队伍建设

医疗纠纷人民调解委员会人员组成，要注重吸纳具有较强专业知识和较高调解技能、热心调解事业的离退休医学专家、法官、检察官、警官，以及律师、公证员、法律工作者和人民调解员。原则上每个医疗纠纷人民调解委员会至少配备3名以上专职人民调解员；涉及保险工作的，应有相关专业经验和能力的保险人员；要积极发挥人大代表、政协委员、社会工作者等各方面的作用，逐步建立起专兼职相结合的医疗纠纷人民调解员队伍。

要重视和加强对医疗纠纷人民调解员的培训，把医疗纠纷人民调解员培训纳入司法行政队伍培训计划，坚持统一规划、分级负责、分期分批实施，不断提高医疗纠纷人民调解员的法律知识、医学专业知识、业务技能和调解工作水平。

四、建立健全医疗纠纷人民调解委员会的保障机制

医疗纠纷人民调解委员会调解医疗纠纷不收费。其办公场所、

工作经费应当由设立单位解决。经费不足的，各级司法行政部门按照财政部、司法部《关于进一步加强人民调解工作经费保障的意见》（财行〔2007〕179号）的要求，争取补贴。鼓励医疗纠纷人民调解委员会通过吸纳社会捐赠、公益赞助等符合国家法律法规规定的渠道筹措工作经费。

各地要按照规范化人民调解委员会建设的标准，建设医疗纠纷人民调解委员会。医疗纠纷人民调解委员会的办公场所，应设置办公室、接待室、调解室、档案室等，悬挂人民调解工作标识和"医疗纠纷人民调解委员会"标牌，配备必要的办公设施。要建立健全各项规章制度，规范工作流程，并将工作制度、工作流程和人民调解委员会组成人员加以公示。

五、规范医疗纠纷人民调解委员会的业务工作

医疗纠纷人民调解委员会受理本辖区内医疗机构与患者之间的医疗纠纷。受理范围包括患者与医疗机构及其医务人员就检查、诊疗、护理等过程中发生的行为、造成的后果及原因、责任、赔偿等问题，在认识上产生分歧而引起的纠纷。

医疗纠纷人民调解委员会调解医疗纠纷应当按照国务院《人民调解委员会组织条例》、司法部《人民调解工作若干规定》的要求，采取说服、教育、疏导等方法，促使医患双方当事人消除隔阂，在平等协商、互谅互让的基础上达成调解协议。要善于根据矛盾纠纷的性质、难易程度和当事人的具体情况，充分利用便民利民的方式，因地制宜地开展调解工作，切实提高人民调解工作质量。需要进行相关鉴定以明确责任的，经双方同意，医疗纠纷人民调解委员会可以委托有法定资质的专业鉴定机构进行鉴定。调解成功的一般应当制作人民调解协议书，人民调解委员会应当督促当事人履行协议。

六、加强医疗纠纷人民调解工作的指导管理

各级司法行政部门和卫生行政部门应当加强沟通与协作，通过医疗纠纷人民调解工作领导小组加强对医疗纠纷人民调解工作的指导。要建立健全联席会议制度，定期召开会议，通报工作情况，共同研究和解决工作中遇到的困难和问题。

司法行政部门要会同卫生、保监、财政、民政等部门加强对医疗纠纷人民调解委员会的监督指导，建立医学、法学专家库，提供专业咨询指导，帮助医疗纠纷人民调解委员做到依法、规范调解。要对医疗纠纷人民调解员的工作进行定期评估，帮助他们不断改进工作。

卫生行政部门要指导各级各类医疗机构坚持"以病人为中心"，提高医疗质量，注重人文关怀，加强医患沟通，正确处理事前防范与事后调处的关系，通过分析典型医疗纠纷及其特点进行针对性改进，预防和减少医疗纠纷的发生。各省、自治区、直辖市卫生行政部门可根据本地实际情况，对公立医疗机构就医疗纠纷与患者自行和解的经济补偿、赔偿最高限额等予以规定。

七、进一步健全和完善医疗责任保险制度

各地要积极推进医疗责任保险工作。司法行政部门要指导医疗纠纷人民调解组织加强与卫生行政部门、保险部门的沟通，建立信息共享、互动合作的长效工作机制。各级卫生行政部门要组织公立医疗机构参加医疗责任保险，鼓励和支持其他各级各类医疗机构参加医疗责任保险。保监部门要鼓励、支持和引导保险公司积极依托医疗纠纷人民调解机制，处理涉及医疗责任保险的有关保险赔案，在医疗纠纷调解委员会主持下达成的调解协议，是医疗责任保险理赔的依据。形成医疗纠纷人民调解和保险理赔互为补充、互相促进的良好局面。

八、加大医疗纠纷人民调解工作宣传表彰力度

要引导新闻单位坚持正面宣传报道为主，大力宣传医疗卫生工作者为维护人民群众的身体健康和生命安全所作出的不懈努力和无私奉献；宣传医德高尚、医术精湛的正面典型，弘扬正气，增强医患之间的信任感；客观宣传生命科学和临床医学的特殊性、高科技性和高风险性，引导群众理性对待可能发生的医疗风险和医疗损害纠纷，优化医疗执业环境，增进社会各界对医学和医疗卫生工作的

尊重、理解和支持。要加强对医疗纠纷人民调解工作的宣传,通过多种形式,借助有关媒体大力宣传医疗纠纷人民调解工作的特点、优势、方法、程序以及调解协议的效力,引导纠纷当事人尽可能地通过调解的方式解决纠纷。对于在医疗纠纷人民调解工作中表现突出的先进集体和先进个人应当予以大力表彰和宣传。

财政部、司法部关于进一步加强人民调解工作经费保障的意见

(2007年7月9日 财行〔2007〕179号)

各省、自治区、直辖市、计划单列市财政厅（局）、司法厅（局），新疆生产建设兵团财务局、司法局：

人民调解制度是在党的领导下,继承发扬我国民间调解的传统并不断发展完善起来的一项重要法律制度。党的十六届六中全会提出了构建社会主义和谐社会的战略任务,对人民调解工作提出了新的更高的要求。为确保人民调解工作正常开展,调动广大调解员积极性,充分发挥人民调解在化解矛盾纠纷、维护社会稳定中的独特作用,现就进一步加强人民调解工作经费保障的问题提出如下意见：

一、人民调解工作经费的开支范围

根据司法部、财政部修订的《司法业务费开支范围的规定》〔（85）司发计字第384号〕和人民调解工作发展的需要,人民调解工作经费的开支范围包括司法行政机关指导人民调解工作经费、人民调解委员会工作补助经费、人民调解员补贴经费。

1. 司法行政机关指导人民调解工作经费包括：人民调解工作宣传经费、培训经费、表彰奖励费等；

2. 人民调解委员会补助经费是指对人民调解委员会购置办公文

具、文书档案和纸张等的补助费；

3. 人民调解员补贴经费是指发放给被司法行政部门正式聘请的人民调解员调解纠纷的生活补贴费。

二、人民调解工作经费的保障办法

1. 司法行政机关指导人民调解工作经费列入同级财政预算。

2. 为支持人民调解委员会和人民调解员的工作，地方财政根据当地经济社会发展水平和财力状况，适当安排人民调解委员会补助经费和人民调解员补贴经费。乡镇（街道）、村（居）委会、企事业单位等设立人民调解委员会和人民调解员的机构应继续在各方面对其提供支持。

3. 人民调解委员会补助经费、人民调解员补贴经费的安排和发放应考虑每个人民调解委员会及调解员调解纠纷的数量、质量、纠纷的难易程度、社会影响大小以及调解的规范化程度。补助和补贴标准可由县级司法行政部门商同级财政部门确定。

三、人民调解工作经费的管理

1. 人民调解工作经费由各级财政部门会同司法行政部门共同管理。司法行政部门要每年编报经费预算，报同级财政部门审批；使用过程中要严格把关，杜绝弄虚作假、瞒报、虚报现象。财政部门要加强对司法行政部门人民调解工作经费管理的监督检查。

2. 财政部门和司法行政部门要加强协调配合，及时研究解决工作中遇到的新情况、新问题，将人民调解工作经费保障落到实处，促进人民调解工作的进一步发展。

2. 业务规范、标准类

全国人民调解工作规范（SF/T 0083—2020）

（2020年12月30日）

前　言

本文件按照 GB/T 1.1—2020《标准化工作导则 第1部分：标准化文件的结构和起草规则》的规定起草。

本文件由司法部人民参与和促进法治局提出。

本文件由司法部信息中心归口。

本文件起草单位：司法部人民参与和促进法治局、司法部信息中心、中华全国人民调解员协会。

本文件主要起草人：罗厚如、李冰、白杰、奚军庆、熊飞、侯望。

全国人民调解工作规范

1　范围

本文件规定了人民调解组织、人民调解员、调解程序、调解制度、工作保障和工作指导等要求。

本文件适用于人民调解工作。

2　规范性引用文件

下列文件中的内容通过文中的规范性引用而构成本文件必不可少的条款。其中，注日期的引用文件，仅该日期对应的版本适用于本文件；不注日期的引用文件，其最新版本（包括所有的修改单）适用于本文件。

SF/T 0018—2019　全国人民调解管理信息系统技术规范

司复〔2003〕13号　司法部关于制发人民调解委员会印章问题的批复

司办通〔2004〕第171号　司法部办公厅关于启用人民调解标识和徽章的通知

司发通〔2010〕239号　司法部关于印发人民调解文书格式和统计报表的通知

3　术语和定义

下列术语和定义适用于本文件。

3.1　**人民调解** people's mediation

人民调解委员会通过说服、疏导等方法，促使当事人在平等协商基础上自愿达成调解协议，解决民间纠纷的活动。

[来源：SF/T 0018—2019，3.3]

3.2　**人民调解组织** people's mediation organization

依法设立的调解民间纠纷的群众性组织。

注：人民调解组织包括人民调解委员会、人民调解小组、人民调解工作室和人民调解中心等。

3.3　**行业性、专业性人民调解组织** industrial/professional people's mediation organization

依法设立的调解特定行业和专业领域矛盾纠纷的群众性组织。

3.4　**人民调解委员会设立单位** establishment unit of people's mediation committee

设立人民调解委员会的村民委员会、居民委员会、企业事业单位以及乡镇、街道、社会团体或者其他组织等。

3.5　**人民调解员** people's mediator

符合法定条件，经推选或者聘任，在人民调解委员会从事调解工作的人员。

注：人民调解员包括人民调解委员会委员和人民调解委员会聘任的人员。

3.6 **专职人民调解员** full-time people's mediator

符合规定条件，通过一定选聘程序，在人民调解委员会专门从事调解工作的人民调解员（3.5）。

3.7 **兼职人民调解员** part-time people's mediator

具有本职工作，在人民调解委员会兼职从事调解工作的人民调解员（3.5）。

4 人民调解组织

4.1 设立

4.1.1 人民调解委员会的设立

人民调解委员会的设立要求如下：

a）村（居）民委员会应设立人民调解委员会，调解辖区内的民间纠纷；

b）乡镇（街道）可设立人民调解委员会，调解辖区内跨区域、跨单位的民间纠纷和重大疑难复杂民间纠纷；

c）企（事）业单位可根据需要设立人民调解委员会，调解本单位内部发生的民间纠纷；

d）社会团体或者其他组织可根据需要设立行业性、专业性和区域性人民调解委员会，调解所在行政区域范围内本行业、专业和特定区域内的民间纠纷。

4.1.2 人民调解小组的设立

村（社区）人民调解委员会和企（事）业单位人民调解委员会根据需要，可在自然村、小区、楼院和车间等设立人民调解小组。

4.1.3 人民调解工作室的设立

人民调解工作室的设立要求如下：

a）人民调解委员会根据人民调解员的申请，并由县级以上司法行政机关命名，可以人民调解员姓名或特有名称设立个人调解工作室；

b）人民调解委员会根据需要，可在法院、公安、信访等单位和特定场所设立派驻调解工作室。

4.1.4 人民调解中心的设立

县级以上司法行政机关根据需要，可依托公共法律服务中心等，设立综合性、一站式的人民调解中心，可开展以下工作：

a）统筹区域内人民调解资源，联动调解辖区内的重大疑难复杂民间纠纷以及跨乡镇、街道和跨行业、专业领域的民间纠纷；

b）作为区域内人民调解、行政调解、司法调解联动工作平台，统一受理并组织调解党委、政府和人民法院等有关部门移送委托调解的民间纠纷；

c）汇聚区域内各类行业性、专业性人民调解组织，实现资源整合，人员共享；

d）开展区域内人民调解员的业务培训；

e）办理本级司法行政机关委托的事项。

4.1.5 情况报送

人民调解委员会及其所属人民调解工作室设立、变更和撤销情况报送要求如下：

a）村（社区）人民调解委员会、乡镇（街道）人民调解委员会和企（事）业单位人民调解委员会及其所属人民调解工作室应自设立之日起三十日内，将组织名称、人员组成、工作地址和联系方式等情况提交所在地司法所报县级司法行政机关；

b）行业性、专业性人民调解委员会和其他类型的人民调解委员会及其所属人民调解工作室应自设立之日起三十日内，将组织名称、人员组成、工作地址和联系方式等情况报所在地县级以上司法行政机关；

c）人民调解委员会及其所属人民调解工作室组织名称、人员组成、工作地址和联系方式等情况发生变更或者撤销的，应自变更、撤销之日起三十日内报相应的司法行政机关。

4.2 **名称**

4.2.1 人民调解委员会的名称

人民调解委员会的名称要求如下：

a）村（居）民委员会设立的人民调解委员会名称一般应由"所在村或社区名称"和"人民调解委员会"两部分内容顺序组合而成；

b）乡镇（街道）设立的人民调解委员会名称一般应由"所在乡镇或街道行政区划名称"和"人民调解委员会"两部分内容顺序组合而成；

c）企（事）业单位设立的人民调解委员会名称一般应由"所在企业事业单位名称"和"人民调解委员会"两部分内容顺序组合而成；

d）社会团体或者其他组织设立的人民调解委员会名称一般应由"社会团体或者其他组织名称"和"人民调解委员会"两部分内容顺序组合而成；

e）行业性、专业性和区域性人民调解委员会名称一般应由"所在行政区划名称""行业、专业纠纷类型或特定区域名称"和"人民调解委员会"三部分内容顺序组合而成。

4.2.2 人民调解工作室的名称

人民调解工作室的名称要求如下：

a）个人调解工作室名称的全称一般应由"所属人民调解委员会名称""个人姓名或特有名称"和"调解工作室"三部分内容顺序组合而成；简称由"个人姓名或特有名称"和"调解工作室"两部分内容顺序组合而成；

b）派驻调解工作室名称的全称一般应由"所属人民调解委员会名称""驻""派驻单位或特定场所名称"和"调解工作室"四部分内容顺序组合而成；简称由"驻""派驻单位或特定场所名称"和"调解工作室"三部分内容顺序组合而成。

4.2.3 人民调解中心的名称

人民调解中心名称一般应由"所在行政区划名称"和"人民调解中心"两部分内容顺序组合而成。

4.3 标牌和印章

4.3.1 人民调解组织的标牌

人民调解组织的标牌要求如下：

a) 有独立工作场所的，应在工作场所外悬挂人民调解委员会、人民调解工作室和人民调解中心标牌。标牌一般应为竖式外挂标牌，悬挂于正门一侧合适位置，竖式外挂标牌样式见附录 A.1；

b) 无独立工作场所的，一般应在调解室门一侧或上侧合适位置悬挂人民调解委员会、人民调解工作室和人民调解中心方形标牌，方形标牌样式见附录 A.2。

4.3.2 人民调解委员会的印章

按照司复〔2003〕13号的规定，人民调解委员会的印章实行全国统一规格和式样。要求如下：

a) 印章应为圆形，直径 D=4.2cm，中央刊五角星；

b) 五角星外刊人民调解委员会所在地行政区划名称或者所属群众自治组织、企业事业单位和社团组织的法定名称，自左至右环形；

c) 五角星下刊"人民调解委员会"字样，自左至右直形。

4.4 标识和徽章

4.4.1 样式

按照司办通〔2004〕第171号的要求，人民调解标识和徽章图案应由握手、橄榄叶和汉字、拼音组成，图案主体部分由象征友好的握手、象征奉献的红心和代表和平与希望的绿色橄榄枝构成，应符合附录 B 样式要求。

4.4.2 使用

人民调解标识和徽章的使用要求如下：

a) 人民调解组织应在调解场所醒目位置悬挂全国统一的、符合4.4.1要求的人民调解标识；

b) 人民调解员开展调解工作应佩带全国统一的、符合4.4.1要求的人民调解徽章。

4.5 场所设置

人民调解组织场所设置要求如下：

a) 人民调解组织应以方便群众和方便调解为目的选择办公地点，可与村（居）民委员会、司法所、公共法律服务中心（站、室）等合用办公场所，具备条件的也可单独设置办公场所；

b) 办公场所一般应设置办公室、接待室、调解室和档案室等（可一室多用），配备办公桌椅、资料柜、电话、电脑和复印机等必要的办公设施；

c) 调解室内应上墙公示人民调解工作原则、工作任务、调解流程、人民调解委员会组成人员、调解工作纪律和当事人权利义务等内容。

4.6 工作职责

4.6.1 调解民间纠纷，防止民间纠纷激化。要求如下：

a) 一般矛盾纠纷

对婚姻家庭、邻里、房屋宅基地等常见多发的矛盾纠纷，村（社区）、乡镇（街道）人民调解委员会应采取法理情相结合等方法，及时就地进行化解，努力实现小事不出村（社区）、大事不出乡镇（街道）。

b) 行业和专业领域矛盾纠纷

对医疗、道路交通、劳动争议、物业管理等行业和专业领域矛盾纠纷，相关行业性、专业性人民调解组织应运用专业知识，借助专业力量开展调解，同时拓展在消费、旅游、环保、金融、保险、互联网和知识产权等领域开展人民调解工作。

c) 重大疑难复杂矛盾纠纷

对涉及当事人多、案情复杂或社会影响大的矛盾纠纷，以及可能引发群体性事件、越级上访或民转刑等矛盾纠纷，应统筹律师、基层法律服务、公证、司法鉴定、法律援助和法治宣传等法律服务资源，加强与行政调解、行业性专业性调解、仲裁、行政裁决、行政复议和诉讼等衔接联动，形成矛盾纠纷化解工作合力。

4.6.2 开展矛盾纠纷排查，及时发现矛盾纠纷风险隐患。要求如下：
a）普遍排查

在农村以村为单位，在城市以小区或网格为单位，一般应每周开展一次矛盾纠纷排查；乡镇（街道）每月开展一次矛盾纠纷排查，县（市、区）每季度开展一次矛盾纠纷排查。

b）重点排查

应聚焦矛盾纠纷易发多发的重点地区、重点领域、重点人群和重要时段，有针对性开展矛盾纠纷排查。

c）对排查出的矛盾纠纷苗头隐患应分类梳理，建立台账，做到底数清、情况明。

4.6.3 应通过调解工作宣传法律、法规、规章和政策，弘扬社会主义法治精神和社会主义核心价值观，教育公民遵纪守法，尊重社会公德，预防民间纠纷发生。

4.6.4 应向人民调解委员会设立单位、基层人民政府、相关行业主管部门和司法行政机关反映民间纠纷和调解工作的情况。

5 人民调解员

5.1 条件

人民调解员条件包括但不限于以下要求：

a）人民调解员应由公道正派、廉洁自律和热心人民调解工作，并具有一定文化水平、政策水平和法律知识的成年公民担任；

b）基层人民调解员应注重从德高望重的人士中选聘；

c）乡镇（街道）人民调解委员会的调解员一般应具有高中以上学历；

d）行业性、专业性人民调解委员会的调解员一般应具有大专以上学历，并具有相关行业、专业知识或工作经验。

5.2 产生

5.2.1 人民调解委员会委员

人民调解委员会委员应经推选产生。人民调解委员会委员任期届满，应及时改选，可连选连任。要求如下：

a) 村（社区）人民调解委员会委员应依法由村民会议或者村民代表会议、居民会议或者居民代表会议推选产生，可由村（居）民委员会成员兼任；

b) 企（事）业单位人民调解委员会委员应依法由职工大会、职工代表大会或者工会组织推选产生，可由企业劳动争议调解委员会组成人员兼任；

c) 乡镇（街道）人民调解委员会委员可由行政区域内村（居）民委员会、有关单位、社会团体和其他组织推选产生，乡镇（街道）司法所工作人员可兼任委员；

d) 社会团体或者其他组织人民调解委员会和行业性、专业性人民调解委员会委员可由有关单位、社会团体或者其他组织推选产生。

5.2.2 人民调解委员会聘任的人员

人民调解委员会根据需要可聘任一定数量的专兼职人民调解员。要求如下：

a) 人民调解委员会应不断优化人民调解员队伍结构，注重吸纳律师、公证员、仲裁员、基层法律服务工作者、心理咨询师、医生、教师或专家学者等社会专业人士和退休法官、检察官、民警、司法行政干警以及信访、工会、妇联等部门退休人员担任人民调解员；

b) 人民调解委员会在规范兼职人民调解员队伍的同时，应加强专职人民调解员队伍建设，逐步满足以下要求：

1) 行业性、专业性人民调解委员会一般应配备3名以上专职人民调解员；

2) 乡镇（街道）人民调解委员会一般应配备2名以上专职人民调解员；

3) 有条件的村（社区）人民调解委员会和企（事）业单位人民调解委员会一般应配备1名以上专职人民调解员；

4) 派驻调解工作室一般应配备2名以上专职人民调解员。

5.3 权利义务

5.3.1 人民调解员的权利

人民调解员在调解活动中应依法享有以下权利：

a) 根据需要进行调查核实；
b) 批评和制止扰乱调解秩序的行为；
c) 向有关单位提出调解工作建议；
d) 法律、法规规定的其他权利。

5.3.2 人民调解员的义务

人民调解员在调解活动中应坚持原则，明法析理，主持公道，并不应有下列行为：

a) 徇私舞弊，偏袒一方当事人；
b) 对当事人压制或打击报复；
c) 侮辱、处罚当事人；
d) 索取、收受财物或者牟取其他不正当利益；
e) 泄露当事人的个人隐私或商业秘密。

人民调解员有 a)、b)、c)、d) 或 e) 中行为之一的，当事人及其他人员可向人民调解委员会或司法行政机关反映，由其所在的人民调解委员会给予批评教育、责令改正；情节严重的，推选或者聘任单位应予以罢免或者解聘。

5.4 罢免解聘

具有下列情形之一的人民调解员，司法行政机关应及时督促推选或者聘任单位予以罢免或者解聘。

a) 因违法违纪不适合继续从事调解工作；
b) 严重违反管理制度、怠于履行职责造成恶劣社会影响；
c) 不能胜任调解工作；
d) 因身体原因无法正常履职；
e) 自愿申请辞职。

5.5 等级评定

5.5.1 等级评定名称

人民调解员等级评定可分为四个等级，分别是一级人民调解员、二级人民调解员、三级人民调解员和四级人民调解员，其中一级人民调解员为最高等级。

5.5.2 等级评定条件

人民调解员等级评定条件应综合考虑以下情况：

a) 政治素质；

b) 工作业绩；

c) 调解能力；

d) 专业水平；

e) 从事人民调解工作年限；

f) 参加培训；

g) 廉洁自律。

每个等级的具体条件可由省（自治区、直辖市）人民调解（员）协会结合实际确定。

5.5.3 等级评定主体

人民调解员等级评定主体要求如下：

a) 人民调解员等级评定工作应由人民调解（员）协会负责组织和实施，没有建立人民调解（员）协会的，可暂由当地司法行政机关负责；

b) 省（自治区、直辖市）人民调解（员）协会负责一级人民调解员的评定工作，市（地、州）人民调解（员）协会负责二级人民调解员的评定工作，县（县级市、区）人民调解（员）协会负责三级和四级人民调解员的评定工作。

5.5.4 等级评定程序

人民调解员等级评定程序要求如下：

a) 人民调解员等级评定工作应定期进行，一般应由人民调解员本人向相应的人民调解（员）协会提出书面申请，经人民调解

（员）协会组织评定并将评定结果公示；

b）等级评定申请一般应从低到高逐级进行，具有下一个等级满两年后方可申请高一等级的评定；

c）政治素质高、业务能力强的退休政法干警、律师等专业人士担任人民调解员或者获得相应表彰的人民调解员可申请越级评定。

5.6 教育培训

5.6.1 岗前培训

岗前培训是人民调解员的任职培训，要求如下：

a）新选聘的人民调解员应经过岗前培训合格；

b）岗前培训一般应≥24学时；

c）培训合格的人民调解员颁发人民调解员证，实行持证上岗。

5.6.2 年度培训

年度培训是对在岗人民调解员进行的知识更新和技能强化培训。年度培训一般累计应≥48学时。

5.6.3 培训内容

人民调解员培训应包括以下内容：

a）政治理论；

b）社会形势；

c）法律政策；

d）职业道德；

e）专业知识；

f）信息化运用；

g）调解技能。

5.6.4 培训形式

人民调解员培训可采取以下形式：

a）集中授课；

b）网络视频；

c）研讨交流；

d）案例评析；

e) 实地考察；

f) 现场观摩；

g) 旁听庭审；

h) 实训演练。

5.7 救助抚恤

人民调解员的救助抚恤要求如下：

a) 人民调解员因从事调解工作致伤致残，生活发生困难的，司法行政机关应协助提供材料，反映情况，帮助人民调解员依法向当地人民政府申请必要的医疗、生活救助；

b) 在人民调解工作岗位上因工作原因死亡，符合相应条件的，司法行政机关应予以追授奖励，并协助申报烈士、见义勇为先进个人等荣誉称号，协调民政等部门依法落实其配偶、子女的抚恤和优待待遇。

5.8 人身保护

人民调解员的人身保护要求如下：

a) 人民调解员依法调解民间纠纷，受到非法干涉、打击报复或者本人及其亲属人身财产安全受到威胁的，当地司法行政机关应会同有关部门采取措施予以保护，维护其合法权益；

b) 人民调解委员会设立单位和人民调解员协会等可为人民调解员购买人身意外伤害保险等。

6 调解程序

6.1 受理

6.1.1 受理范围

人民调解委员会受理的民间纠纷，包括发生在平等民事主体之间，涉及当事人有权处分的人身、财产权益的各种纠纷，包括但不限于以下纠纷类型：

a) 婚姻家庭、邻里、房屋宅基地、合同、生产经营、损害赔偿、山林土地草场和征地拆迁等常见多发的纠纷；

b) 医疗、道路交通、劳动争议、物业管理、消费、旅游、环保、金融、保险、互联网和知识产权等领域的纠纷；

c）其他可通过人民调解方式解决的纠纷。

6.1.2 受理组织

民间纠纷一般应由当事人所在地（所在单位）或者纠纷发生地的人民调解委员会受理调解。行业、专业领域的矛盾纠纷一般应由相关的行业性、专业性人民调解委员会受理调解。人民调解委员会不应受理调解下列纠纷：

a）法律、法规规定只能由专门机关管辖处理的，或者法律、法规禁止采用民间调解方式解决的纠纷；

b）人民法院、有关行政机关、仲裁机构已经受理（委托调解的除外）或者解决的纠纷；

c）一方当事人明确拒绝调解的纠纷。

6.1.3 受理方式

受理方式包括：

a）依申请受理

人民调解委员会可根据当事人的书面或口头申请，受理调解纠纷。书面申请的，当事人应填写符合附录 C.1 格式要求的《人民调解申请书》。

b）主动受理

对于排查中发现的民间纠纷，群众反映的民间纠纷，人民调解委员会可主动进行调解。

c）移送委托受理

人民调解委员会可受理党委政府、有关部门移送委托调解的民间纠纷。

6.1.4 受理条件

当事人申请调解，符合以下条件的，人民调解委员会应及时受理调解。

a）有明确的被申请人；

b）有具体的调解要求；

c) 有提出调解申请的事实理由；

d) 属于人民调解受理范围。

人民调解委员会受理调解纠纷，应填写符合附录C.2格式要求的《人民调解受理登记表》。

6.1.5 不予受理的处理

人民调解委员会对于不符合受理条件的纠纷，应告知当事人通过以下途径处理：

a) 有仲裁协议的，可向仲裁委员会申请仲裁；

b) 可向当地人民政府、相关行政主管部门申请行政调解、行政裁决；

c) 可向人民法院提起民事诉讼；

d) 对有可能引起治安案件、刑事案件的纠纷，人民调解委员会应及时向当地公安机关和其他有关部门报告。

6.2 调解前的准备

6.2.1 安排人民调解员

安排人民调解员要求如下：

a) 人民调解委员会根据调解纠纷的需要，可指定一名或者数名人民调解员进行调解，也可由当事人选择一名或者数名人民调解员进行调解；

b) 多名人民调解员进行调解的，应确定一名调解主持人；

c) 当事人对人民调解员提出回避要求的，人民调解委员会应予以调换。

6.2.2 调查核实

调查核实要求如下：

a) 人民调解员应分别向双方当事人询问纠纷的有关情况，了解双方的具体要求和理由，根据需要询问纠纷知情人，向有关方面调查核实；

b) 人民调解员应对调查的情况进行记录，填写符合附录C.3格式要求的《人民调解调查记录》。

6.2.3　拟定调解方案

人民调解员可根据掌握的纠纷基本情况，研究确定调解方案；对于重大疑难复杂的民间纠纷，可制定书面调解方案。

6.2.4　调解前告知

人民调解员应以口头或者书面形式，提前告知当事人调解时间、地点和调解员姓名等信息。

6.3　**实施调解**

6.3.1　调解开始前告知

人民调解员应在调解开始前，以口头或者书面形式，告知当事人人民调解的原则、当事人在调解活动中享有的权利和承担的义务以及调解达成协议的效力等事项。

6.3.2　明法析理

人民调解员应根据纠纷的情况，讲解法律政策，宣传公德情理，摆事实、讲道理，帮助当事人查明事实、分清是非、明确责任。

6.3.3　说服疏导

人民调解员应根据当事人的特点并结合纠纷的具体情况，采取分别谈话、共同协商、亲友参与和专家咨询等灵活多样的方式方法，开展说服疏导工作。

6.3.4　帮助达成协议

人民调解员应在引导当事人平等协商、互谅互让、消除隔阂的基础上，适时提出公道、合理和可行的纠纷解决方案，帮助当事人自愿达成调解协议。

6.3.5　防止纠纷激化

人民调解员调解民间纠纷，发现纠纷可能激化的，应采取控制调解节奏、避免当事人接触、疏导当事人情绪等方法，防止当事人采取过激行为；对有可能引起治安案件或者刑事案件的，应及时向当地公安机关和其他有关部门报告。

6.3.6　专家咨询

人民调解员调解民间纠纷，可根据需要咨询专家，专家咨询意见可作为调解的参考依据。

6.3.7　委托鉴定

人民调解员调解民间纠纷，需要进行相关鉴定以明确责任的，经双方当事人同意，可由人民调解委员会委托有法定资质的专业鉴定机构进行鉴定，也可由双方当事人共同委托鉴定。

6.3.8　保密要求

人民调解委员会及其人民调解员应对当事人的个人隐私或商业秘密等事项予以保密。未经双方当事人同意，人民调解委员会不应公开进行调解，也不应公开调解协议的内容。

6.3.9　终止调解

有下列情形之一的，人民调解委员会应终止调解：

a) 当事人拒绝继续接受调解的；

b) 经调解不能达成调解协议，当事人提出通过仲裁、行政或诉讼等途径解决的；

c) 纠纷情况发生变化，不宜继续采用调解方式解决的；

d) 其他应终止调解的情形。

6.3.10　调解期限

人民调解员应记录调解情况，填写符合附录C.4格式要求的《人民调解记录》，并一般自受理之日起三十日内完成调解。需要专家咨询或者鉴定的，专家咨询或者鉴定时间不计入调解期限。因特殊情况需要延长调解期限的，人民调解员和双方当事人可约定延长调解期限。超过调解期限未达成调解协议的，视为调解不成。

6.3.11　司法确认

当事人申请确认调解协议效力的，可自调解协议生效之日起三十日内，共同向主持调解的人民调解委员会所在地基层人民法院或者它派出的法庭申请司法确认。人民法院在立案前委派人民调解委员会调解并达成调解协议，当事人申请司法确认的，向委派的人民法院申请。

6.4 调解协议的履行

6.4.1 调解协议的形式

调解协议包括以下形式：

a) 经人民调解委员会调解达成调解协议的，可制作符合附录C.5格式要求的《人民调解协议书》，内容应符合6.4.2要求；

b) 调解协议有给付内容且非即时履行的，一般应制作符合附录C.5格式要求的《人民调解协议书》，内容应符合6.4.2要求；

c) 当事人认为无需制作调解协议书的，可采取口头协议形式，由人民调解员填写符合附录C.6格式要求的《人民调解口头协议登记表》。

6.4.2 调解协议的内容

人民调解协议书可载明下列事项：

a) 当事人的基本情况；

b) 纠纷的主要事实、争议事项以及各方当事人的责任；

c) 当事人达成调解协议的内容，履行的方式、期限和违约责任等。

6.4.3 调解协议的生效

调解协议包括调解协议书和口头调解协议，调解协议生效要求如下：

a) 调解协议书自各方当事人签名、盖章或者按指印，人民调解员签名并加盖人民调解委员会印章之日起生效。调解协议书应由当事人各执一份，人民调解委员会留存一份；

b) 口头调解协议自各方当事人达成协议之日起生效。

6.4.4 调解协议的效力

依法达成的人民调解协议具有法律约束力，当事人应遵照诚实信用的原则，自觉、全面、及时履行调解协议，调解协议的效力要求如下：

a) 具备下列条件的，调解协议有效：

1) 当事人具有完全民事行为能力；

2）意思表示真实；

3）不违反法律和行政法规的强制性规定；

4）不违背公序良俗。

b）具有下列情形之一的，调解协议无效：

1）损害国家、集体或者社会公共利益；

2）双方当事人恶意串通，损害他人合法权益；

3）违反法律和行政法规的强制性规定；

4）违背公序良俗。

注：无效的调解协议自始没有法律约束力。调解协议部分无效，不影响其他部分效力的，其他部分仍然有效。

6.4.5 不履行调解协议的处理

当事人不履行调解协议或者达成协议后反悔的，人民调解委员会按照下列情形分别处理：

a）当事人无正当理由不履行协议或者履行不适当的，应做好当事人的工作，督促其履行；

b）当事人提出协议内容不当，或者人民调解委员会发现协议内容不当的，应在征得各方当事人同意后，经再次调解变更原协议内容；或者撤销原协议，达成新的调解协议；

c）对经督促仍不履行人民调解协议的，应告知当事人可以就调解协议的履行、变更或撤销向人民法院起诉。

6.5 回访

人民调解委员会应对人民调解协议的履行情况适时进行回访，并填写符合附录C.7格式要求的《人民调解回访记录》。

7 调解制度

7.1 管理制度

人民调解委员会应建立健全岗位责任、学习、例会、培训、考评和奖惩等各项管理制度。具备条件单独建立党组织的人民调解委员会，应建立健全党建基本制度。

7.2 工作制度

人民调解委员会应建立健全矛盾纠纷排查、调解、分析研判、重大疑难复杂矛盾纠纷集中讨论、专家咨询、情况通报、衔接联动等工作制度。

7.3 档案管理

7.3.1 基本要求

人民调解委员会应运用信息化等手段加强档案管理，建立健全制度建设档案、组织队伍档案和调解案件档案等。

7.3.2 制度建设档案

人民调解委员会制度建设档案应包括以下内容：

a) 年度工作计划和总结；
b) 各项管理制度、工作制度和党建制度；
c) 其他应当归档的制度建设文件和材料。

7.3.3 组织队伍档案

人民调解委员会组织队伍档案应包括以下内容：

a) 人民调解委员会委员及聘任人民调解员名册；
b) 人民调解小组和人民调解工作室等组织网络建设档案；
c) 其他应归档的组织队伍建设文件和材料。

7.3.4 调解案件档案

人民调解委员会调解案件档案应包括以下内容：

a) 人民调解员调解案件登记单，符合附录C.8格式要求；
b) 人民调解委员会调解案件汇总登记表，符合附录C.9格式要求；
c) 人民调解组织队伍经费保障情况统计表，符合附录D.1格式要求；
d) 人民调解案件情况统计表，符合附录D.2格式要求；
e) 人民调解委员会调解卷宗。

7.4 调解卷宗

7.4.1 人民调解委员会调解民间纠纷，一般应按照司发通

〔2010〕239号要求制作调解卷宗，做到一案一卷。具备条件的，可制作电子卷宗。调解卷宗应包括但不限于以下内容：

a) 卷宗封面，符合附录E.1格式要求；

b) 卷内目录，符合附录E.2格式要求；

c) 人民调解申请书，符合附录C.1格式要求；

d) 人民调解受理登记表，符合附录C.2格式要求；

e) 人民调解调查记录，符合附录C.3格式要求；

f) 证据材料；

g) 人民调解记录，符合附录C.4格式要求；

h) 符合附录C.5格式要求的人民调解协议书，或者符合附录C.6格式要求的人民调解口头协议登记表；

i) 人民调解回访记录，符合附录C.7格式要求；

j) 司法确认有关材料；

k) 卷宗情况说明，符合附录E.3格式要求；

l) 卷宗封底，符合附录E.4格式要求。

7.4.2 人民调解委员会调解民间纠纷达成口头调解协议，除了符合附录C.6格式要求的《人民调解口头协议登记表》外无其他材料的，可一案一表，也可多案一卷，定期集中组卷归档。

7.4.3 调解卷宗保管期限分为短期、长期和永久三种，短期保管期限应为5年，长期保管期限应为10年。

7.5 统计工作

7.5.1 登记汇总

纠纷登记汇总要求如下：

a) 人民调解员调解每一件纠纷，不论纠纷大小和成功与否，都应填写符合附录C.8格式要求《人民调解员调解案件登记单》；

b) 人民调解委员会应按期填写符合附录C.9格式要求的《人民调解委员会调解案件汇总登记表》。

7.5.2 统计报送

统计报送要求如下：

a) 人民调解委员会应加强统计工作，按时填写符合附录D.1格式要求的《人民调解组织队伍经费保障情况统计表》和符合附录D.2格式要求的《人民调解案件情况统计表》；

b)《人民调解组织队伍经费保障情况统计表》应为年报并符合附录D.1格式要求，《人民调解案件情况统计表》应为季报并符合附录D.2格式要求，应按时通过司法部统计管理系统报送。

8 工作保障

8.1 经费保障

8.1.1 县级以上地方人民政府对人民调解工作所需经费应给予必要的支持和保障。要求如下：

a) 人民调解工作经费的开支范围应包括：
1) 司法行政机关指导人民调解工作经费；
2) 人民调解委员会工作补助经费；
3) 人民调解员补贴经费；
4) 专职人民调解员聘用经费；
5) 人民调解办案补贴和专家咨询费等。

b) 司法行政机关指导人民调解工作经费应列入同级财政预算。地方财政根据当地经济社会发展水平和财力状况，适当安排人民调解员补贴经费。对财政困难地区，司法行政机关应协调省级财政统筹现有资金渠道，加强人民调解工作经费保障；

c) 人民调解委员会工作补助经费和人民调解员补贴经费的安排和发放应考虑每个人民调解委员会及调解员调解纠纷的数量、质量、难易程度、社会影响大小以及调解的规范化程度。人民调解委员会工作补助经费和人民调解员补贴经费标准应由县级以上司法行政机关商同级财政部门确定，建立动态调整机制；

d) 可培育人民调解（员）协会、相关行业协会和人民调解中心等社会组织，参与承接政府购买人民调解服务，聘请专职人民调解员，提供优质高效的调解服务。

8.1.2 人民调解委员会设立单位应为人民调解委员会开展工作

提供必要的工作经费。

8.1.3 鼓励和倡导公民、法人和非法人组织通过社会捐赠或者公益赞助等方式，为人民调解委员会开展工作提供经费支持。

8.2 物质保障

人民调解委员会设立单位和相关行业主管部门以及法院、公安、信访等驻在单位应为人民调解委员会开展工作提供办公用房、办公用品、通讯设施和必要的交通工具等。

9 工作指导

9.1 司法行政机关的指导

9.1.1 各级司法行政机关特别是县级司法行政机关应依法全面履行指导职责，不断推进本地区人民调解组织建设、队伍建设、业务建设、制度建设和保障能力建设，规范人民调解工作，提高人民调解工作质量和水平。乡镇（街道）司法所应加强对辖区内人民调解委员会工作的指导和监督，切实履行对人民调解工作的日常指导职责。

9.1.2 各级司法行政机关应制定并实施人民调解员培训规划，提供人民调解员培训教材和师资，不断提高人民调解员队伍的素质。

9.1.3 县级以上司法行政机关应加大表彰奖励力度，经常性对有突出贡献的人民调解委员会和人民调解员给予表彰或通报表扬等形式的奖励，并提请同级人民政府依法按照国家规定给予表彰和奖励。

9.1.4 县级以上司法行政机关应建立辖区内人民调解组织和人民调解员名册，采取多种形式及时向社会公布，并通报人民调解组织所在地基层人民法院。未纳入司法行政机关制作的人民调解组织和人民调解员名册的，不应以人民调解名义开展调解活动。

9.1.5 各级司法行政机关应加强人民调解信息化建设，按照 SF/T 0018—2019 要求建立完善人民调解管理信息系统，推广运用智能移动调解系统，加强与人民法院调解平台等相关信息平台的系统对接，为人民群众提供便捷高效的调解服务，同时积极运用大数据技术进行智能分析，提高矛盾纠纷预测预警预防水平。

9.2 基层人民法院的指导

基层人民法院的指导包括通过审判活动在业务上进行指导和会同司法行政机关进行指导，要求如下：

a) 通过审判活动在业务上进行指导

1) 对适宜通过人民调解方式解决的纠纷，在立案前可积极引导当事人向人民调解组织申请调解，在立案后经双方当事人同意，可委托人民调解组织对案件进行调解；

2) 可通过委派调解和委托调解，加强对人民调解委员会调解民间纠纷的业务指导；

3) 应依法受理当事人之间就人民调解协议的履行或者人民调解协议的内容发生争议的民事案件；

4) 应依法受理并确认人民调解协议的法律效力；

5) 当事人持已经生效的人民调解协议向人民法院申请支付令的，人民法院应及时审查，符合法定条件的，应及时发出支付令。

b) 会同司法行政机关进行指导

1) 可吸纳符合条件的人民调解组织和人民调解员进入人民法院的特邀调解组织和特邀调解员名册；

2) 可联合举办人民调解员培训班；

3) 可组织人民调解员旁听法庭审理。

9.3 人民调解（员）协会的指导

各省（自治区、直辖市）和具备条件的市（地、州）、县（县级市、区）应建立人民调解（员）协会，履行行业指导职责。要求如下：

a) 应组织会员开展政治、法律、法规、政策和人民调解知识等学习；

b) 应发动会员调解民间纠纷，促进社会和谐，维护社会稳定；

c) 应制定行业规范和奖惩规则，支持会员依法履行职责，维护会员合法权益；

d) 应总结人民调解工作经验，宣传人民调解工作，开展人民调解理论研究和对外交流。

附录A （资料性）人民调解组织标牌样式（略）

附录B （规范性）人民调解标识和徽章样式（略）

附录C （规范性）人民调解文书格式（略）

附录D （规范性）人民调解统计报表（略）

附录E （规范性）人民调解卷宗格式（略）

参考文献（略）

三、普法依法治理类

（一）法律法规类

1. 法律类（略）

2. 部门规章类

中小学法治副校长聘任与管理办法

（2021年12月27日教育部令第52号公布 自2022年5月1日起施行）

第一条 为了完善中小学治理体系，健全学生权益保护机制，进一步规范中小学法治副校长聘任与管理，促进未成年人健康成长，根据教育法、未成年人保护法、预防未成年人犯罪法等法律法规，制定本办法。

第二条 普通中小学、中等职业学校、特殊教育学校、专门学校（以下统称学校）法治副校长的聘任与管理，适用本办法。

第三条 本办法所称法治副校长，是指由人民法院、人民检察院、公安机关、司法行政部门推荐或者委派，经教育行政部门或者学校聘任，在学校兼任副校长职务，协助开展法治教育、学生保护、安全管理、预防犯罪、依法治理等工作的人员。

第四条 国务院教育行政部门会同最高人民法院、最高人民检察院、公安部、司法部制定学校法治副校长聘任与管理的宏观政策，统筹指导地方开展法治副校长的推荐、聘任、培训、考核、评价、奖励等工作。

县级以上地方人民政府教育行政部门会同人民法院、人民检察院、公安机关、司法行政部门负责本地区学校法治副校长聘任与管理工作。

有条件的地方，可以建立由教育行政部门、人民法院、人民检察院、公安机关、司法行政部门参加的学校法治副校长工作联席会议制度，统筹推进本地区学校法治副校长聘任与管理工作。

第五条 法治副校长履职期间协助开展以下工作：

（一）开展法治教育。推动习近平法治思想的学习宣传，参与制订学校法治教育工作计划，协助学校创新法治教育内容和形式，每年在任职学校承担或者组织落实不少于4课时的、以法治实践教育为主的法治教育任务，提高法治教育的针对性和实效性。面向教职工开展法治宣传，指导、帮助道德与法治等课程教师开展法治教育。

（二）保护学生权益。参与学校学生权益保护制度的制定、执行，参加学生保护委员会、学生欺凌治理等组织，指导、监督学校落实未成年人保护职责，依法保护学生权益。

（三）预防未成年人犯罪。指导学校对未成年学生进行有针对性的预防犯罪教育，对有不良行为的学生加强管理和教育。

（四）参与安全管理。指导学校完善安全管理制度，协调推动建立学校安全区域制度，协助学校健全安全事故预防与处置机制，主持或者参与学校安全事故的调解协商，指导学校依法处理安全事故纠纷，制止侵害学校和师生合法权益的行为。

（五）实施或者指导实施教育惩戒。协助学校、公安机关、司法行政部门按照法律和相关规定对有不良行为、严重不良行为的学生予以训诫或者矫治教育。根据学校实际和需要，参与建立学生教育保护辅导工作机制，对有需要的学生进行专门的辅导、矫治。

（六）指导依法治理。协助学校建立健全校规校纪、完善各类规章制度，参与校规校纪的审核，协助处理学校涉法涉诉案件，进入申诉委员会，参与处理师生申诉，协助加强与社区、家庭及社会有关方面的沟通联系。

（七）指导、协助学校履行法律法规规章规定的其他职责。

第六条 人民法院、人民检察院、公安机关和司法行政部门（以下称派出机关）应当遴选、推荐符合以下条件的在职工作人员担任法治副校长：

（一）政治素质好，品德优秀，作风正派，责任心强；

（二）有较丰富的法律专业知识与法治实践经历，从事法治工作三年以上；

（三）身心健康，热心教育工作，了解教育教学规律和学生的身心特点，关心学生健康成长；

（四）具有较强的语言表达能力、沟通交流能力和组织协调能力。

符合上述条件，年龄不超过65周岁的退休人员也可以经推荐担任一个任期的法治副校长。

第七条 教育行政部门应当商有关部门制定法治副校长聘任计划，会同派出机关综合考虑学校需求和工作便利，协商确定、统筹安排法治副校长人选，优先为偏远地区、农村地区学校和城市薄弱学校配备法治副校长。

第八条 每所学校应当配备至少1名法治副校长，师生人数多、有需求的学校，可以聘任2名以上5名以下法治副校长。

根据工作需要，1人可以同时担任2所学校的法治副校长。

第九条 县级或者设区的市级人民政府教育行政部门可以商有关部门组建由不同派出机关人员组成的法治副校长工作团队，服务区域内学校。

第十条 教育行政部门会同派出机关建立法治副校长人员库，推荐符合条件的人员入库并动态调整。

教育行政部门组织学校根据工作需要，参照就近就便的原则，从人员库中自主或者根据统一安排选聘法治副校长，经各方协商一致，确定聘任人选。

第十一条　法治副校长由所聘学校颁发聘书。聘期一般为三年，期满后可以续聘。

学校已聘任的法治副校长因派出机关工作变动或其他原因不宜或者不能继续履职的，应当及时报告，由教育主管部门会同派出机关在30日内重新推荐或者委派。

第十二条　教育行政部门应当会同派出机关制定法治副校长培训方案和规划，并纳入教师、校长培训规划，安排经费对法治副校长开展培训。培训应当包括政治理论、未成年人保护、教育法律政策、心理健康教育、学校安全管理等方面的内容。

法治副校长任职前，应当接受不少于8学时的培训。任职期间，根据实际安排参加相应的培训。

第十三条　派出机关应当采取必要措施，保障所派出的法治副校长在任职学校有必要的工作时间和条件，鼓励、支持其履职尽责。

法治副校长应当按照本办法主动参与学校工作，积极参加培训，定期到校开展工作。鼓励法治副校长利用信息化手段，参与学校工作。

第十四条　学校应当将支持法治副校长履职纳入整体工作规划，主动向法治副校长介绍学校有关情况，定期收集教职工、学生及学生家长的法律服务需求并及时向法治副校长反馈，配合法治副校长做好相关工作。涉及到法治副校长履职的会议、活动，应当事先与法治副校长沟通，并通知其参加。

学校应当结合实际为法治副校长履职提供必要的便利条件。

法治副校长的基本情况和工作职责等应当以适当方式在学校公示。

第十五条　派出机关、教育行政部门可以根据有关规定，为在偏远农村地区、交通不便地区学校任职的法治副校长给予食宿、交通等补助。

第十六条　学校应当建立法治副校长工作评价制度，按年度对法治副校长工作情况作出评价。

学校对法治副校长进行评价时，应当听取教职工、学生及学生家长意见，形成客观、公正的评价结果，并将结果报送教育主管部门，由教育主管部门反馈派出机关。

第十七条　派出机关应当将担任法治副校长工作纳入相关工作人员的工作量，明确为考核内容，学校作出的工作评价以及法治副校长的述职报告等应当一并作为考核其工作、晋职、晋级和立功受奖的重要依据。

第十八条　地方教育行政部门应当定期对本区域内法治副校长的履职情况进行考评，对工作成绩突出的法治副校长，应当予以表彰、奖励或者会同派出机关联合予以表彰、奖励。

司法行政部门应当将派出机关法治副校长履职情况作为落实"谁执法谁普法"普法责任制的重要方面，纳入普法工作考核内容。对推荐、聘任法治副校长工作成绩突出的派出机关、学校，应当作为普法工作评先评优的重要参考。

各级教育行政部门应当会同派出机关对组织开展中小学法治副校长工作有显著成绩的组织和个人，按照有关规定给予表彰、奖励。

第十九条　学校从其他执法机关、法学教育和法律服务机构等单位聘任校外法治辅导员的，参照本办法执行。

幼儿园聘任法治副园长的，聘任与管理参照本办法执行。

第二十条　本办法自 2022 年 5 月 1 日起施行。

（二）规范性文件和业务规范、标准类

教育部、司法部、全国普法办关于印发《青少年法治教育大纲》的通知

（2016年6月28日）

各省、自治区、直辖市教育厅（教委）、司法厅（局）、普法依法治理领导小组办公室，各计划单列市教育局、司法局、普法依法治理领导小组办公室，新疆生产建设兵团教育局、司法局、普法依法治理领导小组办公室，教育部直属各高等学校：

为贯彻落实党的十八大和十八届三中、四中、五中全会精神，推动法治教育纳入国民教育体系，提高法治教育的系统化、科学化水平，我们研究制定了《青少年法治教育大纲》，经国家教育体制改革领导小组审议通过，现印发给你们。各级教育行政部门、司法行政部门要认真组织学习宣传、贯彻落实，按照《青少年法治教育大纲》要求，加强组织领导、做好条件保障，切实推进学校青少年法治教育工作；协调、组织政府各有关部门，构建政府、学校、社会、家庭共同参与的青少年法治教育新格局。各高等学校要组织力量，积极参与青少年法治教育工作，提供人才保障和智力支持。

各地、各高校贯彻落实《青少年法治教育大纲》的情况，实践中形成的具有示范意义的典型和经验，请及时报教育部政策法规司（教育部普法办）、司法部法制宣传司。

青少年法治教育大纲

为深入贯彻党的十八届四中全会关于"将法治教育纳入国民教育体系，从青少年抓起，在中小学设立法治知识课程"的要求，在国民教育体系中系统规划和科学安排法治教育的目标定位、原则要求和实施路径，制定本大纲。

一、青少年法治教育的重要性和紧迫性

青少年是祖国的未来、民族的希望。加强青少年法治教育，使广大青少年学生从小树立法治观念，养成自觉守法、遇事找法、解决问题靠法的思维习惯和行为方式，是全面依法治国、加快建设社会主义法治国家的基础工程；是在青少年群体中深入开展社会主义核心价值观教育的重要途径；是全面贯彻党的教育方针，促进青少年健康成长、全面发展，培养社会主义合格公民的客观要求。

长期以来，各有关部门、各级各类学校通过多种途径开展了形式多样的青少年法制宣传教育，广大青少年法律素质明显提高。但从总体上看，青少年法治教育仍存在着对其重要地位和作用认识不深刻、定位不够准确；法治教育缺乏整体规划，方式方法有待创新；学校法治教育的评价体系不健全，教育针对性和实效性不强；学校、社会、家庭多元参与的青少年法治教育网络还没有形成；师资、教育资源的保障机制尚不健全等问题。

建设社会主义法治国家的宏伟目标，对加强和改善青少年法治教育提出了现实而迫切的要求，当前和今后一段时间，要高度重视青少年法治教育工作，加快完成法治教育从一般的普法活动到学校教育的重要内容，从传授法律知识到培育法治观念、法律意识的转变，完善工作机制，加大工作力度，将法治教育全面纳入国民教育体系，创新青少年法治教育的形式与内容，着力提高系统化、科学化水平，切实增强教育的针对性与实效性。

二、青少年法治教育的指导思想和工作要求

（一）指导思想

开展青少年法治教育，要高举中国特色社会主义伟大旗帜，以邓小平理论、"三个代表"重要思想、科学发展观为指导，深入贯彻习近平总书记系列重要讲话精神，全面贯彻党的教育方针，以培育和践行社会主义核心价值观为主线，以宪法教育为核心，把法治教育融入学校教育的各个阶段，全面提高青少年法治观念和法律意识，使尊法学法守法用法成为青少年的共同追求和自觉行动。

（二）工作要求

——以社会主义核心价值观为主线。法治教育要与道德教育相结合，注重以法治精神和法律规范弘扬社会主义核心价值观，以良法善治传导正确的价值导向，把法律的约束力量、底线意识与道德教育的感化力量、提升精神紧密结合，使青少年理解法治的道德底蕴，牢固树立规则意识、诚信观念、契约精神，尊崇公序良俗，实现法治的育人功能。

——以宪法教育为核心，以权利义务教育为本位。法治教育要以宪法教育和公民基本权利义务教育为重点，覆盖各教育阶段，形成层次递进、结构合理、螺旋上升的法治教育体系。要将宪法教育贯穿始终，培养和增强青少年的国家观念和公民意识；将权利义务教育贯穿始终，使青少年牢固树立有权利就有义务、有权力就有责任的观念。

——以贴近青少年实际、提高教育效果为目的。法治教育要遵循青少年身心发展规律，贴近青少年生活实际，科学安排教学内容，合理确定教学重点和方法，注重知行统一，坚持落细落小落实；要更多采取实践式、体验式、参与式等教学方式，与法治事件、现实案例、常见法律问题紧密结合，注重内容的鲜活，注重学生的参与、互动、思辨，创新形式，切实提高法治教育的质量和实效。

——以构建系统完整的法治教育体系为途径。法治教育要从小抓起，贯穿学校教育的各个阶段。要充分发挥课堂教学的主渠道作

用，深入挖掘各门学科蕴含的法治教育内涵，注重发挥课外活动、社会实践和网络文化的重要作用，加强政府部门、学校、社会、家庭之间的协调配合，形成校内校外、课内课外、网上网下相结合的教育合力。

三、青少年法治教育的目标

（一）总体目标

以社会主义核心价值观为引领，普及法治知识，养成守法意识，使青少年了解、掌握个人成长和参与社会生活必需的法律常识和制度、明晰行为规则，自觉尊法、守法；规范行为习惯，培育法治观念，增强青少年依法规范自身行为、分辨是非、运用法律方法维护自身权益、通过法律途径参与国家和社会生活的意识和能力；践行法治理念，树立法治信仰，引导青少年参与法治实践，形成对社会主义法治道路的价值认同、制度认同，成为社会主义法治的忠实崇尚者、自觉遵守者、坚定捍卫者。

（二）阶段目标

1. 义务教育阶段。使学生初步了解公民的基本权利义务、重要法治理念与原则，初步了解个人成长和参与社会生活必须的基本法律常识；初步树立法治意识，养成规则意识和尊法守法的行为习惯，初步具备依法维护自身权益、参与社会生活的意识和能力，为培育法治观念、树立法治信仰奠定基础。

其中，小学阶段，着重普及宪法常识，养成守法意识和行为习惯，让学生感知生活中的法、身边的法，培育学生的国家观念、规则意识、诚信观念和遵纪守法的行为习惯。初中阶段，使学生初步了解个人成长和参与社会生活必备的基本法律常识，进一步强化守法意识、公民意识、权利与义务相统一观念、程序思维，初步建立宪法法律至上、民主法治等理念，初步具备运用法律知识辨别是非的能力，初步具备依法维护自身合法权益、参与社会生活的能力。

2. 高中教育阶段。使学生较为全面地了解中国特色社会主义法律体系的基本框架、基本制度以及法律常识，强化守法意识，增强法治观念，牢固树立有权利就有义务的观念，初步具备参与法治实践、正确维护自身权利的能力。

3. 高等教育阶段。进一步深化对法治理念、法治原则、重要法律概念的认识与理解，基本掌握公民常用法律知识，基本具备以法治思维和法治方式维护自身权利、参与社会公共事务、化解矛盾纠纷的能力，牢固树立法治观念，认识全面依法治国的重大意义，坚定走中国特色社会主义法治道路的理想和信念。

四、青少年法治教育的内容

（一）总体内容

青少年法治教育要以法律常识、法治理念、法治原则、法律制度为核心，围绕青少年的身心特点和成长需求，结合青少年与家庭、学校、社会、国家的关系，分阶段、系统安排公民基本权利义务、家庭关系、社会活动、公共生活、行政管理、司法制度、国家机构等领域的主要法律法规以及我国签署加入的重要国际公约的核心内容；按不同的层次和深度，将自由、平等、公正、民主、法治等理念，宪法法律至上、权利保障、权力制约、程序正义等法治原则，立法、执法、司法以及权利救济等法律制度，与法律常识教育相结合，在不同学段的教学内容中统筹安排、层次递进。

（二）分学段的教学内容与要求

1. 义务教育阶段

以基础性的行为规则和法律常识为主，侧重法治意识、尊法守法行为习惯的养成教育。要注重教学内容和方式的形象、生动，贴近学生实际，利用案例教学、实践教学，从生活实践中提炼案例，注重将核心理念、重要概念与学生生活实践能够接触的事件相结合，与学生的理解能力相适应。主要分阶段实施以下内容：

小学低年级（1—2年级）

认知国家象征及标志。初步建立国家、国籍、公民的概念，初步建立对家庭关系的法律认识。初步建立规则意识，初步理解遵守规则、公平竞争、规则公平的意义与要求。初步建立法律面前人人平等的观念。了解消防安全知识、基本交通规则，知晓常用公共服务电话。初步了解自然，爱护动植物，为节约资源、保护环境做力所能及的事。

小学高年级（3—6年级）

建立对宪法的法律地位和权威的初步认知。了解人民代表大会制度，初步认知主要国家机构，国家主权与领土，认知国防的意义，增强民族团结意识。

初步了解公民的基本权利和义务，简要认知重要民事权利，了解法律对未成年人的特定保护；初步理解权利行使规则，树立依法维权意识，树立有权利就有义务的观念，建立对校园欺凌行为的认知和防范意识。

了解制定规则要遵循一定的程序，进一步树立规则意识，遵守公共生活规则。初步了解合同以及合同的履行，理解诚实守信和友善的价值与意义。

初步了解消费者权益保护、道路交通、环境保护、消防安全、禁毒、食品安全等生活常用法律的基本规则。

初步认知未成年人能够理解和常见的违法和犯罪行为及其危害和要承担的法律责任。

初步了解司法制度，了解法院、检察院、律师的功能与作用。

知道我国加入的一些重要国际组织和国际公约。

初中阶段（7—9年级）

进一步深化宪法教育。了解国家基本制度，强化国家认同。初步了解政府依法行政的基本原则，了解重要国家机构的职权。认知国家尊重和保障人权的意义。加深对公民基本权利和义务的认识。

了解民事法律活动的基本原则。了解合同和违约责任，树立诚信意识和契约精神。初步了解物权的概念，加深对知识产权的认识，理解保护知识产权的意义。了解有关民事侵权行为的法律规范和基本原则，认识与学生生活实践相关的民事侵权行为（校园伤害事故等）。了解劳动权利及其保障原则，以及教育、社会保险等相关方面的法律规定。

初步了解政府运行的法治原则，了解治安、道路交通、消防、环境保护、国家安全、公共卫生、教育、税收等公共事务的法律原则，初步形成依法参与社会公共事务的意识。

加深对社会生活中常见违法行为的认知，强化法律责任意识，巩固守法观念。了解犯罪行为的特征、刑罚种类，建立对校园暴力等青少年常见违法犯罪行为的防范意识和应对能力；初步认知罪刑法定、无罪推定等原则，正当防卫、紧急避险等概念。

初步了解我国司法制度的基本原则，建立尊重司法的意识。初步理解程序正义在实现法治中的作用，建立依法处理纠纷，理性维护权利的意识。

2. 高中教育阶段

在义务教育阶段教学内容的基础上，根据学生成长需要和认知能力的发展，全面拓展法律常识、法律制度的内容，有针对性地增加重要的法律知识；加大法治原则、法律理念的教学深度，注重增加教育教学的实践性、参与性和思辨性，结合现实案例、法治实践，着重引导学生理解、认同法律背后的价值、宗旨，注重法治意识的培养。主要实施以下内容：

了解我国社会主义法律体系的构成；理解法的特征与作用，法治的内涵与精神，初步形成对中国特色社会主义法治道路的认同。加深对宪法的地位、功能和价值的认识，明晰宪法原则，深入理解宪法所确立的国家基本制度，加深对公民基本权利与基本义务的认知，加深对重要法治原则的理解，了解选举制度和重要法律规定，认知法治与民主的关系。了解宪法实施及其监督的程序与机制。

理解民事活动的基本法律原则和核心概念，了解物权的法律概念与基本规则，树立尊重所有权的观念，进一步了解合同订立与履行的法律规则，深化对诚信原则的认识。了解知识产权保护的意义和法律规则。简要了解侵权责任的原则、概念。全面认知家庭、婚姻、教育、劳动、继承等与学生个人成长相关的法律关系。了解与生活密切相关的行政法律中的重要规则，认知和理解政府行政管理的法治原则，建立权力受法律制约，有权力就有责任的观念。理解刑法的运行规则，了解犯罪构成以及罪刑法定等基本原则。了解保障人权的重要性及其含义，理解法治与权利保障的关系。

认知民事、行政、刑事方面的法律责任，深化守法意识。了解诉讼制度的基本原则，以及调解、仲裁、行政复议等多元化纠纷解决机制，建立对正当程序原则的认识，树立理性表达诉求、依法维护权益的意识。了解人民法院、人民检察院的机构设置与职能，理解法官、检察官对维护司法公正的价值。了解律师的资格条件、业务范围和权利义务，理解律师维护社会正义的价值。

了解国际法的基本原则，我国签署加入儿童权利公约、残疾人权利公约等主要国际公约的基本内容。

3. 高等教育阶段

在义务教育和高中阶段教育的基础上，针对非法律专业的学生，根据高等教育阶段法治教育的目的，系统介绍中国特色社会主义法学理论体系的基本内涵；掌握法治国家的基本原理，知晓法治的中西源流；明确全面推进依法治国的战略目标、道路选择和社会主义法治体系建设的内容与机制；了解法治的政治、经济、文化、社会和国情基础，理解法治的核心理念和原则；掌握宪法基本知识，了解中国特色社会主义法律体系中的基本法律原则、法律制度及民事、刑事、行政法律等重要、常用的法律概念、法律规范；增加法治实践，提高运用法律知识分析、解决实际问题的意识和能力。

五、青少年法治教育的实施途径

青少年法治教育要充分发挥学校主导作用，与家庭、社会密切配合，拓宽教育途径，创新教育方法，实现全员、全程、全方位育人。

(一) 学校教育

1. 专门课程

法治教育要与德育课程紧密结合，要适时、相应修订中小学德育课程标准，完成本大纲要求的教学内容。小学低年级要在道德与法治课中设置专门课时，安排法治教育内容；小学高年级要加大法治教育内容在道德与法治课中的比重，原则上不少于1/3；初中阶段，采取道德与法治课中设置专门教学单元或者集中在某一学期以专册方式实施教学，保证法治教育时间。高中教育阶段，思想政治课要设置专门的课程模块，可以采取分册方式，将法治教育作为思想政治课的独立组成部分，或者加大法治教育选修课的课时。高等教育阶段要把法治教育纳入通识教育范畴，开设法治基础课或者其他相关课程作为公共必修课。鼓励具备条件的地方、学校根据本大纲要求编写法治教育教材，在地方课程或者校本课程中设置法治知识课（必修或选修），完成本大纲要求的教育内容。

2. 教学方式

在课程建设和课程标准修订中要强化法治教育内容，并将法治教育内容落实到各学科课程的教育目标之中。要综合采用故事教学、情境模拟（如法庭模拟）、角色扮演、案例研讨、法治辩论、价值辨析等多种教学方法，必要时，可根据学生认知特点，将真实法治案例引入课堂教学，注重学生法治思维能力的培养。有条件的学校，要充分利用信息技术手段，将多种法治教育资源、形式予以整合、提升，形成以学习者为中心的教育环境，引导学生自主学习，培养学生学习法律的兴趣。

3. 多学科协同

要在各学科课程中挖掘法治教育因素，如：语文教学要充分利用文学作品中的人物形象和典型事件，向学生进行公平正义、违法责任等方面的教育；历史教学要关注法治发展史的教育，要重点讲述依法治国的历史范例；生物教学要对学生进行保护环境、热爱生命、尊重人权的教育；体育教学要对学生进行遵守规则、崇尚公正的教育，等等。

4. 主题教育

要充分利用主题教育、校园文化、党团队活动、学生社团活动、社会实践活动等多种载体，全过程、全要素开展法治教育。要将安全教育、廉政教育、民族团结教育、国防教育、交通安全教育、禁毒教育等专题教育，与法治教育内容相整合，一体化设计教学方案。深入开展"法律进学校"活动。充分利用国家宪法日、国防教育日、国家安全教育日、全国消防日、全国交通安全日、国际禁毒日、世界知识产权日、消费者权益日等，普及相关法律知识，开展形式多样、丰富多彩的主题教育活动。在入学仪式、开学典礼和毕业典礼、成人仪式等活动中，融入法治教育，积极引导学生自主参与，体验感悟。

5. 校园法治文化建设

要全面落实依法治校要求，把法治精神、法治思维和法治方式落实在学校教育、管理和服务的各个环节，建立健全学校章程、相关规章制度，完善学生管理、服务以及权利救济制度，实现环境育人。广泛开展模拟法庭、法律知识竞赛、法律情景剧展演、辩论会、理论研讨、法治社会实践、志愿服务等法治实践活动。中小学图书馆要选配符合青少年学生认知特点的普法读本、影视、动漫作品等，引导学生阅读、观看、讨论。在校园建设中要主动融入法治元素，利用宣传栏、招贴画、名言警句等校园文化载体，宣传法律知识、法治精神，营造校园法治教育氛围。

6. 学生自我教育

在法治教育中要注重发挥学生的主体作用。要根据学生实际，引导、支持学生自主制定规则、公约等，逐步培养学生参与群体生活、自主管理、民主协商的能力，养成按规则办事的习惯，引导学生在学校生活的实践中感受法治力量，培养法治观念。具备条件的，要积极支持学生组建法治兴趣小组、法治实践社团等，加以正确引导，使学生以适当方式研究法治问题、参与法治实践。

(二) 社会教育

1. 社会实践教育

各级教育部门和学校要积极组织学生参加法治社会实践活动。

各地要根据实际，积极建设综合性的青少年法治教育实践基地，在司法机关、相关政府部门或者有关组织、学校建立专项的法治教育基地。在统一组织的学生社会实践活动中，要安排相当比例的法治实践内容，让学生在真实的法治实践情景中进行学习。学校要充分利用各种社会资源，加强与社区的合作，组织学生进行社区法治服务活动。有条件的高等学校可以设立大学生法律援助中心，利用"三下乡"活动，组织学生进入社区、街道开展法治宣传，普及法律知识，在实践中学法、用法。

2. 国家机关和社会力量参与

要广泛组织和动员国家机关和社会力量支持和参与青少年法治教育工作，建立社会法治教育网络。法院、检察院、公安机关、司法行政机关等国家机关、律师协会等社会组织，要深入学校开展法治宣传教育，与教育部门、学校合作开发法治教育项目；有关行政部门要按照"谁执法、谁普法"的原则，利用学校法治教育平台，为学校提供相应的法治教育资源和实践机会。要切实加强针对有不良行为青少年的专门法治教育工作。鼓励法律工作者、研究人员以各种形式参与青少年法治教育，为学校开发法治教育课程、开展专题法治教育活动提供支持。宣传、文化、新闻出版广电、网信等相关主管部门要加强对报刊、广播电视、网络等媒体的引导和管理，积极鼓励弘扬法治精神的图书、期刊、网络游戏、动漫作品、少儿节目等文化产品以及创意作品的创作和传播，鼓励设立提供青少年法治教育服务的专业化教育机构，形成法治教育的社会合力和良好氛围。

3. 开发利用网络资源

要充分利用网络上的优质法治教育资源，丰富教学的形式和内容，建立学校、社会、家庭共同参与的立体教育网络。利用学校网站、官方微博、微信等平台及教师、班主任或辅导员的个人社交平台进行法治宣传，增强网络法治教育的吸引力，引导学生正确理解法律规范，理性思考和正确认识法治事件、现实案例。

(三) 家庭教育

推动家庭与学校形成开展青少年法治教育的合力。积极引导家长重视家庭美德和家庭文化的建设，成为子女学法、守法、用法的榜样。要办好家长学校，完善家校合作机制，大力宣传推广家庭文化建设和家庭教育的成功经验，制定家长法治教育手册，提高家长对孩子进行法治教育的意识和能力，指导家长及时督促改正青少年的不良行为，预防产生违法行为。同时，要发挥学生法治教育对家长的作用，了解家长需求，拓展学校法治教育的影响。

六、青少年法治教育的保障

(一) 组织与制度保障

各地要在党委、政府的统一领导下，建立由教育部门牵头，司法部门、共青团和有关部门、组织等共同参与的青少年法治教育工作机制，联合制定青少年法治教育工作规划，明确责任分工，确定工作步骤，协同推进青少年法治教育。

各级教育部门要积极协调相关部门，整合资源，完善保障机制，健全青少年法治教育效果评价机制，推广法治教育的先进经验。要将学校法治教育实施情况作为依法治校的重要方面，纳入学校年度考核的内容；作为预防青少年违法犯罪和"平安校园"创建工作内容，纳入综合（平安建设）工作考评。县级以上各级人民政府教育督导机构要将学校法治教育实施情况纳入教育督导范围，帮助学校推进法治教育工作。

各级各类学校是实施法治教育的主体，要将法治教育纳入学校总体发展规划和年度工作计划，重点在师资配备、课程实施、经费支持、制度机制等方面予以保障，做好法治教育的落实工作。

(二) 师资队伍建设

要大力加强法治教育师资队伍建设，逐步建设高水平的法治教育教师队伍。通过多种途径，保证每所中小学要至少有1名受过专业培养或者经过专门培训，可以胜任法治教育任务的教师。建立中小学法治教育骨干教师培养机制，完善对法治教育教学成果的支持和奖励制度。提高全体教师的法治素养和法治教育能力，充分挖掘各学科教学内容的法治内涵，提升教师群体的法治意识。完善法治副校长（辅导员）制度，进一步明确职责，完善相关工作机制，充分发挥法官、检察官、律师、高校法律院系教师等法律工作者的力量，健全高校学生法治教育志愿者制度，建设稳定的兼职法治教育师资队伍，为中小学法治教育提供支持。

鼓励高校探索青少年法治教育方向研究生培养。创新机制吸引法律专业毕业生到中小学任教，培养专业化的中小学法治教育师资。完善法治教师继续教育制度，充分利用高校、社会的力量，为中小学法治教育教师培训提供支持。

（三）健全评价机制

要建立健全科学的青少年法治教育评价机制。评价要全面考察青少年法治教育效果，有利于激发青少年学习法治知识、发展法治能力、提高法治素养、参与法治实践的自觉性；有利于激发学校、教师开展法治教育的主动性和创造性，促进青少年法治教育形式与内容的不断改进和创新。评价要基于本大纲确定的青少年法治教育的目标和内容要求，将必要的法律常识纳入不同阶段学生学业评价范畴，在中、高考中适当增加法治知识内容，将法治素养作为学生综合素质的重要组成部分。要注重结合青少年的学习和生活，将反映法治思维、法治观念的行为、态度和实践作为评价的重要方面，增强评价的科学性和有效性。要结合社会诚信体系建设、精神文明创建等机制，探索建立综合性的青少年法治素养评价机制。教育部门可以联合司法部门组织或者委托第三方对学校、区域的青少年法治教育的整体情况进行评价。有条件的高等学校、科研组织可以开展青少年法治教育评价的研究与实践。

（四）教育教学资源保障

整合网络教育资源，加强教育部全国青少年普法网等专业网站建设，提供形式生动多样，内容鲜活丰富的网络优秀法治教育资源，支持中小学开展法治教育。积极推进综合性青少年法治教育实践基地建设，把基地建设纳入各地校外教育机构建设的整体规划。教育、司法行政部门要会同有关部门，加强组织协作，鼓励在政府部门、高等学校、相关社会组织，设立各类法治教育基地，为学校组织学生参观各类国家机关、观摩司法活动、体验法治实践提供便利。

鼓励和支持各种社会组织开发青少年法治教育读本及相关产品，编写出版符合青少年认知特点和接受意趣的法治教育期刊、课件、音像资料等教育教学资源。鼓励各地将法治教育教材、读本纳入免费教科书范围，积极创造条件向中小学特别是农村和边远贫困地区的学校，免费提供优质法治教育资源。

要充分利用高等学校、研究机构的相关科研力量，深入开展青少年法治教育理论研究，为法治教育教学提供理论基础和学理支撑。要加大对青少年法治教育研究扶持力度，设立专项科研课题，特别要设立面向一线教师的法治教育研究课题，鼓励中小学教师与专业研究人员开展合作研究，及时总结、交流和推广研究成果。

要引导大众传媒切实承担起法治教育的社会责任，把青少年学生作为法治宣传教育的重点人群，通过多种形式，开展适合青少年学生特点的公益法治宣传活动。

（五）经费保障

各级教育部门和有关部门要统筹安排相关经费，支持青少年法治教育，支持法治教育实践基地、教育普法网站建设和教师法治培训、法治教育教学研究等工作。具备条件的地方，可以通过政府购买服务等方式，为学校开展青少年法治教育提供优质的教学、实践资源。学校要将法治教育纳入学校工作总体规划和年度计划，将所需经费纳入年度预算。要积极动员全社会力量，鼓励企业、事业组织和公民个人设立公益性基金或者专门基金会，支持青少年法治教育工作。

四、公共法律服务类

（一）法律法规类（略）

1. 法律类（略）

2. 行政法规类（略）

3. 部门规章类（略）

4. 司法解释类（略）

（二）规范性文件和业务规范、标准类

1. 规范性文件类

司法部关于印发《公共法律服务事项清单》的通知

（2019年9月27日　司发通〔2019〕97号）

各省、自治区、直辖市司法厅（局），新疆生产建设兵团司法局：

　　为贯彻落实习近平总书记关于公共法律服务工作的重要指示精神，贯彻落实中共中央办公厅、国务院办公厅《关于加快推进公共法律服务体系建设的意见》的部署要求，保障人民群众基本公共法律服务需求，我部制定了《公共法律服务事项清单》，现印发给你们，请结合本地实际认真贯彻落实。

　　各地司法行政机关要认真贯彻落实党中央、国务院决策部署，加快推进公共法律服务体系建设，以"知晓率、首选率、满意率"为评价指标，加强公共法律服务实体平台、热线平台、网络平台等三大平台建设，整合法律服务资源，加快构建覆盖全业务、全时空的法律服务网络。要不断增加公共法律服务供给，简化优化办事流程，创新服务模式，不断提升服务质量和水平，推进基本公共法律服务均等化，更好地满足新时代人民群众的法律服务需求，让人民群众有更多的法治获得感。

公共法律服务事项清单

序号	服务项目	服务对象	服务内容	服务提供/获取方式	服务提供主体	依据
1	法治文化设施	社会公众	设立以法治为主题的广场、公园、场馆、长廊、街区、宣传栏等社会主义法治文化阵地。	免费开放	司法行政机关及相关部门	中央宣传部、司法部《关于在公民中开展法治宣传教育的第七个五年规划（2016—2020年）》
2	法治文化作品	社会公众	制作、发布普法公益广告、法治栏目剧、动漫、歌曲、曲艺、舞蹈、微电影等法治文化作品。	公共法律服务中心（站、室）、中国法律服务网、中国普法网、"两微一端"等	司法行政机关	中央宣传部、司法部《关于在公民中开展法治宣传教育的第七个五年规划（2016—2020年）》
3	法治宣传教育活动	社会公众	在"国家宪法日""宪法宣传周"期间，广泛开展以宪法为主题的集中法治宣传教育。深化法律进机关、进乡村、进社区、进学校、进企业、进单位的"法律六进"等主题活动，开展多种形式的经常性法治宣传教育。	主动提供	司法行政机关及相关部门	中央宣传部、司法部《关于在公民中开展法治宣传教育的第七个五年规划（2016—2020年）》
4	法律咨询服务	社会公众	解答基本法律问题、导引相关服务、提供专业法律意见。	公共法律服务中心（站、室），政务服务大厅公共法律服务窗口；"12348"热线；中国法律服务网及各省级法律服务网	司法行政机关	中共中央办公厅、国务院办公厅《关于加快推进公共法律服务体系建设的意见》
5	法律法规查询	社会公众	建立法律法规数据库，提供法律、行政法规、国务院部门规章、地方性法规、地方政府规章、司法解释等检索查询服务。	中国法律服务网	司法部	中共中央办公厅、国务院办公厅《关于加快推进公共法律服务体系建设的意见》
6	司法行政（法律服务）典型案例查询	社会公众	建立司法行政（法律服务）案例库，提供典型案例检索查询服务。	中国法律服务网	司法部	中共中央办公厅、国务院办公厅《关于加快推进公共法律服务体系建设的意见》
7	法律服务机构和人员信息查询	社会公众	提供法律服务机构及从业人员的基本信息以及职业、奖惩、业务、社会信用等信息查询服务。	中国法律服务网及各省级法律服务网、移动客户端	司法行政机关	中共中央办公厅、国务院办公厅《关于加快推进公共法律服务体系建设的意见》
8	法律便利服务	社会公众	提供法律服务办事指南。	公共法律服务中心（站、室）；中国法律服务网及各省级法律服务网	司法行政机关	中共中央办公厅、国务院办公厅《关于加快推进公共法律服务体系建设的意见》

续表

序号	服务项目	服务对象	服务内容	服务提供/获取方式	服务提供主体	依据
9	法律援助（申请类）	法律援助申请人	法律援助机构负责受理、审查法律援助申请，对符合条件的人员，指派或者安排人员提供法律咨询、代理、刑事辩护等无偿法律服务。	向法律援助机构提出申请	法律援助机构	《法律援助条例》
10	法律援助（通知辩护、通知代理类）	司法机关通知辩护、通知代理的犯罪嫌疑人、刑事被告人、强制医疗被申请人	法律援助机构指派律师提供刑事辩护、刑事代理等无偿法律服务。	法律援助机构指派	法律援助机构	《中华人民共和国刑事诉讼法》《法律援助条例》，最高人民法院、最高人民检察院、公安部、司法部《关于刑事诉讼法律援助工作的规定》，最高人民法院、司法部《关于开展刑事案件律师辩护全覆盖试点工作的办法》，最高人民法院、司法部《关于扩大刑事案件律师辩护全覆盖试点范围的通知》
11	值班律师法律帮助	没有辩护人的犯罪嫌疑人、刑事被告人	法律援助机构在人民法院、看守所派驻或安排值班律师，为没有辩护人的犯罪嫌疑人、刑事被告人提供法律咨询、申请法律援助、代理申诉、控告等法律帮助。	法律援助机构派驻或安排值班律师	法律援助机构	《中华人民共和国刑事诉讼法》，最高人民法院、最高人民检察院、公安部、国家安全部、司法部《关于开展法律援助值班律师工作的意见》，最高人民法院、司法部《关于开展刑事案件律师辩护全覆盖试点工作的办法》，最高人民法院、司法部《关于扩大刑事案件律师辩护全覆盖试点范围的通知》
12	军人军属法律援助	军人军属	对军人军属法律援助申请，法律援助机构优先受理、优先审查，适当放宽经济困难标准、扩大法律援助事项范围，优先指派或者安排人员提供法律咨询、代理、刑事辩护等无偿法律服务。	向法律援助机构、军人军属法律援助工作站提出申请	法律援助机构	国务院、中央军委《关于进一步加强军人军属法律援助的意见》，司法部、中央军委政法委员会《军人军属法律援助工作实施办法》
13	公证、司法鉴定法律援助	符合法律援助条件的当事人	法律援助受援人办理公证、司法鉴定，按照规定减免费用。	向法律援助机构提出申请	法律援助机构	《中华人民共和国公证法》，中共中央办公厅、国务院办公厅《关于加快推进公共法律服务体系建设的意见》，司法部、财政部《关于完善法律援助补贴标准的指导意见》

续表

序号	服务项目	服务对象	服务内容	服务提供/获取方式	服务提供主体	依据
14	人民调解	矛盾纠纷当事人	人民调解组织依申请进行调解，或主动调解，对民间纠纷当事人进行说服、疏导，促使当事人自愿达成调解协议。	当事人向人民调解组织提出申请，或人民调解组织主动提供	人民调解组织	《中华人民共和国人民调解法》
15	律师调解	符合条件的民商事纠纷当事人	律师调解工作室（中心）对符合条件的纠纷进行调解，协助纠纷各方当事人通过自愿协商达成协议，解决争议。	当事人向律师调解工作室（中心）提出申请	在公共法律服务中心（站）设立的律师调解工作室，在律师协会设立的律师调解中心，在人民法院设立律师调解工作室	最高人民法院、司法部《关于开展律师调解试点工作的意见》，最高人民法院、司法部《关于扩大律师调解试点工作的通知》
16	村（居）法律顾问	村（居）民	每个村（居）配备法律顾问，参与矛盾纠纷化解，服务村（居）依法治理，为村（居）民提供法律咨询和法律服务，开展普法宣传。	村（居）民通过电话、微信等多种方式直接联系法律顾问；法律顾问主动提供普法宣传等服务	村（居）法律顾问	中共中央办公厅、国务院办公厅《关于加快推进公共法律服务体系建设的意见》，司法部《关于进一步加强和规范村（居）法律顾问工作的意见》

司法部关于进一步加强和规范村（居）法律顾问工作的意见

（2018年6月15日　司发〔2018〕5号）

各省、自治区、直辖市司法厅（局），新疆生产建设兵团司法局：

为深入贯彻落实党的十九大和十九届二中、三中全会精神，贯彻落实《中共中央、国务院关于实施乡村振兴战略的意见》，充分发挥法律服务职能作用，更好地服务农村、社区发展，提高基层社会治理法治化水平，现就进一步加强和规范村（居）法律顾问工作提出如下意见。

一、充分认识加强和规范村（居）法律顾问工作的重要意义

村（居）法律顾问工作是公共法律服务体系建设的重要组成部

分，是司法行政工作向基层延伸、服务人民群众的重要载体。深入推进村（居）法律顾问工作，是贯彻落实全面依法治国和乡村振兴战略部署，推进国家治理体系和治理能力现代化的重要举措，是贯彻落实"以人民为中心"发展思想，满足人民群众日益增长法律服务需求的重要实践，对于推动基层依法治理、服务和保障民生、维护社会和谐稳定具有重要意义。近年来，各地认真贯彻落实中央部署要求，积极推进村（居）法律顾问工作，引导广大律师、基层法律工作者等为村（居）自治组织提供专业法律意见，提供法律咨询，开展法治宣传，参与人民调解和法律援助等，得到党和政府一致肯定，受到人民群众普遍欢迎，取得良好社会效果。但是，与新时代新任务新要求相比，当前村（居）法律顾问工作在资源配置、服务规范和作用发挥等方面还存在一些问题，有待进一步加强规范和管理。各级司法行政机关要进一步提高政治站位，从推进全面依法治国的高度，充分认识进一步加强和规范村（居）法律顾问工作的重要意义，积极为律师、基层法律服务工作者等担任村（居）法律顾问工作创造条件，推进此项工作深入开展。

二、总体要求

（一）指导思想

全面贯彻落实党的十九大和十九届二中、三中全会精神，以习近平新时代中国特色社会主义思想为指导，按照中央关于加强公共法律服务体系建设和深化律师制度改革部署要求，健全完善村（居）法律顾问制度，充分发挥法律服务职能作用，促进村（居）组织民主决策、依法办事，引导群众通过合法途径表达利益诉求，解决矛盾纠纷，提升基层社会治理水平，维护社会和谐稳定。

（二）基本原则

——坚持党的领导。贯彻落实党的理论和路线方针政策，加强党对法律服务工作的领导，强化政治引领，引导广大律师、基层法律服务工作者等提高政治站位，增强社会责任感，积极参与村（居）

法律顾问工作，主动服务经济社会发展和全面依法治国。

——坚持以人民为中心。落实"以人民为中心"的发展思想，以人民需求为导向、以人民满意为标准，把法治方式与德治传统、国家依法治理与群众依法自治有机结合起来，推进基层治理法治化，更好满足新时代人民群众对民主、法治、公平、正义、安全、环境等方面的法律服务新需求。

——坚持因地制宜。坚持一切从实际出发，充分考虑各地村（居）特点、法律服务发展水平和财政状况，选择符合实际的组织形式、工作模式和管理方式，积极稳妥推进工作。

——坚持便捷高效。积极畅通服务渠道，创新服务方式方法，充分发挥村（居）法律顾问就在群众身边的优势，确保人民群众第一时间得到周到、便捷、高效的法律服务。

（三）工作目标

2018年底前，在全国范围内实现村（居）法律顾问全覆盖，确保人民群众不出村（居）即可享受到及时、便捷、普惠的法律服务。到2020年，村（居）法律顾问服务方式和内容全面规范，服务质量明显提升，职能作用有效发挥，初步形成以法治思维和法治方式管理村（居）公共事务、化解基层矛盾纠纷、维护群众合法权益和社会和谐稳定的基层治理新格局。

三、进一步规范和创新村（居）法律顾问工作

（一）加强人员配置。各级司法行政机关要选聘政治素质高、执业水平过硬、社会责任感强、热心公益法律服务的律师、基层法律服务工作者和县级司法行政机关、基层司法所、法律援助中心工作人员等担任村（居）法律顾问。村（居）法律顾问遴选方式和过程要向社会公开，由村（居）委员会和法律顾问进行双向选择，签订服务协议，明确双方权利、义务、责任及服务期限等。要做好资源统筹配置，律师资源相对充足地区优先安排律师担任村（居）法律顾问，确保一名律师服务一个村（居）；律师资源相对不足地区，可以由一名律师或者基层法律服务工作者担任多个村（居）法律顾问，

但原则上不超过5个；法律服务资源严重不足地区，要加大资源调配力度，组织本地区大中城市律师和律师事务所对口支援，同时可以由县（市、区）司法局、基层司法所和法律援助中心工作人员、公证员等担任村（居）法律顾问，还可以发挥退休法官、检察官和驻村工作队等作用，共同开展工作。

（二）明确工作职责。各级司法行政机关要引导村（居）法律顾问紧紧围绕党和国家工作大局，做好以下几项工作：一是参与矛盾纠纷化解。积极参与村（居）人民调解委员会主导的矛盾纠纷调处工作，做好释法析理，引导当事人依法依程序表达诉求，理性维护自身合法权益。及时向所在地司法行政机关报告涉及群众重大利益，可能引发群体性事件或大规模上访事件的矛盾纠纷信息，协助当地党委、政府处理所在村（居）疑难复杂上访事项，提出法律意见或者建议，促进息访止纷。二是服务村（居）依法治理。协助村（居）委员会起草、审核、修订村规民约和其他管理规定。为招商引资、土地征用补偿安置、基础设施建设、城市建设拆迁、环境治理保护等重大项目谈判，签订涉农重要经济合同和其他重大决策提供法律意见。协助处理换届选举中的法律问题，发挥专业监督作用。三是为村（居）民提供法律咨询和法律服务。及时解答村（居）民日常生产生活中遇到的法律问题，提供专业法律意见；协助符合法律援助条件的困难群众依法申请法律援助；为刑满释放人员、解除强制隔离戒毒人员和社区服刑人员提供必要法律帮助。四是开展宪法法律学习宣传工作。开展宪法学习宣传活动，发放宪法读物；定期举办法治讲座，发放法治宣传资料，开展以案释法活动；围绕征地拆迁、土地权属、婚姻家庭、入学就医、社会保障、环境保护等村（居）治理重点环节，普及法律知识，积极培养村（居）"法律明白人"，增强基层群众法治意识。

（三）规范服务行为。各级司法行政机关要进一步规范村（居）法律顾问的服务方式和服务标准，切实提高法律服务质量。一是规范服务方式。村（居）法律顾问应当以方便群众为原则，每月提供不少于一次、四小时的现场法律服务；每季度至少举办一次法治讲座，重点宣传解读涉农最新法律法规和当地党委政府政策措施等。法律顾问所在律师事务所、基层法律服务所每年至少组织一次法律服务进村（居）活动。村（居）设置公示栏，对外公布本村（居）法律顾问姓名、联系方式等信息，确保村（居）民能够第一时间联系到法律顾问。二是建立工作台账。省级司法行政机关应当统一印制村（居）法律顾问工作台账。法律顾问应通过工作台账等如实记录提供法律服务的时间、对象、内容和结果，实行一次一记、一事一记、一村一卷，通过工作日志台账管理，落实工作责任，做到服务留迹、问题解决、群众满意。三是完善服务标准。省级司法行政机关应当统一制定村（居）法律顾问服务标准，提高法律服务的规范性和标准化。村（居）法律顾问在提供法律服务过程中，应当诚实守信，勤勉尽责，自觉接受村（居）所在地司法行政机关和乡镇（街道）司法所的指导监督，听取村（居）委员会和群众意见建议，切实发挥自身职能作用。

（四）创新服务方式。各级司法行政机关要结合本地区公共法律服务平台，充分运用电话、微博、微信、手机APP等法律服务新载体，提供在线咨询、普法信息线上推送和其他远程服务，确保群众足不出户即可享受法律服务。要建立微信工作群，推动实现微信群在村（居）的全覆盖，确保法律顾问在日常工作中能够随时提供法律咨询等服务。要进一步规范微信群建设，村（居）建立法律顾问工作服务群，成员包括法律顾问、所在乡镇（街道）司法所所长、村（居）两委成员、人民调解委员会成员和部分党员、群众代表等，主要职责是了解村（居）及群众法律需求，提供实时法律服务。县（市、区）建立法律顾问工作指导群，成员包括县级司法行政机关分管负责人、主管业务部门负责人、乡镇（街道）司法所所长和本地区所有村（居）法律顾问，主要职责是听取法律顾问意见建议，及时解决工作实际困难，对法律顾问工作开展情况进行具体指导监督等。省（区、市）建立法律顾问工作管理群，成员包括各级司法行政机关分管负责人、主管业务部门负责人和部分优秀司法所所长、村（居）法律顾问代表等，主要负责总结交流各地有益经验做法，听取工作意见建议，及时解决困难问题，部署本地区村（居）法律顾问工作等。微信群按照谁建立谁管理、谁管理谁负责的原则进行管理，切实以信息化推动村（居）法律服务的精准性、时效性。

四、建立健全村（居）法律顾问工作制度机制

（一）建立培训制度。各级司法行政机关应当建立健全村（居）法律顾问培训制度，制定专项培训计划，并纳入本系统年度培训工作计划，通过集中培训、分散培训、网络培训等形式，增强村（居）法律顾问对国家政策、社情民意及相关法律业务的了解程度及与群众的沟通能力，切实提高开展工作能力和水平。

（二）建立考核评估制度。省级司法行政机关应当制定考核评估办法，组织县级司法行政机关对村（居）法律顾问工作定期进行考核评估。考核评估应当充分听取村（居）委员会和群众意见，重点考查法律顾问在服务群众和村（居）治理等方面职能作用发挥情况。考核评估结果经市级司法行政机关审查后，报省级司法行政机关备案。各级司法行政机关应当将考核评估结果作为法律顾问是否续聘的重要依据，在评优评先、"两代表一委员"推荐等工作中予以参考。各地要积极推动将村（居）法律顾问工作纳入本地区综治工作考评。

（三）建立督查通报机制。各级司法行政机关要建立督导检查制度，定期组织对村（居）法律顾问工作进行专项督查，并通过随机检查、暗访、交叉检查等方式适时开展实地检查。建立督导检查问卷调查制度，通过随机向村（居）民发放调查问卷等方式，掌握法律顾问实际服务情况。建立通报制度，定期对村（居）法律顾问推进情况进行通报，对工作开展好的予以表扬，对工作开展不力的通报批评，督促各地抓好落实。

五、加强村（居）法律顾问工作的组织领导

（一）加强组织领导。各级司法行政机关要将村（居）法律顾问工作列入重要议事日程，主要负责同志亲自抓，主动向党委、政府汇报，争取政策支持。要及时研究村（居）法律顾问工作中遇到的困难和问题，加大沟通协调力度，切实予以解决。要结合当地经济社会发展实际、法律服务队伍情况和法律服务需求，做好调查研究，广泛听取意见建议，制定本地区具体实施办法，并周密组织实施，搞好统筹调度，确保本地区2018年底前实现村（居）法律顾问全覆盖，推动村（居）法律顾问工作真正落地见效。

（二）加强工作保障。各级司法行政机关要积极协调有关部门，为推进村（居）法律顾问工作提供必要支持。健全经费保障机制，积极争取财政部门支持，推动将村（居）法律顾问工作纳入政府购买服务内容。各地要结合实际，采取政府购买服务、公益加补助等多种方式，为村（居）法律顾问提供必要的经费、场地、设施等。律师协会要实行律师担任村（居）法律顾问会费减免奖励政策。

（三）加强宣传表彰。各级司法行政机关要充分运用传统媒体和网络、微博、微信等新媒体广泛开展宣传，重点宣传村（居）法律顾问工作取得的成效和经验做法，提高社会群众对村（居）法律顾问的认同感，为村（居）法律顾问工作营造良好舆论氛围。注重宣传工作中涌现出的先进典型和先进事迹，及时予以表彰宣传，进一步增强担任村（居）法律顾问的荣誉感，吸引更多优秀法律服务人才参与此项工作。

司法部关于印发《关于促进律师参与公益法律服务的意见》的通知

（2019年10月17日　司发通〔2019〕105号）

各省、自治区、直辖市司法厅（局），新疆生产建设兵团司法局：

现将《关于促进律师参与公益法律服务的意见》印发给你们，

请结合实际，认真贯彻执行。执行中的情况和问题，请及时报部。

关于促进律师参与公益法律服务的意见

为充分发挥律师在推进全面依法治国中的重要作用，更好满足人民群众日益增长的法律服务需求，根据《中共中央办公厅国务院办公厅印发〈关于深化律师制度改革的意见〉的通知》《中共中央办公厅国务院办公厅印发〈关于加快推进公共法律服务体系建设的意见〉的通知》和相关法律法规规定，现就促进律师参与公益法律服务提出如下意见。

一、总体要求

（一）指导思想。以习近平新时代中国特色社会主义思想为指导，全面贯彻落实党的十九大和十九届二中、三中全会精神，认真贯彻落实习近平总书记全面依法治国新理念新思想新战略，组织、引导、支持广大律师积极参与公益法律服务，大力发展公益法律服务事业，推动律师公益法律服务制度化、规范化，构建覆盖城乡、高效便捷、均等普惠的公共法律服务体系和全业务、全时空的法律服务网络，增强人民群众在全面依法治国中的获得感、幸福感、安全感。

（二）基本原则。坚持党建引领，发挥律师事务所党组织在公益法律服务中的战斗堡垒作用和党员律师的先锋模范作用；践行为民宗旨，着力服务和保障民生，满足人民群众日益增长的法律服务需求；鼓励志愿奉献，引导律师自觉履行社会责任，主动参与公益法律服务；加强组织领导，完善经费保障和工作激励措施，调动律师参与公益法律服务的积极性。

（三）工作目标。广大律师参与公益法律服务的积极性、主动性不断增强，公益法律服务覆盖面持续扩大，服务质量和水平逐步提升，体制机制更加健全，激励保障措施更加完善，在满足人民群众法律服务需求、推进全面依法治国中的作用更加凸显，促进律师队伍亲民、爱民、为民的良好形象进一步树立，律师职业社会认可度、满意度、美誉度进一步提升。

二、主要措施

本《意见》所称公益法律服务，是指律师事务所、律师为公民、法人和其他组织提供的无偿法律服务。

（四）拓展服务领域。鼓励、引导律师为残疾人、农民工、老年人、妇女、未成年人等特殊群体提供公益法律服务；担任村（居）法律顾问，为城乡群众和基层群众性自治组织提供服务；参与公益性法治宣传活动，担任普法志愿者、法治辅导员等；在公共法律服务平台或者通过其他渠道提供免费法律咨询服务；参与法治扶贫活动，到边疆地区、欠发达地区和少数民族地区担任志愿律师；协助党政机关开展信访接待、涉法涉诉案件化解、重大突发案事件处置、城市管理执法等工作；提供公益性律师调解服务，志愿参与人民调解、行政调解、司法调解和行业性、专业性调解；参与民营企业"法治体检"公益服务；从事公益法律服务政策研究、立法论证、学术交流、人才培养等工作；为公益法律服务活动提供赞助或者支持；从事其他形式的公益法律服务。

（五）增强服务实效。突出服务重点，围绕满足群众基本法律需求，优先为城乡困难群众和特殊群体提供公益法律服务，强化劳动、就业、社保、教育、医疗等民生领域法律服务，主动为脱贫攻坚、污染防治等国家重大发展战略服务。准确把握服务对象需求，针对不同受众和不同主题，善于用群众喜闻乐见、通俗易懂、灵活有效的方式开展服务，增强服务针对性、吸引力。支持律师自主选择与其专业特长、实践经验、兴趣爱好等相适应的服务内容和方式，调动律师参与积极性。创新服务形式，探索"互联网+"公益法律服务模式，充分运用中国法律服务网、微信、微博、手机 APP 等服务载体，提供线上咨询、智能诊断、信息推送等形式的远程在线服务。加强与高校法律诊所、有关社会团体、爱心企业、爱心人士等社会力量的合作，共同开展公益法律服务活动。

（六）明确服务要求。律师应当积极参与党委和政府、司法行政机关和律师协会组织的公益法律服务活动。倡导每名律师每年参与不少于50个小时的公益法律服务或者至少办理2件法律援助案件。各地可以结合本地经济社会发展水平和律师行业实际，制定律师公益法律服务工作量的具体指导标准，并可以根据律师执业地域、年龄、身体状况等分类提出要求。公益法律服务工作量的计算方法由各地司法行政机关、律师协会确定。律师从事公益法律服务应当依法依规，勤勉尽责，可以与服务对象签订服务协议，对服务内容、方式、工作条件等进行约定，规范服务流程，保障服务质量。

（七）提升服务能力。发展公益法律服务机构和公益律师队伍，加强法律服务志愿者队伍建设，提高公益法律服务专业化、职业化水平。各律师协会普遍设立公益法律服务专门委员会，鼓励设立未成年人保护等领域的公益法律服务专业委员会。律师协会开展申请律师执业人员集中培训、行业领军人才培训、青年律师培训等培训活动时，应当把公益法律服务培训作为重要内容。积极开展形式多样的公益法律服务业务技能培训和研讨交流活动，加强公益法律服务政策理论研究。做优做强中国法律服务网、"援藏律师服务团"、"1+1"法律援助志愿者行动、"同心·律师服务团"等公益法律服务品牌。

（八）注重示范引领。各地司法行政机关、律师协会应当积极培养和选树律师公益法律服务先进典型，总结推广有益经验和做法。中共党员律师、担任人大代表或者政协委员的律师、律师协会评选表彰的历届优秀律师、律师协会会长、副会长、监事长、常务理事以及知名律师等应当在公益法律服务中发挥表率作用。鼓励、支持青年律师、实习律师参与公益法律服务，在实践锻炼中提升道德修养和业务能力。各律师事务所特别是大型律师事务所、知名律师事务所应当积极组织、支持本所律师参与公益法律服务，在活动时间、经费场地、绩效考核等方面给予必要的保障。

（九）开展考核评价。律师、律师事务所参与公益法律服务时应当注意保存相关工作记录。司法行政机关、律师协会组织开展律师执业年度考核和律师事务所年度检查考核时，应当按照《律师事务所年度检查考核办法》等行政规章和行业规范要求，把公益法律服务情况作为重要考核内容。完善行业主管部门和律师协会评价、服务对象评价、社会公众评价、服务主体自评相结合的公益法律服务评价机制，将评价结果与律师事务所、律师评先评优挂钩。

三、工作保障

（十）强化组织领导。各地司法行政机关、律师协会负责指导、推动本地区律师公益法律服务工作，协调解决工作中遇到的困难，促进律师公益法律服务深入开展。鼓励各地根据当地发展状况和群众实际需要，探索符合本地实际的公益法律服务工作模式、组织形式、运作方式。积极建立健全司法行政机关、律师协会与法院、检察院、公安、宣传、民政、工会、妇联、残联、工商联等有关单位和社会组织的沟通协调机制，搭建合作平台。完善跨区域协作和对口支援机制，组织、支持律师到欠发达地区和律师资源匮乏地区提供公益法律服务。

（十一）加强经费支持。各地司法行政机关要主动向当地党委、政府汇报律师公益法律服务开展情况及成效，推动将符合条件的律师公益法律服务事项纳入各级基本公共服务体系，争取财政预算和资金支持，加大经费保障力度。有关单位组织律师无偿服务时，一般应协调相应的工作经费，为律师提供适当的交通、食宿等工作补贴。探索通过发放法律服务消费券形式提供公益法律服务。拓宽经费来源，充分利用中央彩票专项公益金等资金开展公益法律服务活动，引导社会力量通过慈善捐赠、项目合作等形式支持公益法律服务。

（十二）完善激励措施。各地推荐党代表、人大代表、政协委员和选举律师协会会长、副会长、监事长、常务理事、理事、监事及专门委员会、专业委员会负责人，以及选派律师参加国内外交流培训等活动时，应当在同等条件下优先考虑在公益法律服务中表现突出的律师。有条件的地方律师协会可以根据需要对在公益法律服务中表现突出的律师、律师事务所酌情减免个人会费、团体会费。指导、推动党政机关、企事业单位选聘法律顾问时，在同等条件下优先选聘在公益法律服务中表现突出的律师和律师事务所。

（十三）大力表彰宣传。对在公益法律服务中表现突出的律师和律师事务所，各地司法行政机关、律师协会要在本系统评先评优活动中优先考虑，并积极推荐其参加劳动模范、道德模范或者其他形式的评选表彰。组织各类媒体大力宣传律师参与公益法律服务的做法成效，深入报道律师服务为民的感人事迹，生动展示律师队伍的高尚道德品质和良好精神风貌，增强律师参与公益法律服务的荣誉感、自豪感。

最高人民法院、司法部关于扩大律师调解试点工作的通知

（2018年12月26日　司发通〔2018〕143号）

各省、自治区、直辖市高级人民法院、司法厅（局），新疆维吾尔自治区高级人民法院生产建设兵团分院、新疆生产建设兵团司法局：

2017年9月以来，按照《最高人民法院 司法部关于开展律师调解试点工作的意见》（司发通〔2017〕105号，以下简称《意见》）要求，北京、黑龙江、上海、浙江、安徽、福建、山东、湖北、湖南、广东和四川等11个省（直辖市）积极开展试点工作，取得了明显成效。为进一步推动律师调解试点工作的深入开展，最高人民法院、司法部决定将试点工作扩大至全国范围。现就有关事宜通知如下。

一、充分认识扩大律师调解试点工作的重要意义

开展律师调解试点工作，是完善我国诉讼制度的创新性举措，是深化律师制度改革的内在需要，是推进公共法律服务体系建设的

重要内容。实践证明，律师调解工作既有利于强化法律在化解矛盾纠纷的权威地位，维护当事人合法权益，促进社会公平正义，又有利于节约司法资源和诉讼成本，拓展律师业务领域，促进我国律师事业持续健康发展。随着我国社会主要矛盾的变化，人民群众对民主、法治、公平、正义等方面的要求日益增长，需要进一步发挥律师调解工作在化解社会矛盾、促进依法治理中的专业优势和实践优势，在更大范围内实现律师专业法律服务与调解这一中国特色非诉讼纠纷解决机制的有机结合。各地要从党和国家大局出发，从推进全面依法治国、完善中国特色社会主义律师制度、维护社会和谐稳定的高度，进一步增强工作责任感、使命感和积极性、主动性，切实做好扩大律师调解试点工作。

二、明确扩大律师调解试点工作的主要任务和要求

首批试点的11个省（直辖市）要深入总结前期试点工作经验，坚持问题导向，大胆探索创新，努力破解影响试点工作开展的突出问题和瓶颈，将试点范围扩大到整个辖区，创造更多新鲜经验，在全国起到示范引领作用。

其余20个省（自治区、直辖市）和新疆生产建设兵团要在2018年年底前启动律师调解试点工作。要充分借鉴首批试点地方的经验做法，根据经济社会发展水平和律师行业发展情况，确定在全省（自治区、直辖市）范围内或者选择部分地区开展试点。要因地制宜，分类指导，把律师资源充足、律师调解需求较大的地区作为试点工作重点，积累经验、以点带面，逐步扩大试点。到2019年底，律师调解工作要在所有地市级行政区域进行试点，力争每个县级行政区域都有律师调解工作室。各地要在认真落实《意见》基础上，在扩大试点中把握好以下要求。

（一）健全诉调衔接机制。人民法院在推进调解程序前置改革试点过程中，要充分发挥律师调解优势，主动告知民事案件当事人可以选择调解程序，引导更多适宜调解的矛盾纠纷通过律师调解有效化解。对法律关系复杂、专业性强的矛盾纠纷，要优先导入律师调解程序，根据案件类型交由具备相应专业特长的律师调解团队或调解员办理，提高律师调解工作针对性。要进一步畅通诉调对接渠道，制定详细的全流程操作指引，确保委派调解、委托调解案件文书规范、档案完整、资料齐全、流程清晰。对法定期限未能调解的案件，要及时转入审判程序。

（二）完善司法确认程序。要进一步完善律师调解协议的司法确认机制，畅通确认渠道，建立便捷高效的律师调解司法确认程序。律师调解组织由司法行政机关、律师协会会同人民法院共同指导和管理，动态更新律师调解组织和律师调解员名册。对纳入名册管理的律师调解组织依法按程序出具的、反映当事人真实意愿的民事合同性质的调解协议，经加盖律师调解工作室、律师调解中心专用印章后，当事人可以向人民法院申请司法确认。人民法院进行审查后，应当依法确认其法律效力。

（三）拓展调解业务领域。各地除根据《意见》规定在人民法院、公共法律服务中心（站）、律师协会、律师事务所设立律师调解工作室（中心）外，可以根据需要探索在医疗纠纷、道路交通、劳动争议、消费者权益保护等领域或行业设立律师调解组织，为人民群众提供便捷多样的律师调解服务。根据业务领域对律师调解组织和律师调解员实行分类精细管理，针对不同法律服务需求精准匹配调解组织或调解员。积极培育律师调解服务品牌，鼓励以律师事务所名称、律师姓名、专业调解领域命名律师调解工作室（中心），提高律师调解专业化水平和社会认可度。

（四）加强调解队伍建设。坚持律师调解的专业化方向，鼓励发展专事婚姻家庭、合同纠纷、知识产权、金融证券、公司股权等领域纠纷调解的专业化律师调解员队伍或者调解工作团队。司法行政机关、律师协会会同人民法院完善律师调解员资质认证标准，明确选任和退出程序，探索实行律师调解员岗前培训、合格上岗、定期评测、优胜劣汰制度，促进律师调解员素质提升。要完善律师调解员回避制度和代理案件利益冲突规范，在保障律师调解公信力的同时，充分调动律师参与积极性。建立健全律师调解员专业知识和调解技能常态化培训机制，定期汇总和发布律师调解典型案例，将典型案例纳入司法行政案例库。

（五）推进调解信息化建设。借助现代科技手段创新律师调解方式，加强"互联网+律师调解"建设，在12348中国法网上建立律师调解专区，推行短信调解、微信调解、网上调解、视频调解等新模式，探索将律师调解服务与122等热线服务对接，进一步提高调解工作覆盖面。推进信息共享、资源整合，探索建立集在线调解、司法确认、电子督促、电子送达等功能为一体的信息平台，与人民法院在线调解平台互联互通，提升律师调解工作的信息化水平。

三、进一步加强组织领导和工作保障

（一）落实试点工作责任。各地要周密部署、精心安排，尽快制定试点工作的实施意见和方案，明确扩大试点的步骤、目标和时间节点等，确保试点工作顺利启动、扎实推进。司法行政机关、人民法院、律师协会要细化任务分工，明确本单位的具体牵头部门和责任人员，主动加强与相关单位的沟通联系，分工负责，紧密协作，理顺关系，确保试点工作高效、有序运转。要注重围绕经济社会发展大局推进试点工作，努力赢得党委政府、相关单位和社会各界的支持。

（二）提高经费保障水平。各级司法行政机关、人民法院应当会同有关部门，多渠道解决公益性律师调解服务经费问题，推动将公益性律师调解服务列入政府购买服务目录，积极采取财政专项预算、财政资金补贴等多种途径，从办公设施、宣传培训、表彰奖励等方面加大对公益性律师调解工作的经费保障力度，适时提高律师办理调解案件的补贴补助标准。大力发展律师事务所调解工作室，鼓励和支持律师事务所根据当事人需要，以市场化方式开展律师调解业务，按照有偿和低价的原则收取调解费用，探索建立与各地经济发展水平相适应的以市场调节价为基础的律师调解业务收费机制。人民法院要充分发挥诉讼费杠杆作用，加大对调解案件诉讼费减免力度，为律师调解提供支持和保障。

（三）建立记录考核制度。律师协会建立律师和律师事务所从事调解工作记录制度，可以根据律师调解服务的时长、数量、难度、效果等因素，实行积分式跟踪评价。将律师事务所和律师参与调解情况作为律师参与公益法律服务的重要内容，纳入律师事务所年度检查考核和律师年度考核。

（四）完善工作激励机制。探索建立人民法院评估、司法行政机关评估、律师协会评估、当事人评估和律师自评有机结合的综合评价体系，探索实行律师调解组织和律师调解员星级认定制度，促进提升律师调解工作质量。对表现突出的律师调解组织和律师调解员，人民法院、司法行政机关、律师协会应当给予奖励，并将有关工作情况作为先进工作者、优秀律师等各类评先评优的重要依据，调动律师参与调解的积极性。

（五）加大宣传推广力度。要拓展宣传渠道，充分利用各类新闻媒体和工作渠道，宣传律师调解制度，推介律师调解组织，不断提高律师调解工作的社会知晓度和公众认可度。要加强律师调解理论研究，积极宣传推广律师调解的先进典型和有益经验，为推进律师调解试点创造良好舆论氛围。

附件：《最高人民法院　司法部关于开展律师调解试点工作的意见》（司发通〔2017〕105号）

附件：

最高人民法院、司法部关于开展律师调解试点工作的意见

（司发通〔2017〕105号）

北京、黑龙江、上海、浙江、安徽、福建、山东、湖北、湖南、广东、四川省（直辖市）高级人民法院、司法厅（局）：

为贯彻落实《中共中央关于全面推进依法治国若干重大问题的决定》以及中共中央办公厅、国务院办公厅《关于完善矛盾纠纷多

元化解机制的意见》《关于深化律师制度改革的意见》和最高人民法院《关于人民法院进一步深化多元化纠纷解决机制改革的意见》，充分发挥律师在预防和化解矛盾纠纷中的专业优势、职业优势和实践优势，健全完善律师调解制度，推动形成中国特色的多元化纠纷解决体系，现就开展律师调解试点工作提出以下意见。

一、总体要求

1. 指导思想。全面贯彻党的十八大和十八届三中、四中、五中、六中全会精神，深入贯彻习近平总书记系列重要讲话和对律师工作的重要指示精神，围绕全面推进依法治国总目标，深化多元化纠纷解决机制改革，健全诉调对接工作机制，充分发挥律师职能作用，建立律师调解工作模式，创新律师调解方式方法，有效化解各类矛盾纠纷，维护当事人合法权益，促进社会公平正义，维护社会和谐稳定。

2. 基本原则。

——坚持依法调解。律师调解工作应当依法进行，不得违反法律法规的禁止性规定，不得损害国家利益、社会公共利益和当事人及其他利害关系人的合法权益。

——坚持平等自愿。律师开展调解工作，应当充分尊重各方当事人的意愿，尊重当事人对解决纠纷程序的选择权，保障其诉讼权利。

——坚持调解中立。律师调解应当保持中立，不得有偏向任何一方当事人的言行，维护调解结果的客观性、公正性和可接受性。

——坚持调解保密。除当事人一致同意或法律另有规定的外，调解事项、调解过程、调解协议内容等一律不公开，不得泄露当事人的个人隐私或商业秘密。

——坚持便捷高效。律师运用专业知识开展调解工作，应当注重工作效率，根据纠纷的实际情况，灵活确定调解方式方法和程序，建立便捷高效的工作机制。

——坚持有效对接。加强律师调解与人民调解、行政调解、行业调解、商事调解、诉讼调解等有机衔接，充分发挥各自特点和优势，形成程序衔接、优势互补、协作配合的纠纷解决机制。

二、建立律师调解工作模式

律师调解是指律师、依法成立的律师调解工作室或者律师调解中心作为中立第三方主持调解，协助纠纷各方当事人通过自愿协商达成协议解决争议的活动。

3. 在人民法院设立律师调解工作室。试点地区的各级人民法院要将律师调解与诉讼服务中心建设结合起来，在人民法院诉讼服务中心、诉调对接中心或具备条件的人民法庭设立律师调解工作室，配备必要的工作设施和工作场所。

4. 在公共法律服务中心（站）设立律师调解工作室。试点地区的县级公共法律服务中心、乡镇公共法律服务站应当设立专门的律师调解工作室，由公共法律服务中心（站）指派律师调解员提供公益性调解服务。

5. 在律师协会设立律师调解中心。试点地区的省级、设区的市级律师协会设立律师调解中心。律师调解中心在律师协会的指导下，组织律师作为调解员，接受当事人申请或人民法院移送，参与矛盾化解和纠纷调解。

6. 律师事务所设立调解工作室。鼓励和支持有条件的律师事务所设立调解工作室，组成调解团队，可以将接受当事人申请调解作为一项律师业务开展，同时可以承接人民法院、行政机关移送的调解案件。

三、健全律师调解工作机制

7. 明确律师调解案件范围。律师调解可以受理各类民商事纠纷，包括刑事附带民事纠纷的民事部分，但是婚姻关系、身份关系确认案件以及其他依案件性质不能进行调解的除外。

8. 建立健全律师调解工作资质管理制度。试点地区省级司法行政机关、律师协会会同人民法院研究制定管理办法，明确承办律师调解工作的律师事务所和律师资质条件，包括人员规模、执业年限、办案数量、诚信状况等。司法行政机关、律师协会会同人民法院建立承办律师调解工作的律师事务所和律师调解员名册。

9. 规范律师调解工作程序。人民法院、公共法律服务中心（站）、律师协会和律师事务所应当向当事人提供承办律师调解工作的律师事务所和律师调解员名册，并在公示栏、官方网站等平台公开名册信息，方便当事人查询和选择。

律师事务所和律师接受相关委托代理或参与矛盾纠纷化解时，应当告知当事人优先选择调解或其他非诉讼方式解决纠纷。

律师调解一般由一名调解员主持。对于重大、疑难、复杂或者当事人要求由两名以上调解员共同调解的案件，可以由两名以上调解员调解，并由律师调解工作室或律师调解中心指定一名调解员主持。当事人具有正当理由的，可以申请更换律师调解员。律师调解员根据调解程序依法开展调解工作，律师调解的期限为30日，双方当事人同意延长调解期限的，不受此限。经调解达成协议的，出具调解协议书；期限届满无法达成调解协议，当事人不同意继续调解的，终止调解。

律师调解员组织调解，应当用书面形式记录争议事项和调解情况，并经双方当事人签字确认。律师调解工作室或律师调解中心应当建立完整的电子及纸质书面调解档案，供当事人查询。调解程序终结时，当事人未达成调解协议的，律师调解员在征得各方当事人同意后，可以用书面形式记载调解过程中双方没有争议的事实，并由当事人签字确认。在诉讼程序中，除涉及国家利益、社会公共利益和他人合法权益的外，当事人无需对调解过程中已确认的无争议事实举证。

在公共法律服务中心（站）、律师协会和律师事务所设立的律师调解组织受理当事人直接申请，主持调解纠纷的，参照上述程序开展。

10. 鼓励调解协议即时履行。经律师调解工作室或律师调解中心调解，当事人达成调解协议的，律师调解员应当鼓励和引导当事人及时履行协议。当事人无正当理由拒绝或者拖延履行的,调解和执行的相关费用由未履行协议一方当事人全部或部分负担。

11. 完善调解协议与支付令对接机制。经律师调解达成的和解协议、调解协议中,具有金钱或者有价证券给付内容的,债权人依据民事诉讼法及其司法解释的规定,向有管辖权的基层人民法院申请支付令的,人民法院应当依法发出支付令;债务人未在法定期限内提出书面异议且逾期不履行支付令的,人民法院可以强制执行。

12. 完善调解协议司法确认程序。经律师调解工作室或律师调解中心调解达成的具有民事合同性质的协议,当事人可以向律师调解工作室或律师调解中心所在地基层人民法院或者人民法庭申请确认其效力,人民法院应当依法确认调解协议效力。

13. 建立律师调解员回避制度。律师调解员具有以下情形的,当事人有权申请回避:系一方当事人或者其代理人的近亲属的;与纠纷有利害关系的;与纠纷当事人、代理人有其他关系,可能影响公正调解的。律师调解员具有上述情形,当事人要求回避的,律师调解员应当回避,当事人没有要求回避的,律师调解员应当及时告知当事人并主动回避。当事人一致同意继续调解的,律师调解员可以继续主持调解。

律师调解员不得再就该争议事项或与该争议有密切联系的其他纠纷接受一方当事人的委托,担任仲裁或诉讼的代理人,也不得担任该争议事项后续解决程序的人民陪审员、仲裁员、证人、鉴定人以及翻译人员等。

14. 建立科学的经费保障机制。在律师事务所设立的调解工作室受理当事人直接申请调解纠纷的,可以按照有偿和低价的原则向双方当事人收取调解费,一方当事人同意全部负担的除外。调解费的收取标准和办法由各试点地区根据实际情况确定,并报相关部门批准备案。

在公共法律服务中心(站)设立的律师调解工作室和在律师协会设立的律师调解中心受理当事人直接申请调解纠纷的,由司法行政机关、律师协会通过政府采购服务的方式解决经费。律师调解员调解法律援助案件的经费,由法律援助机构通过政府采购服务渠道予以解决。

在人民法院设立律师调解工作室的,人民法院应根据纠纷调解的数量、质量与社会效果,由政府采购服务渠道解决调解经费,并纳入人民法院专项预算,具体办法由各试点地区根据实际情况确定。

15. 发挥诉讼费用杠杆作用。当事人达成和解协议申请撤诉的,人民法院免收诉讼费。诉讼中经调解当事人达成调解协议的,人民法院可以减半收取诉讼费用。一方当事人无正当理由不参与调解,或者有明显恶意导致调解不成的,人民法院可以根据具体情况对无过错方依法提出的赔偿合理的律师费用等正当要求予以支持。

四、加强工作保障

16. 加强组织领导。试点地区的人民法院、司法行政机关和律师协会要高度重视这项改革工作,加强制度建设和工作协调,有力推进试点工作顺利开展。要在律师调解制度框架内,创新工作方式方法,制定适合本地区特点的实施意见,不断总结经验,积极探索,为向全国推广提供可复制、可借鉴的制度和经验。

17. 积极引导参与。试点地区的人民法院、司法行政机关和律师协会要积极引导律师参与矛盾纠纷多元化解,鼓励和推荐律师在人民调解组织、仲裁机构、商事调解组织、行业调解组织中担任调解员,鼓励律师借助现代科技手段创新调解工作方式、积极参与在线调解试点工作,促使律师主动承担社会责任、体现社会价值,充分调动律师从事调解工作的积极性,实现律师调解工作可持续性发展。

18. 加强队伍管理。加强对律师调解员职业道德、执业纪律、调解技能等方面的培训,建设高水平的调解律师队伍,确保调解案件质量。探索建立律师参与公益性调解的考核表彰激励机制。人民法院、司法行政机关、律师协会应当对表现突出的律师调解工作室、律师调解中心组织和律师调解员给予物质或荣誉奖励。

19. 加强责任追究。律师调解员违法调解,违反回避制度,泄露当事人隐私或秘密，或者具有其他违反法律、违背律师职业道德行为的，应当视情节限期或禁止从事调解业务，或由律师协会、司法行政机关依法依规给予行业处分和行政处罚。律师协会应当制定实施细则并报当地司法行政机关备案。

20. 加强宣传工作。试点地区的人民法院、司法行政机关和律师协会要大力宣传律师调解制度的作用与优势，鼓励公民、法人和其他组织优先选择律师调解快速有效解决争议，为律师开展调解工作营造良好执业环境。

21. 加强指导监督。最高人民法院、司法部将对试点工作进行指导督促，认真研究试点中存在的突出问题，全面评估试点方案的实际效果，总结各地多元化纠纷解决机制改革的成功经验，推动改革实践成果制度化、法律化。

22. 本试点工作在北京、黑龙江、上海、浙江、安徽、福建、山东、湖北、湖南、广东、四川等11个省（直辖市）进行。试点省（直辖市）可以在全省（直辖市）或者选择部分地区开展试点工作，试点方案报最高人民法院和司法部备案。

司法部、民政部、全国老龄工作委员会办公室 关于开展"法律服务　助老护老"行动的通知

（2024年4月15日）

各省、自治区、直辖市司法厅（局）、民政厅（局）、老龄办，新疆生产建设兵团司法局、民政局、老龄办：

为认真贯彻落实习近平总书记关于老龄工作的重要指示批示精神和党中央、国务院关于老龄工作的决策部署，深入贯彻积极应对人口老龄化国家战略，充分发挥公共法律服务职能作用，切实保障广大老年人的合法权益，司法部、民政部、全国老龄办决定开展

"法律服务 助老护老"行动。现就有关工作通知如下。

一、目标任务

聚焦老年人群体公共法律服务需求，重点关注高龄、失能、困难、残疾等老年人"急难愁盼"的法律问题，建立健全工作机制，优化相关措施，创新工作方式，完善服务体系，积极为老年人提供更加"可感、可知、可及"的法律咨询、人民调解、法律援助、法治宣传等公共法律服务，使老年人合法权益得到有力保障，广大老年人的法治获得感、幸福感、安全感不断增强。

二、主要措施

（一）以平台服务便老。各级司法行政机关要引导公共法律服务向各类养老服务机构等延伸，有条件的地区可探索在大型养老机构等老年人较为集中的场所设立公共法律服务工作点，选派律师等法律服务人员进点开展工作。各级公共法律服务实体平台普遍提供休息区、放大镜、老花镜、急救药箱等适老、助老设施，为老年人提供优先办理通道、安排专人接待服务；法律援助机构等为老年人享受无障碍环境提供必要条件。优化12348公共法律服务热线，有条件的地方可开设老年人坐席，安排熟悉老年人特点的人员值班，用通俗易懂的语言，对涉老年人法律咨询优先解答、耐心解答、暖心解答。完善法律服务网无障碍功能，提供老年人大字版、语音连读与指读等服务。优化智能法律服务终端、小程序等操作界面，推广应用符合老年人需求特点的智能信息服务。

（二）以优质服务援老。依法扩大法律援助范围，对遭受虐待、遗弃或者家庭暴力的老年人申请法律援助，不受经济困难条件限制；对无固定生活来源、接受社会救助、司法救助的老年人申请法律援助，免予核查经济困难状况。加大援助力度，指导地方通过推动制定修订地方性法规、政府规章等形式，探索扩大高龄、空巢、独居、失能失智、计划生育特殊家庭老年人法律援助事项范围。延伸服务触角，支持有条件的地方在养老机构设立法律援助工作站或联络点，方便老年人获得法律援助服务。推行优办快办，对老年人法律援助案件优先受理、优先审查、优先指派；对行动不便的老年人提供预约办、上门办、一次办服务。

（三）以公证服务惠老。推进公证行业减证便民提速，缩短老年人办理委托、遗嘱等公证事项的期限，支持对老年人申办法律关系简单、事实清楚、证明材料充分的公证事项，做到当日出证。对80岁及以上老人首次办理遗嘱公证免收公证费，支持各地出台更多对老年人办理公证事项的价格减免政策。对符合法律援助条件的老年受援人，公证机构按照规定减收或者免收公证费。优化老年人意定监护公证服务程序，探索提供意定监护协议、财产提存、遗嘱等一体化公证法律服务。指导公证机构加强与养老机构合作，共同打造"公证+养老"服务模式。开展公证敬老服务月活动，积极为老年人开通办证"绿色通道"，采取巡回办证、蹲点办证、上门办证等方式，为老年人提供"一对一"公证服务。

（四）以调解服务助老。充分发挥调解在化解矛盾纠纷中的基础性作用，将涉老年人婚姻家庭、投资消费、侵权、赡养、监护等矛盾纠纷作为排查化解工作重点，组织动员广大调解组织和调解员做好涉老年人矛盾纠纷化解工作，切实维护老年人合法权益。鼓励和支持各地根据需要在具备条件的地区设立养老服务纠纷人民调解委员会，积极运用调解方式化解养老机构服务纠纷。

（五）以公益服务爱老。指导律师行业把老年人作为公益法律服务的重点服务对象，组织引导广大律师特别是青年律师积极参与老年人法律服务活动，着力解决好赡养、婚姻、财产继承、养老服务等老年人最关心最直接最现实的法律问题。发挥律师协会老年人权益保障等相关专业委员会作用，组织开展涉老年人法律服务业务培训和交流，提升老年人法律服务质效。

（六）以普法服务护老。指导各地各有关部门贯彻落实"谁执法谁普法"普法责任制，结合"民法典宣传月"、重阳节等重要时间节点，积极开展老年人权益保障普法宣传活动。把学习宣传老年人权益保障相关法律法规纳入到"法律明白人"培养、农村学法用法示范户培育工作中,推动老年人权益保障相关法治宣传进村、入户、到人,提高全社会敬老、爱老、护老的法治意识。在中国普法微信公众号平台开展老年人权益保障普法宣传活动,增强普法宣传的针对性和实效性。

三、工作要求

(一)精心组织实施。"法律服务 助老护老"行动已列入全国老龄委2024年重点开展的四项实事清单。各地司法厅(局)、民政厅(局)、老龄办要高度重视,积极向党委政府汇报,把开展"法律服务 助老护老"行动作为深化为民办实事的重要内容来抓,加强沟通协调,周密部署安排,认真组织实施。要建立省级司法行政机关公共法律服务管理部门牵头,普法、律师、人民调解等部门共同参与、上下协同的老年人权益维护常态工作机制。要结合实际研究制定具有本地特色的行动实施方案,细化工作措施,增强服务供给,确保取得实效。

(二)强化工作指导。各地司法厅(局)要加强对本地区开展"法律服务 助老护老"行动的工作指导,结合重阳节等传统节日和"敬老月"等活动,组织开展形式多样的老年人公共法律服务。要积极培育本地区老年人公共法律服务示范点,探索可复制可推广的经验。要完善回访机制,对涉老年人切身利益的重点工作进行定期回访,不断提升服务质效。各地民政厅(局)、老龄办要将开展"法律服务 助老护老"行动作为2024年老龄工作重点内容,加强综合协调、组织推进和督促落实。要在"全国敬老文明号"创建和全国敬老爱老助老模范人物等评先评优、表彰奖励时,对老年人公共法律服务工作成效突出的单位和个人予以倾斜。

(三)做好宣传引导。各地司法厅(局)、民政厅(局)、老龄办要及时总结行动进展情况、发现好经验好做法,定期报送工作信息,组织媒体进行多角度、多侧面的宣传报道,适时发布典型案例,展现新时代法律服务行业"助老惠老护老"良好形象、老年人幸福生活美好景象,努力营造全社会尊老、敬老、爱老、助老的良好氛围。

请各地司法厅（局）于9月向司法部公共法律服务管理局报送行动开展情况。

司法部、全国老龄工作委员会办公室关于深入开展老年人法律服务和法律援助工作的通知

（2015年3月11日　司发通〔2015〕29号）

各省、自治区、直辖市司法厅（局）、老龄工作委员会办公室，新疆生产建设兵团司法局、老龄工作委员会办公室：

为深入贯彻党的十八大和十八届三中、四中全会精神，落实《老年人权益保障法》，更好地开展老年人法律服务和法律援助工作，现将有关事项通知如下：

一、充分认识深入开展老年人法律服务和法律援助工作重要意义

近年来，在党中央、国务院和各级党委、政府的高度重视和正确领导下，我国老年人法律服务和法律援助工作取得长足发展，在维护老年人合法权益、维护社会公平正义中发挥了重要作用。当前，我国人口老龄化进程日益加快，空巢化趋势日益明显，老年人利益多元化、诉求多样化的问题更加凸显，老年人在家庭赡养与扶养、社会保障待遇、人身财产权益等领域的法律服务和法律援助需求逐渐增多，维护老年人合法权益已经成为加强老龄工作的一项重要内容。

党的十八大和十八届三中、四中全会对加强老龄工作包括老年人法律服务和法律援助工作作出重要部署。习近平总书记强调指出，尊老敬老是中华民族的传统美德，爱老助老是全社会的共同责任。党中央的决策部署和习近平总书记的重要指示精神对做好老年人法律服务和法律援助工作提出了新的更高的要求。法律服务和法律援助工作者是做好为老服务、维护老年人合法权益的重要力量。引导

律师、公证、基层法律服务工作者和法律援助人员深入开展老年人法律服务和法律援助工作，是适应我国老龄事业发展新形势，应对人口老龄化的重要举措；是依法维护老年人合法权益，满足老年人日益增长的法律服务和法律援助需求的客观需要；是保障和改善民生、维护社会和谐稳定、实现社会公平正义的必然要求；是法律服务和法律援助队伍践行职责使命的生动实践。各级司法行政机关、老龄工作机构要从政治和全局的高度，深刻认识深入开展老年人法律服务和法律援助工作的重要性和必要性，切实增强责任感和使命感，把深入开展老年人法律服务和法律援助工作摆上重要议程，认真组织，扎实推进，确保取得实效。

二、深入开展老年人法律服务和法律援助工作

各级司法行政机关要积极适应老龄事业发展的新形势、新需求，不断拓宽老年人法律服务和法律援助覆盖面，健全服务网络，创新服务方式方法，提升服务水平，切实形成老年人法律服务和法律援助工作新格局。

（一）明确服务重点。各地要结合实际，组织引导广大律师、公证、基层法律服务所、法律援助机构及人员参与涉及老年人合法权益的诉讼、调解、仲裁和法律咨询等活动，着力解决医疗、保险、救助、赡养、婚姻、财产继承和监护等老年人最关心、最直接、最现实的法律问题。要重点关注高龄、空巢、失独、失能半失能、失智及经济困难老年人法律服务和法律援助需求，引导广大法律服务和法律援助工作者带着对老年人的深厚感情，积极做好老年人法律服务和法律援助工作。

（二）加大服务力度。进一步降低老年人法律援助的门槛，把民生领域与老年人权益保护密切相关的事项纳入法律援助范围，使法律援助惠及更多老年人。倡导律师事务所、公证处、基层法律服务所对经济困难但不符合法律援助条件的老年人减免法律服务收费，对无固定生活来源的老年人追索赡养费案件，予以费用减免；对80岁以上的老年人办理遗嘱公证，予以免费。建立和完善各项便老助老措施，引

导广大法律服务和法律援助工作者对老年人,特别是 70 岁以上以及行动不便、患病残疾的老年人实行电话和网上预约、上门服务。对经济困难的老年人提供免费政策咨询、慈善捐助等服务。在老年人法律服务、法律援助接待窗口配备适老用品,或由专人引导和协助,为老年人接受法律服务提供便利。

（三）开展专项活动。今年 10 月要在全国范围内组织开展 1 次为期 1 个月的以法律服务和法律援助为主题的"法治阳光温暖老龄"专项服务活动,努力为老年人提供适应其群体特点、满足其特殊需求的法律服务和法律援助,切实维护老年人合法权益。要搭建服务平台,集中开展服务活动,方便老年人进行法律咨询和寻求法律服务。倡导律师事务所、公证处、基层法律服务所与当地老龄工作机构签订法律服务协议,为老年人提供优质高效的法律服务和法律援助,让老年人从法律服务和法律援助中沐浴法治的阳光,感受社会的公平正义。

（四）建设专门队伍。各地要整合本省（区、市）现有公益法律服务工作者和法律服务资源,统筹规划,协调发展,建设一支正规化、专业化的老年人公益法律服务队伍。要依托律师事务所、公证处、基层法律服务所设立一定数量的老年人公益法律服务中心,每个中心视情况安排律师、公证员、基层法律服务工作者相对集中为老年人提供公益法律服务。要加强老年人公益法律服务队伍的思想政治、业务能力、职业道德和党的建设,定期开展老年人法律服务工作培训,邀请行业专家、学者为老年人公益法律服务工作者授课,不断提升做好老年人法律服务工作的能力。

三、切实加强工作指导

（一）加强组织领导。各级司法行政机关、老龄工作机构要把开展老年人法律服务和法律援助工作作为一项重要民生工程,高度重视,精心组织,周密部署,紧密结合实际,制定具体实施方案,细化工作措施。要围绕开展专项活动,在经费补贴、场地设施等方面加强工作保障,确保工作到位、落实到位、效果到位。

（二）加强沟通协调。各级司法行政机关、老龄工作机构要进一步加强沟通联系，紧密配合，通力协作，建立健全信息交流和定期沟通机制，不断提升服务老龄工作的针对性、实效性，充分发挥法律服务和法律援助在服务老龄工作中的职能作用。

（三）表彰宣传先进典型。要通过深入开展活动，树立和表彰一批为老年人提供法律服务和法律援助的先进典型。要注重发挥模范效应，通过网络、报刊、影视等媒体大力宣传先进事迹优秀典型，大力弘扬为老服务的先进事迹和优良传统，展示法律服务行业的良好精神风貌，推动形成法律服务行业和法律援助服务老龄工作的新面貌、新气象。

各地贯彻本《通知》情况，请及时报司法部和全国老龄办。

2. 业务规范、标准类

关于印发《未成年人法律援助服务指引（试行）》的通知

（2020年9月16日 司公通〔2020〕12号）

各省、自治区、直辖市司法厅（局）公共法律服务管理处（局）、法律援助处（局）法律援助中心，新疆生产建设兵团司法局公共法律服务管理处，各地方律师协会、新疆生产建设兵团律师协会：

现将《未成年人法律援助服务指引（试行）》印发给你们，请结合工作实际认真贯彻落实。试行中遇到的问题，请及时报部局、全国律协。

未成年人法律援助服务指引（试行）

第一章 总 则

第一条 为有效保护未成年人合法权益，加强未成年人法律援助工作，规范未成年人法律援助案件的办理，依据《中华人民共和国民事诉讼法》《中华人民共和国刑事诉讼法》《中华人民共和国未成年人保护法》《法律援助条例》等法律、法规、规范性文件，制定本指引。

第二条 法律援助承办机构及法律援助承办人员办理未成年人法律援助案件，应当遵守《全国民事行政法律援助服务规范》《全国刑事法律援助服务规范》，参考本指引规定的工作原则和办案要求，提高未成年人法律援助案件的办案质量。

第三条 本指引适用于法律援助承办机构、法律援助承办人员办理性侵害未成年人法律援助案件、监护人侵害未成年人权益法律援助案件、学生伤害事故法律援助案件和其他侵害未成年人合法权益的法律援助案件。

其他接受委托办理涉及未成年人案件的律师，可以参照执行。

第四条 未成年人法律援助工作应当坚持最有利于未成年人的原则，遵循给予未成年人特殊、优先保护，尊重未成年人人格尊严，保护未成年人隐私权和个人信息，适应未成年人身心发展的规律和特点，听取未成年人的意见，保护与教育相结合等原则；兼顾未成年犯罪嫌疑人、被告人、被害人权益的双向保护，避免未成年人受到二次伤害，加强跨部门多专业合作，积极寻求相关政府部门、专业机构的支持。

第二章 基 本 要 求

第五条 法律援助机构指派未成年人案件时，应当优先指派熟悉未成年人身心特点、熟悉未成年人法律业务的承办人员。未成年人为女性的性侵害案件，应当优先指派女性承办人员办理。重大社会影响或疑难复杂案件，法律援助机构可以指导、协助法律援助承办人员向办案机关寻求必要支持。有条件的地区，法律援助机构可以建立未成年人法律援助律师团队。

第六条 法律援助承办人员应当在收到指派通知书之日起 5 个

工作日内会见受援未成年人及其法定代理人（监护人）或近亲属并进行以下工作：

（一）了解案件事实经过、司法程序处理背景、争议焦点和诉讼时效、受援未成年人及其法定代理人（监护人）诉求、案件相关证据材料及证据线索等基本情况；

（二）告知其法律援助承办人员的代理、辩护职责、受援未成年人及其法定代理人（监护人）在诉讼中的权利和义务、案件主要诉讼风险及法律后果；

（三）发现未成年人遭受暴力、虐待、遗弃、性侵害等侵害的，可以向公安机关进行报告，同时向法律援助机构报备，可以为其寻求救助庇护和专业帮助提供协助；

（四）制作谈话笔录，并由受援未成年人及其法定代理人（监护人）或近亲属共同签名确认。未成年人无阅读能力或尚不具备理解认知能力的，法律援助承办人员应当向其宣读笔录，由其法定代理人（监护人）或近亲属代签，并在笔录上载明；

（五）会见受援未成年人时，其法定代理人（监护人）或近亲属至少应有一人在场，会见在押未成年人犯罪嫌疑人、被告人除外；会见受援未成年人的法定代理人（监护人）时，如有必要，受援未成年人可以在场。

第七条 法律援助承办人员办理未成年人案件的工作要求：

（一）与未成年人沟通时不得使用批评性、指责性、侮辱性以及有损人格尊严等性质的语言；

（二）会见未成年人，优先选择未成年人住所或者其他让未成年人感到安全的场所；

（三）会见未成年当事人或未成年证人，应当通知其法定代理人（监护人）或者其他成年亲属等合适成年人到场；

（四）保护未成年人隐私权和个人信息，不得公开涉案未成年人和未成年被害人的姓名、影像、住所、就读学校以及其他可能推断、识别身份信息的其他资料信息；

（五）重大、复杂、疑难案件，应当提请律师事务所或法律援助机构集体讨论，提请律师事务所讨论的，应当将讨论结果报告法律援助机构。

第三章 办理性侵害未成年人案件

第八条 性侵害未成年人犯罪，包括刑法第二百三十六条、第二百三十七条、第三百五十八条、第三百五十九条规定的针对未成年人实施的强奸罪，猥亵他人罪，猥亵儿童罪，组织卖淫罪，强迫卖淫罪，引诱、容留、介绍卖淫罪，引诱幼女卖淫罪等案件。

第九条 法律援助承办人员办理性侵害未成年人案件的工作要求：

（一）法律援助承办人员需要询问未成年被害人的，应当采取和缓、科学的询问方式，以一次、全面询问为原则，尽可能避免反复询问。法律援助承办人员可以建议办案机关在办理案件时，推行全程录音录像制度，以保证被害人陈述的完整性、准确性和真实性；

（二）法律援助承办人员应当向未成年被害人及其法定代理人（监护人）释明刑事附带民事诉讼的受案范围，协助未成年被害人提起刑事附带民事诉讼。法律援助承办人员应当根据未成年被害人的诉讼请求，指引、协助未成年被害人准备证据材料；

（三）法律援助承办人员办理性侵害未成年人案件时，应当于庭审前向人民法院确认案件不公开审理。

第十条 法律援助承办人员发现公安机关在处理性侵害未成年人犯罪案件应当立案而不立案的，可以协助未成年被害人及其法定代理人（监护人）向人民检察院申请立案监督或协助向人民法院提起自诉。

第十一条 法律援助承办人员可以建议办案机关对未成年被害人的心理伤害程度进行社会评估，辅以心理辅导、司法救助等措施，修复和弥补未成年被害人身心伤害；发现未成年被害人存在心理、情绪异常的，应当告知其法定代理人（监护人）为其寻求专业心理咨询与疏导。

第十二条 对于低龄被害人、证人的陈述的证据效力，法律援助承办人员可以建议办案机关结合被害人、证人的心智发育程度、表达能力，以及所处年龄段未成年人普遍的表达能力和认知能力进行客观的判断，对待证事实与其年龄、智力状况或者精神健康状况相适应的未成年人陈述、证言，应当建议办案机关依法予以采信，不能轻易否认其证据效力。

第十三条 在未成年被害人、证人确有必要出庭的案件中，法律援助承办人员应当建议人民法院采取必要保护措施，不暴露被害人、证人的外貌、真实声音，有条件的可以采取视频等方式播放被害人的陈述、证人证言，避免未成年被害人、证人与被告人接触。

第十四条 庭审前，法律援助承办人员应当认真做好下列准备工作：

（一）在举证期限内向人民法院提交证据清单及证据，准备证据材料；

（二）向人民法院确认是否存在证人、鉴定人等出庭作证情况，拟定对证人、鉴定人的询问提纲；

（三）向人民法院确认刑事附带民事诉讼被告人是否有证据提交，拟定质证意见；

（四）拟定对证言笔录、鉴定人的鉴定意见、勘验笔录和其他作为证据的文书的质证意见；

（五）准备辩论意见；

（六）向被害人及其法定代理人（监护人）了解是否有和解或调解方案，并充分向被害人及其法定代理人（监护人）进行法律释明后，向人民法院递交方案；

（七）向被害人及其法定代理人（监护人）介绍庭审程序，使其了解庭审程序、庭审布局和有关注意事项。

第十五条 法律援助承办人员办理性侵害未成年人案件，应当了解和审查以下关键事实：

（一）了解和严格审查未成年被害人是否已满十二周岁、十四周岁的关键事实，正确判断犯罪嫌疑人、被告人是否"明知"或者"应当知道"未成年被害人为幼女的相关事实；

（二）了解和审查犯罪嫌疑人、被告人是否属于对未成年被害人负有"特殊职责的人员"；

（三）准确了解性侵害未成年人案发的地点、场所等关键事实，正确判断是否属于"在公共场所当众"性侵害未成年人。

第十六条 办理利用网络对儿童实施猥亵行为的案件时，法律援助承办人员应指导未成年被害人及其法定代理人（监护人）及时收集、固定能够证明行为人出于满足性刺激的目的，利用网络采取诱骗、强迫或者其他方法要求被害人拍摄、传送暴露身体的不雅照片、视频供其观看等相关事实方面的电子数据，并向办案机关报告。

第十七条 性侵害未成年人犯罪具有《关于依法惩治性侵害未成年人犯罪的意见》第 25 条规定的情形之一以及第 26 条第二款规定的情形的，法律援助承办人员应当向人民法院提出依法从重从严惩处的建议。

第十八条 对于犯罪嫌疑人、被告人利用职业便利、违背职业要求的特定义务性侵害未成年人的，法律援助承办人员可以建议人民法院在作出判决时对其宣告从业禁止令。

第十九条 发生在家庭内部的性侵害案件，为确保未成年被害人的安全，法律援助承办人员可以建议办案机关依法对未成年被害人进行紧急安置，避免再次受到侵害。

第二十条 对监护人性侵害未成年人的案件，法律援助承办人员可以建议人民检察院、人民法院向有关部门发出检察建议或司法建议，建议有关部门依法申请撤销监护人资格，为未成年被害人另行指定其他监护人。

第二十一条 发生在学校的性侵害未成年人的案件，在未成年被害人不能正常在原学校就读时，法律援助承办人员可以建议其法定代理人（监护人）向教育主管部门申请为其提供教育帮助或安排转学。

第二十二条 未成年人在学校、幼儿园、教育培训机构等场所遭受性侵害，在依法追究犯罪人员法律责任的同时，法律援助承办人员可以帮助未成年被害人及其法定代理人（监护人）要求上述单位依法承担民事赔偿责任。

第二十三条 从事住宿、餐饮、娱乐等的组织和人员如果没有尽到合理限度范围内的安全保障义务，与未成年被害人遭受性侵害具有因果关系时，法律援助承办人员可以建议未成年被害人及其法定代理人（监护人）向安全保障义务人提起民事诉讼，要求其承担与其过错相应的民事补充赔偿责任。

第二十四条 法律援助承办人员办理性侵害未成年人附带民事诉讼案件，应当配合未成年被害人及其法定代理人（监护人）积极与犯罪嫌疑人、被告人协商、调解民事赔偿，为未成年被害人争取最大限度的民事赔偿。

犯罪嫌疑人、被告人以经济赔偿换取未成年被害人翻供或者撤销案件的，法律援助承办人员应当予以制止，并充分释明法律后果，告知未成年被害人及其法定代理人（监护人）法律风险。未成年被害人及其法定代理人（监护人）接受犯罪嫌疑人、被告人前述条件，法律援助承办人员可以拒绝为其提供法律援助服务，并向法律援助机构报告；法律援助机构核实后应当终止本次法律援助服务。

未成年被害人及其法定代理人（监护人）要求严惩犯罪嫌疑人、被告人，放弃经济赔偿的，法律援助承办人员应当尊重其决定。

第二十五条 未成年被害人及其法定代理人（监护人）提出精神损害赔偿的，法律援助承办人员应当注意收集未成年被害人因遭受性侵害导致精神疾病或者心理伤害的证据，将其精神损害和心理创伤转化为接受治疗、辅导而产生的医疗费用，依法向犯罪嫌疑人、被告人提出赔偿请求。

第二十六条 对未成年被害人因性侵害犯罪造成人身损害，不能及时获得有效赔偿，生活困难的，法律援助承办人员可以帮助未成年被害人及其法定代理人（监护人）、近亲属，依法向办案机关提出司法救助申请。

第四章　办理监护人侵害未成年人权益案件

第二十七条　监护人侵害未成年人权益案件，是指父母或者其他监护人（以下简称监护人）性侵害、出卖、遗弃、虐待、暴力伤害未成年人，教唆、利用未成年人实施违法犯罪行为，胁迫、诱骗、利用未成年人乞讨，以及不履行监护职责严重危害未成年人身心健康等行为。

第二十八条　法律援助承办人员发现监护侵害行为可能构成虐待罪、遗弃罪的，应当告知未成年人及其他监护人、近亲属或村（居）民委员会等有关组织有权告诉或代为告诉。

未成年被害人没有能力告诉，或者因受到强制、威吓无法告诉的，法律援助承办人员应当告知其近亲属或村（居）委员会等有关组织代为告诉或向公安机关报案。

第二十九条　法律援助承办人员发现公安机关处理监护侵害案件应当立案而不立案的，可以协助当事人向人民检察院申请立案监督或协助向人民法院提起自诉。

第三十条　办案过程中，法律援助承办人员发现未成年人身体受到严重伤害、面临严重人身安全威胁或者处于无人照料等危险状态的，应当建议公安机关将其带离实施监护侵害行为的监护人，就近护送至其他监护人、亲属、村（居）民委员会或者未成年人救助保护机构。

第三十一条　监护侵害行为情节较轻，依法不给予治安管理处罚的，法律援助承办人员可以协助未成年人的其他监护人、近亲属要求公安机关对加害人给予批评教育或者出具告诫书。

第三十二条　公安机关将告诫书送交加害人、未成年受害人，以及通知村（居）民委员会后，法律援助承办人员应当建议村（居）民委员会、公安派出所对收到告诫书的加害人，未成年受害人进行查访、监督加害人不再实施家庭暴力。

第三十三条 未成年人遭受监护侵害行为或者面临监护侵害行为的现实危险，法律援助承办人员应当协助其他监护人、近亲属，向未成年人住所地、监护人住所地或者侵害行为地基层人民法院，申请人身安全保护令。

第三十四条 法律援助承办人员应当协助受侵害未成年人搜集公安机关出警记录、告诫书、伤情鉴定意见等证据。

第三十五条 法律援助承办人员代理申请人身安全保护令时，可依法提出如下请求：

（一）禁止被申请人实施家庭暴力；

（二）禁止被申请人骚扰、跟踪、接触申请人及其相关近亲属；

（三）责令被申请人迁出申请人住所；

（四）保护申请人人身安全的其他措施。

第三十六条 人身安全保护令失效前，法律援助承办人员可以根据申请人要求，代理其向人民法院申请撤销、变更或者延长。

第三十七条 发现监护人具有民法典第三十六条、《关于依法处理监护人侵害未成年人权益行为若干问题的意见》第三十五条规定的情形之一的，法律援助承办人员可以建议其他具有监护资格的人、居（村）民委员会、学校、医疗机构、妇联、共青团、未成年人保护组织、民政部门等个人或组织，向未成年人住所地、监护人住所地或者侵害行为地基层人民法院申请撤销原监护人监护资格，依法另行指定监护人。

第三十八条 法律援助承办人员承办申请撤销监护人资格案件，可以协助申请人向人民检察院申请支持起诉。申请支持起诉的，应当向人民检察院提交申请支持起诉书，撤销监护人资格申请书、身份证明材料及案件所有证据材料复印件。

第三十九条 有关个人和组织向人民法院申请撤销监护人资格前，法律援助承办人员应当建议其听取有表达能力的未成年人的意见。

第四十条 法律援助承办人员承办申请撤销监护人资格案件，在接受委托后，应撰写撤销监护人资格申请书。申请书应当包括申请人及被申请人信息、申请事项、事实与理由等内容。

第四十一条 法律援助承办人员办理申请撤销监护人资格的案件，应当向人民法院提交相关证据，并协助社会服务机构递交调查评估报告。该报告应当包含未成年人基本情况，监护存在问题，监护人悔过情况，监护人接受教育、辅导情况，未成年人身心健康状况以及未成年人意愿等内容。

第四十二条 法律援助承办人员根据实际需要可以向人民法院申请聘请适当的社会人士对未成年人进行社会观护，引入心理疏导和测评机制，组织专业社会工作者、儿童心理问题专家等专业人员参与诉讼，为受侵害未成年人和被申请人提供心理辅导和测评服务。

第四十三条 法律援助承办人员应当建议人民法院根据最有利于未成年人的原则，在民法典第二十七条规定的人员和单位中指定监护人。没有依法具有监护资格的人的，建议人民法院依据民法典第三十二条规定指定民政部门担任监护人，也可以指定具备履行监护职责条件的被监护人住所地的村（居）民委员会担任监护人。

第四十四条 法律援助承办人员应当告知现任监护人有权向人民法院提起诉讼，要求被撤销监护人资格的父母继续负担被监护人的抚养费。

第四十五条 判决不撤销监护人资格的，法律援助承办人员根据《关于依法处理监护人侵害未成年人权益行为若干问题的意见》有关要求，可以协助有关个人和部门加强对未成年人的保护和对监护人的监督指导。

第四十六条 具有民法典第三十八条、《关于依法处理监护人侵害未成年人权益行为若干问题的意见》第四十条规定的情形之一的，法律援助承办人员可以向人民法院提出不得判决恢复其监护人资格的建议。

第五章　办理学生伤害事故案件

第四十七条　学生伤害事故案件，是指在学校、幼儿园或其他教育机构（以下简称教育机构）实施的教育教学活动或者组织的校外活动中，以及在教育机构负有管理责任的校舍、场地、其他教育教学设施、生活设施内发生的，造成在校学生人身损害后果的事故。

第四十八条　办理学生伤害事故案件，法律援助承办人员可以就以下事实进行审查：

（一）受侵害未成年人与学校、幼儿园或其他教育机构之间是否存在教育法律关系；

（二）是否存在人身损害结果和经济损失，教育机构、受侵害未成年人或者第三方是否存在过错，教育机构行为与受侵害未成年人损害结果之间是否存在因果关系；

（三）是否超过诉讼时效，是否存在诉讼时效中断、中止或延长的事由。

第四十九条　法律援助承办人员应当根据以下不同情形，告知未成年人及其法定代理人（监护人）相关的责任承担原则：

（一）不满八周岁的无民事行为能力人在教育机构学习、生活期间受到人身损害的，教育机构依据民法典第一千一百九十九条的规定承担过错推定责任；

（二）已满八周岁不满十八周岁的限制民事责任能力人在教育机构学习、生活期间受到人身损害的，教育机构依据民法典第一千二百条的规定承担过错责任；

（三）因教育机构、学生或者其他相关当事人的过错造成的学生伤害事故，相关当事人应当根据其行为过错程度的比例及其与损害结果之间的因果关系承担相应的责任。

第五十条　办理学生伤害事故案件，法律援助承办人员应当调查了解教育机构是否具备办学许可资格，教师或者其他工作人员是否具备职业资格，注意审查和收集能够证明教育机构存在《学生伤害事故处理办法》第九条规定的过错情形的证据。

第五十一条 办理《学生伤害事故处理办法》第十条规定的学生伤害事故案件，法律援助承办人员应当如实告知未成年人及其法定代理人（监护人）可能存在由其承担法律责任的诉讼风险。

第五十二条 办理《学生伤害事故处理办法》第十二条、第十三条规定的学生伤害事故案件，法律援助承办人员应当注意审查和收集教育机构是否已经履行相应职责或行为有无不当。教育机构已经履行相应职责或行为并无不当的，法律援助承办人员应当告知未成年人及其法定代理人（监护人），案件可能存在教育机构不承担责任的诉讼风险。

第五十三条 未成年人在教育机构学习、生活期间，受到教育机构以外的人员人身损害的，法律援助承办人员应当告知未成年人及其法定代理人（监护人）由侵权人承担侵权责任，教育机构未尽到管理职责的，承担相应的补充责任。

第五十四条 办理涉及教育机构侵权案件，法律援助承办人员可以采取以下措施：

（一）关注未成年人的受教育权，发现未成年人因诉讼受到教育机构及教职员工不公正对待的，及时向教育行政主管部门和法律援助机构报告；

（二）根据案情需要，可以和校方协商，或者向教育行政主管部门申请调解，并注意疏导家属情绪，积极参与调解，避免激化矛盾；

（三）可以调查核实教育机构和未成年人各自参保及保险理赔情况。

第五十五条 涉及校园重大安全事故、严重体罚、虐待、学生欺凌、性侵害等可能构成刑事犯罪的案件，法律援助承办人员可以向公安机关报告，或者协助未成年人及其法定代理人（监护人）向公安机关报告，并向法律援助机构报备。

第六章 附 则

第五十六条 本指引由司法部公共法律服务管理局与中华全国律师协会负责解释,自公布之日起试行。

五、社区矫正类

（一）法律法规类

1. 法律类

中华人民共和国社区矫正法

（2019年12月28日第十三届全国人民代表大会常务委员会第十五次会议通过　2019年12月28日中华人民共和国主席令第40号公布　自2020年7月1日起施行）

第一章　总　　则

第一条　为了推进和规范社区矫正工作，保障刑事判决、刑事裁定和暂予监外执行决定的正确执行，提高教育矫正质量，促进社区矫正对象顺利融入社会，预防和减少犯罪，根据宪法，制定本法。

第二条　对被判处管制、宣告缓刑、假释和暂予监外执行的罪犯，依法实行社区矫正。

对社区矫正对象的监督管理、教育帮扶等活动，适用本法。

第三条　社区矫正工作坚持监督管理与教育帮扶相结合，专门机关与社会力量相结合，采取分类管理、个别化矫正，有针对性地消除社区矫正对象可能重新犯罪的因素，帮助其成为守法公民。

第四条　社区矫正对象应当依法接受社区矫正，服从监督管理。

社区矫正工作应当依法进行，尊重和保障人权。社区矫正对象依法享有的人身权利、财产权利和其他权利不受侵犯,在就业、就学和享受社会保障等方面不受歧视。

第五条 国家支持社区矫正机构提高信息化水平,运用现代信息技术开展监督管理和教育帮扶。社区矫正工作相关部门之间依法进行信息共享。

第六条 各级人民政府应当将社区矫正经费列入本级政府预算。

居民委员会、村民委员会和其他社会组织依法协助社区矫正机构开展工作所需的经费应当按照规定列入社区矫正机构本级政府预算。

第七条 对在社区矫正工作中做出突出贡献的组织、个人,按照国家有关规定给予表彰、奖励。

第二章 机构、人员和职责

第八条 国务院司法行政部门主管全国的社区矫正工作。县级以上地方人民政府司法行政部门主管本行政区域内的社区矫正工作。

人民法院、人民检察院、公安机关和其他有关部门依照各自职责,依法做好社区矫正工作。人民检察院依法对社区矫正工作实行法律监督。

地方人民政府根据需要设立社区矫正委员会,负责统筹协调和指导本行政区域内的社区矫正工作。

第九条 县级以上地方人民政府根据需要设置社区矫正机构,负责社区矫正工作的具体实施。社区矫正机构的设置和撤销,由县级以上地方人民政府司法行政部门提出意见,按照规定的权限和程序审批。

司法所根据社区矫正机构的委托,承担社区矫正相关工作。

第十条 社区矫正机构应当配备具有法律等专业知识的专门国家工作人员(以下称社区矫正机构工作人员),履行监督管理、教育帮扶等执法职责。

第十一条 社区矫正机构根据需要,组织具有法律、教育、心理、社会工作等专业知识或者实践经验的社会工作者开展社区矫正相关工作。

第十二条 居民委员会、村民委员会依法协助社区矫正机构做好社区矫正工作。

社区矫正对象的监护人、家庭成员，所在单位或者就读学校应当协助社区矫正机构做好社区矫正工作。

第十三条 国家鼓励、支持企业事业单位、社会组织、志愿者等社会力量依法参与社区矫正工作。

第十四条 社区矫正机构工作人员应当严格遵守宪法和法律，忠于职守，严守纪律，清正廉洁。

第十五条 社区矫正机构工作人员和其他参与社区矫正工作的人员依法开展社区矫正工作，受法律保护。

第十六条 国家推进高素质的社区矫正工作队伍建设。社区矫正机构应当加强对社区矫正工作人员的管理、监督、培训和职业保障，不断提高社区矫正工作的规范化、专业化水平。

第三章 决定和接收

第十七条 社区矫正决定机关判处管制、宣告缓刑、裁定假释、决定或者批准暂予监外执行时应当确定社区矫正执行地。

社区矫正执行地为社区矫正对象的居住地。社区矫正对象在多个地方居住的，可以确定经常居住地为执行地。

社区矫正对象的居住地、经常居住地无法确定或者不适宜执行社区矫正的，社区矫正决定机关应当根据有利于社区矫正对象接受矫正、更好地融入社会的原则，确定执行地。

本法所称社区矫正决定机关，是指依法判处管制、宣告缓刑、裁定假释、决定暂予监外执行的人民法院和依法批准暂予监外执行的监狱管理机关、公安机关。

第十八条 社区矫正决定机关根据需要，可以委托社区矫正机构或者有关社会组织对被告人或者罪犯的社会危险性和对所居住社区的影响，进行调查评估，提出意见，供决定社区矫正时参考。居民委员会、村民委员会等组织应当提供必要的协助。

第十九条　社区矫正决定机关判处管制、宣告缓刑、裁定假释、决定或者批准暂予监外执行，应当按照刑法、刑事诉讼法等法律规定的条件和程序进行。

社区矫正决定机关应当对社区矫正对象进行教育，告知其在社区矫正期间应当遵守的规定以及违反规定的法律后果，责令其按时报到。

第二十条　社区矫正决定机关应当自判决、裁定或者决定生效之日起五日内通知执行地社区矫正机构，并在十日内送达有关法律文书，同时抄送人民检察院和执行地公安机关。社区矫正决定地与执行地不在同一地方的，由执行地社区矫正机构将法律文书转送所在地的人民检察院、公安机关。

第二十一条　人民法院判处管制、宣告缓刑、裁定假释的社区矫正对象，应当自判决、裁定生效之日起十日内到执行地社区矫正机构报到。

人民法院决定暂予监外执行的社区矫正对象，由看守所或者执行取保候审、监视居住的公安机关自收到决定之日起十日内将社区矫正对象移送社区矫正机构。

监狱管理机关、公安机关批准暂予监外执行的社区矫正对象，由监狱或者看守所自收到批准决定之日起十日内将社区矫正对象移送社区矫正机构。

第二十二条　社区矫正机构应当依法接收社区矫正对象，核对法律文书、核实身份、办理接收登记、建立档案，并宣告社区矫正对象的犯罪事实、执行社区矫正的期限以及应当遵守的规定。

第四章　监督管理

第二十三条　社区矫正对象在社区矫正期间应当遵守法律、行政法规，履行判决、裁定、暂予监外执行决定等法律文书确定的义务，遵守国务院司法行政部门关于报告、会客、外出、迁居、保外就医等监督管理规定，服从社区矫正机构的管理。

第二十四条　社区矫正机构应当根据裁判内容和社区矫正对象的性别、年龄、心理特点、健康状况、犯罪原因、犯罪类型、犯罪情节、悔罪表现等情况，制定有针对性的矫正方案，实现分类管理、个别化矫正。矫正方案应当根据社区矫正对象的表现等情况相应调整。

第二十五条　社区矫正机构应当根据社区矫正对象的情况，为其确定矫正小组，负责落实相应的矫正方案。

根据需要，矫正小组可以由司法所、居民委员会、村民委员会的人员，社区矫正对象的监护人、家庭成员，所在单位或者就读学校的人员以及社会工作者、志愿者等组成。社区矫正对象为女性的，矫正小组中应有女性成员。

第二十六条　社区矫正机构应当了解掌握社区矫正对象的活动情况和行为表现。社区矫正机构可以通过通信联络、信息化核查、实地查访等方式核实有关情况，有关单位和个人应当予以配合。

社区矫正机构开展实地查访等工作时，应当保护社区矫正对象的身份信息和个人隐私。

第二十七条　社区矫正对象离开所居住的市、县或者迁居，应当报经社区矫正机构批准。社区矫正机构对于有正当理由的，应当批准；对于因正常工作和生活需要经常性跨市、县活动的，可以根据情况，简化批准程序和方式。

因社区矫正对象迁居等原因需要变更执行地的，社区矫正机构应当按照有关规定作出变更决定。社区矫正机构作出变更决定后，应当通知社区矫正决定机关和变更后的社区矫正机构，并将有关法律文书抄送变更后的社区矫正机构。变更后的社区矫正机构应当将法律文书转送所在地的人民检察院、公安机关。

第二十八条　社区矫正机构根据社区矫正对象的表现，依照有关规定对其实施考核奖惩。社区矫正对象认罪悔罪、遵守法律法规、服从监督管理、接受教育表现突出的，应当给予表扬。社区矫正对象违反法律法规或者监督管理规定的，应当视情节依法给予训诫、警告、提请公安机关予以治安管理处罚，或者依法提请撤销缓刑、撤销假释、对暂予监外执行的收监执行。

对社区矫正对象的考核结果，可以作为认定其是否确有悔改表现或者是否严重违反监督管理规定的依据。

第二十九条　社区矫正对象有下列情形之一的，经县级司法行政部门负责人批准，可以使用电子定位装置，加强监督管理：

（一）违反人民法院禁止令的；

（二）无正当理由，未经批准离开所居住的市、县的；

（三）拒不按照规定报告自己的活动情况，被给予警告的；

（四）违反监督管理规定，被给予治安管理处罚的；

（五）拟提请撤销缓刑、假释或者暂予监外执行收监执行的。

前款规定的使用电子定位装置的期限不得超过三个月。对于不需要继续使用的，应当及时解除；对于期限届满后，经评估仍有必要继续使用的，经过批准，期限可以延长，每次不得超过三个月。

社区矫正机构对通过电子定位装置获得的信息应当严格保密，有关信息只能用于社区矫正工作，不得用于其他用途。

第三十条　社区矫正对象失去联系的，社区矫正机构应当立即组织查找，公安机关等有关单位和人员应当予以配合协助。查找到社区矫正对象后，应当区别情形依法作出处理。

第三十一条　社区矫正机构发现社区矫正对象正在实施违反监督管理规定的行为或者违反人民法院禁止令等违法行为的，应当立即制止；制止无效的，应当立即通知公安机关到场处置。

第三十二条　社区矫正对象有被依法决定拘留、强制隔离戒毒、采取刑事强制措施等限制人身自由情形的，有关机关应当及时通知社区矫正机构。

第三十三条　社区矫正对象符合刑法规定的减刑条件的，社区矫正机构应当向社区矫正执行地的中级以上人民法院提出减刑建议，并将减刑建议书抄送同级人民检察院。

人民法院应当在收到社区矫正机构的减刑建议书后三十日内作出裁定,并将裁定书送达社区矫正机构,同时抄送人民检察院、公安机关。

第三十四条 开展社区矫正工作,应当保障社区矫正对象的合法权益。社区矫正的措施和方法应当避免对社区矫正对象的正常工作和生活造成不必要的影响;非依法律规定,不得限制或者变相限制社区矫正对象的人身自由。

社区矫正对象认为其合法权益受到侵害的,有权向人民检察院或者有关机关申诉、控告和检举。受理机关应当及时办理,并将办理结果告知申诉人、控告人和检举人。

第五章 教育帮扶

第三十五条 县级以上地方人民政府及其有关部门应当通过多种形式为教育帮扶社区矫正对象提供必要的场所和条件,组织动员社会力量参与教育帮扶工作。

有关人民团体应当依法协助社区矫正机构做好教育帮扶工作。

第三十六条 社区矫正机构根据需要,对社区矫正对象进行法治、道德等教育,增强其法治观念,提高其道德素质和悔罪意识。

对社区矫正对象的教育应当根据其个体特征、日常表现等实际情况,充分考虑其工作和生活情况,因人施教。

第三十七条 社区矫正机构可以协调有关部门和单位,依法对就业困难的社区矫正对象开展职业技能培训、就业指导,帮助社区矫正对象中的在校学生完成学业。

第三十八条 居民委员会、村民委员会可以引导志愿者和社区群众,利用社区资源,采取多种形式,对有特殊困难的社区矫正对象进行必要的教育帮扶。

第三十九条 社区矫正对象的监护人、家庭成员,所在单位或者就读学校应当协助社区矫正机构做好对社区矫正对象的教育。

第四十条　社区矫正机构可以通过公开择优购买社区矫正社会工作服务或者其他社会服务,为社区矫正对象在教育、心理辅导、职业技能培训、社会关系改善等方面提供必要的帮扶。

社区矫正机构也可以通过项目委托社会组织等方式开展上述帮扶活动。国家鼓励有经验和资源的社会组织跨地区开展帮扶交流和示范活动。

第四十一条　国家鼓励企业事业单位、社会组织为社区矫正对象提供就业岗位和职业技能培训。招用符合条件的社区矫正对象的企业,按照规定享受国家优惠政策。

第四十二条　社区矫正机构可以根据社区矫正对象的个人特长,组织其参加公益活动,修复社会关系,培养社会责任感。

第四十三条　社区矫正对象可以按照国家有关规定申请社会救助、参加社会保险、获得法律援助,社区矫正机构应当给予必要的协助。

第六章　解除和终止

第四十四条　社区矫正对象矫正期满或者被赦免的,社区矫正机构应当向社区矫正对象发放解除社区矫正证明书,并通知社区矫正决定机关、所在地的人民检察院、公安机关。

第四十五条　社区矫正对象被裁定撤销缓刑、假释,被决定收监执行,或者社区矫正对象死亡的,社区矫正终止。

第四十六条　社区矫正对象具有刑法规定的撤销缓刑、假释情形的,应当由人民法院撤销缓刑、假释。

对于在考验期限内犯新罪或者发现判决宣告以前还有其他罪没有判决的,应当由审理该案件的人民法院撤销缓刑、假释,并书面通知原审人民法院和执行地社区矫正机构。

对于有第二款规定以外的其他需要撤销缓刑、假释情形的,社区矫正机构应当向原审人民法院或者执行地人民法院提出撤销缓刑、假释建议,并将建议书抄送人民检察院。社区矫正机构提出撤销缓刑、假释建议时,应当说明理由,并提供有关证据材料。

第四十七条 被提请撤销缓刑、假释的社区矫正对象可能逃跑或者可能发生社会危险的,社区矫正机构可以在提出撤销缓刑、假释建议的同时,提请人民法院决定对其予以逮捕。

人民法院应当在四十八小时内作出是否逮捕的决定。决定逮捕的,由公安机关执行。逮捕后的羁押期限不得超过三十日。

第四十八条 人民法院应当在收到社区矫正机构撤销缓刑、假释建议书后三十日内作出裁定,将裁定书送达社区矫正机构和公安机关,并抄送人民检察院。

人民法院拟撤销缓刑、假释的,应当听取社区矫正对象的申辩及其委托的律师的意见。

人民法院裁定撤销缓刑、假释的,公安机关应当及时将社区矫正对象送交监狱或者看守所执行。执行以前被逮捕的,羁押一日折抵刑期一日。

人民法院裁定不予撤销缓刑、假释的,对被逮捕的社区矫正对象,公安机关应当立即予以释放。

第四十九条 暂予监外执行的社区矫正对象具有刑事诉讼法规定的应当予以收监情形的,社区矫正机构应当向执行地或者原社区矫正决定机关提出收监执行建议,并将建议书抄送人民检察院。

社区矫正决定机关应当在收到建议书后三十日内作出决定,将决定书送达社区矫正机构和公安机关,并抄送人民检察院。

人民法院、公安机关对暂予监外执行的社区矫正对象决定收监执行的,由公安机关立即将社区矫正对象送交监狱或者看守所收监执行。

监狱管理机关对暂予监外执行的社区矫正对象决定收监执行的,监狱应当立即将社区矫正对象收监执行。

第五十条 被裁定撤销缓刑、假释和被决定收监执行的社区矫正对象逃跑的,由公安机关追捕,社区矫正机构、有关单位和个人予以协助。

第五十一条　社区矫正对象在社区矫正期间死亡的，其监护人、家庭成员应当及时向社区矫正机构报告。社区矫正机构应当及时通知社区矫正决定机关、所在地的人民检察院、公安机关。

第七章　未成年人社区矫正特别规定

第五十二条　社区矫正机构应当根据未成年社区矫正对象的年龄、心理特点、发育需要、成长经历、犯罪原因、家庭监护教育条件等情况，采取针对性的矫正措施。

社区矫正机构为未成年社区矫正对象确定矫正小组，应当吸收熟悉未成年人身心特点的人员参加。

对未成年人的社区矫正，应当与成年人分别进行。

第五十三条　未成年社区矫正对象的监护人应当履行监护责任，承担抚养、管教等义务。

监护人怠于履行监护职责的，社区矫正机构应当督促、教育其履行监护责任。监护人拒不履行监护职责的，通知有关部门依法作出处理。

第五十四条　社区矫正机构工作人员和其他依法参与社区矫正工作的人员对履行职责过程中获得的未成年人身份信息应当予以保密。

除司法机关办案需要或者有关单位根据国家规定查询外，未成年社区矫正对象的档案信息不得提供给任何单位或者个人。依法进行查询的单位，应当对获得的信息予以保密。

第五十五条　对未完成义务教育的未成年社区矫正对象，社区矫正机构应当通知并配合教育部门为其完成义务教育提供条件。未成年社区矫正对象的监护人应当依法保证其按时入学接受并完成义务教育。

年满十六周岁的社区矫正对象有就业意愿的，社区矫正机构可以协调有关部门和单位为其提供职业技能培训，给予就业指导和帮助。

第五十六条 共产主义青年团、妇女联合会、未成年人保护组织应当依法协助社区矫正机构做好未成年人社区矫正工作。

国家鼓励其他未成年人相关社会组织参与未成年人社区矫正工作，依法给予政策支持。

第五十七条 未成年社区矫正对象在复学、升学、就业等方面依法享有与其他未成年人同等的权利，任何单位和个人不得歧视。有歧视行为的，应当由教育、人力资源和社会保障等部门依法作出处理。

第五十八条 未成年社区矫正对象在社区矫正期间年满十八周岁的，继续按照未成年人社区矫正有关规定执行。

第八章　法律责任

第五十九条 社区矫正对象在社区矫正期间有违反监督管理规定行为的，由公安机关依照《中华人民共和国治安管理处罚法》的规定给予处罚；具有撤销缓刑、假释或者暂予监外执行收监情形的，应当依法作出处理。

第六十条 社区矫正对象殴打、威胁、侮辱、骚扰、报复社区矫正机构工作人员和其他依法参与社区矫正工作的人员及其近亲属，构成犯罪的，依法追究刑事责任；尚不构成犯罪的，由公安机关依法给予治安管理处罚。

第六十一条 社区矫正机构工作人员和其他国家工作人员有下列行为之一的，应当给予处分；构成犯罪的，依法追究刑事责任：

（一）利用职务或者工作便利索取、收受贿赂的；

（二）不履行法定职责的；

（三）体罚、虐待社区矫正对象，或者违反法律规定限制或者变相限制社区矫正对象的人身自由的；

（四）泄露社区矫正工作秘密或者其他依法应当保密的信息的；

（五）对依法申诉、控告或者检举的社区矫正对象进行打击报复的；

（六）有其他违纪违法行为的。

第六十二条 人民检察院发现社区矫正工作违反法律规定的，应当依法提出纠正意见、检察建议。有关单位应当将采纳纠正意见、检察建议的情况书面回复人民检察院，没有采纳的应当说明理由。

第九章 附　　则

第六十三条 本法自 2020 年 7 月 1 日起施行。

2. 司法解释类（略）

（二）规范性文件和业务规范、标准类

1. 规范性文件类

最高人民法院、最高人民检察院、公安部、司法部关于印发《中华人民共和国社区矫正法实施办法》的通知

（2020 年 6 月 18 日　司发通〔2020〕59 号）

各省、自治区、直辖市高级人民法院、人民检察院、公安厅（局）、司法厅（局），新疆维吾尔自治区高级人民法院生产建设兵团分院、新疆生产建设兵团人民检察院、公安局、司法局、监狱管理局：

为做好《中华人民共和国社区矫正法》的贯彻实施，进一步推进和规范社区矫正工作，最高人民法院、最高人民检察院、公安部、

司法部对 2012 年 1 月 10 日印发的《社区矫正实施办法》进行了修订，制定了《中华人民共和国社区矫正法实施办法》。现予以印发，请认真贯彻执行。对执行中遇到的问题，请分别及时报告最高人民法院、最高人民检察院、公安部、司法部。

中华人民共和国社区矫正法实施办法

第一条 为了推进和规范社区矫正工作，根据《中华人民共和国刑法》《中华人民共和国刑事诉讼法》《中华人民共和国社区矫正法》等有关法律规定，制定本办法。

第二条 社区矫正工作坚持党的绝对领导，实行党委政府统一领导、司法行政机关组织实施、相关部门密切配合、社会力量广泛参与、检察机关法律监督的领导体制和工作机制。

第三条 地方人民政府根据需要设立社区矫正委员会，负责统筹协调和指导本行政区域内的社区矫正工作。

司法行政机关向社区矫正委员会报告社区矫正工作开展情况，提请社区矫正委员会协调解决社区矫正工作中的问题。

第四条 司法行政机关依法履行以下职责：

（一）主管本行政区域内社区矫正工作；

（二）对本行政区域内设置和撤销社区矫正机构提出意见；

（三）拟定社区矫正工作发展规划和管理制度，监督检查社区矫正法律法规和政策的执行情况；

（四）推动社会力量参与社区矫正工作；

（五）指导支持社区矫正机构提高信息化水平；

（六）对在社区矫正工作中作出突出贡献的组织、个人，按照国家有关规定给予表彰、奖励；

（七）协调推进高素质社区矫正工作队伍建设；

（八）其他依法应当履行的职责。

第五条 人民法院依法履行以下职责：

（一）拟判处管制、宣告缓刑、决定暂予监外执行的，可以委托社区矫正机构或者有关社会组织对被告人或者罪犯的社会危险性和对所居住社区的影响，进行调查评估，提出意见，供决定社区矫正时参考；

（二）对执行机关报请假释的，审查执行机关移送的罪犯假释后对所居住社区影响的调查评估意见；

（三）核实并确定社区矫正执行地；

（四）对被告人或者罪犯依法判处管制、宣告缓刑、裁定假释、决定暂予监外执行；

（五）对社区矫正对象进行教育，及时通知并送达法律文书；

（六）对符合撤销缓刑、撤销假释或者暂予监外执行收监执行条件的社区矫正对象，作出判决、裁定和决定；

（七）对社区矫正机构提请逮捕的，及时作出是否逮捕的决定；

（八）根据社区矫正机构提出的减刑建议作出裁定；

（九）其他依法应当履行的职责。

第六条　人民检察院依法履行以下职责：

（一）对社区矫正决定机关、社区矫正机构或者有关社会组织的调查评估活动实行法律监督；

（二）对社区矫正决定机关判处管制、宣告缓刑、裁定假释、决定或者批准暂予监外执行活动实行法律监督；

（三）对社区矫正法律文书及社区矫正对象交付执行活动实行法律监督；

（四）对监督管理、教育帮扶社区矫正对象的活动实行法律监督；

（五）对变更刑事执行、解除矫正和终止矫正的活动实行法律监督；

（六）受理申诉、控告和举报，维护社区矫正对象的合法权益；

（七）按照刑事诉讼法的规定，在对社区矫正实行法律监督中发现司法工作人员相关职务犯罪，可以立案侦查直接受理的案件；

（八）其他依法应当履行的职责。

第七条 公安机关依法履行以下职责：

（一）对看守所留所服刑罪犯拟暂予监外执行的，可以委托开展调查评估；

（二）对看守所留所服刑罪犯拟暂予监外执行的，核实并确定社区矫正执行地；对符合暂予监外执行条件的，批准暂予监外执行；对符合收监执行条件的，作出收监执行的决定；

（三）对看守所留所服刑罪犯批准暂予监外执行的，进行教育，及时通知并送达法律文书；依法将社区矫正对象交付执行；

（四）对社区矫正对象予以治安管理处罚；到场处置经社区矫正机构制止无效，正在实施违反监督管理规定或者违反人民法院禁止令等违法行为的社区矫正对象；协助社区矫正机构处置突发事件；

（五）协助社区矫正机构查找失去联系的社区矫正对象；执行人民法院作出的逮捕决定；被裁定撤销缓刑、撤销假释和被决定收监执行的社区矫正对象逃跑的，予以追捕；

（六）对裁定撤销缓刑、撤销假释，或者对人民法院、公安机关决定暂予监外执行收监的社区矫正对象，送交看守所或者监狱执行；

（七）执行限制社区矫正对象出境的措施；

（八）其他依法应当履行的职责。

第八条 监狱管理机关以及监狱依法履行以下职责：

（一）对监狱关押罪犯拟提请假释的，应当委托进行调查评估；对监狱关押罪犯拟暂予监外执行的，可以委托进行调查评估；

（二）对监狱关押罪犯拟暂予监外执行的，依法核实并确定社区矫正执行地；对符合暂予监外执行条件的，监狱管理机关作出暂予监外执行决定；

（三）对监狱关押罪犯批准暂予监外执行的，进行教育，及时通知并送达法律文书；依法将社区矫正对象交付执行；

（四）监狱管理机关对暂予监外执行罪犯决定收监执行的，原服刑或者接收其档案的监狱应当立即将罪犯收监执行；

（五）其他依法应当履行的职责。

第九条 社区矫正机构是县级以上地方人民政府根据需要设置的，负责社区矫正工作具体实施的执行机关。社区矫正机构依法履行以下职责：

（一）接受委托进行调查评估，提出评估意见；

（二）接收社区矫正对象，核对法律文书、核实身份、办理接收登记，建立档案；

（三）组织入矫和解矫宣告，办理入矫和解矫手续；

（四）建立矫正小组、组织矫正小组开展工作，制定和落实矫正方案；

（五）对社区矫正对象进行监督管理，实施考核奖惩；审批会客、外出、变更执行地等事项；了解掌握社区矫正对象的活动情况和行为表现；组织查找失去联系的社区矫正对象，查找后依情形作出处理；

（六）提出治安管理处罚建议，提出减刑、撤销缓刑、撤销假释、收监执行等变更刑事执行建议，依法提请逮捕；

（七）对社区矫正对象进行教育帮扶，开展法治道德等教育，协调有关方面开展职业技能培训、就业指导，组织公益活动等事项；

（八）向有关机关通报社区矫正对象情况，送达法律文书；

（九）对社区矫正工作人员开展管理、监督、培训，落实职业保障；

（十）其他依法应当履行的职责。

设置和撤销社区矫正机构，由县级以上地方人民政府司法行政部门提出意见，按照规定的权限和程序审批。社区矫正日常工作由县级社区矫正机构具体承担；未设置县级社区矫正机构的，由上一级社区矫正机构具体承担。省、市两级社区矫正机构主要负责监督指导、跨区域执法的组织协调以及与同级社区矫正决定机关对接的案件办理工作。

第十条 司法所根据社区矫正机构的委托，承担社区矫正相关工作。

第十一条 社区矫正机构依法加强信息化建设，运用现代信息技术开展监督管理和教育帮扶。

社区矫正工作相关部门之间依法进行信息共享，人民法院、人民检察院、公安机关、司法行政机关依法建立完善社区矫正信息交换平台，实现业务协同、互联互通，运用现代信息技术及时准确传输交换有关法律文书，根据需要实时查询社区矫正对象交付接收、监督管理、教育帮扶、脱离监管、被治安管理处罚、被采取强制措施、变更刑事执行、办理再犯罪案件等情况，共享社区矫正工作动态信息，提高社区矫正信息化水平。

第十二条 对拟适用社区矫正的，社区矫正决定机关应当核实社区矫正对象的居住地。社区矫正对象在多个地方居住的，可以确定经常居住地为执行地。没有居住地，居住地、经常居住地无法确定或者不适宜执行社区矫正的，应当根据有利于社区矫正对象接受矫正、更好地融入社会的原则，确定社区矫正执行地。被确定为执行地的社区矫正机构应当及时接收。

社区矫正对象的居住地是指其实际居住的县（市、区）。社区矫正对象的经常居住地是指其经常居住的，有固定住所、固定生活来源的县（市、区）。

社区矫正对象应如实提供其居住、户籍等情况，并提供必要的证明材料。

第十三条 社区矫正决定机关对拟适用社区矫正的被告人、罪犯，需要调查其社会危险性和对所居住社区影响的，可以委托拟确定为执行地的社区矫正机构或者有关社会组织进行调查评估。社区矫正机构或者有关社会组织收到委托文书后应当及时通知执行地县级人民检察院。

第十四条 社区矫正机构、有关社会组织接受委托后，应当对被告人或者罪犯的居所情况、家庭和社会关系、犯罪行为的后果和影响、居住地村（居）民委员会和被害人意见、拟禁止的事项、社会危险性、对所居住社区的影响等情况进行调查了解，形成调查评估意见，与相关材料一起提交委托机关。调查评估时，相关单位、部门、村（居）民委员会等组织、个人应当依法为调查评估提供必要的协助。

社区矫正机构、有关社会组织应当自收到调查评估委托函及所附材料之日起十个工作日内完成调查评估，提交评估意见。对于适用刑事案件速裁程序的，应当在五个工作日内完成调查评估，提交评估意见。评估意见同时抄送执行地县级人民检察院。需要延长调查评估时限的，社区矫正机构、有关社会组织应当与委托机关协商，并在协商确定的期限内完成调查评估。因被告人或者罪犯的姓名、居住地不真实、身份不明等原因，社区矫正机构、有关社会组织无法进行调查评估的，应当及时向委托机关说明情况。社区矫正决定机关对调查评估意见的采信情况，应当在相关法律文书中说明。

对调查评估意见以及调查中涉及的国家秘密、商业秘密、个人隐私等信息，应当保密，不得泄露。

第十五条　社区矫正决定机关应当对社区矫正对象进行教育，书面告知其到执行地县级社区矫正机构报到的时间期限以及逾期报到或者未报到的后果，责令其按时报到。

第十六条　社区矫正决定机关应当自判决、裁定或者决定生效之日起五日内通知执行地县级社区矫正机构，并在十日内将判决书、裁定书、决定书、执行通知书等法律文书送达执行地县级社区矫正机构，同时抄送人民检察院。收到法律文书后，社区矫正机构应当在五日内送达回执。

社区矫正对象前来报到时，执行地县级社区矫正机构未收到法律文书或者法律文书不齐全，应当先记录在案，为其办理登记接收手续，并通知社区矫正决定机关在五日内送达或者补齐法律文书。

第十七条　被判处管制、宣告缓刑、裁定假释的社区矫正对象到执行地县级社区矫正机构报到时，社区矫正机构应当核对法律文书、核实身份，办理登记接收手续。对社区矫正对象存在因行动不便、自行报到确有困难等特殊情况的，社区矫正机构可以派员到其居住地等场所办理登记接收手续。

暂予监外执行的社区矫正对象，由公安机关、监狱或者看守所依法移送至执行地县级社区矫正机构，办理交付接收手续。罪犯原服刑地与居住地不在同一省、自治区、直辖市，需要回居住地暂予监外执行的，原服刑地的省级以上监狱管理机关或者设区的市一级以上公安机关应当书面通知罪犯居住地的监狱管理机关、公安机关，由其指定一所监狱、看守所接收社区矫正对象档案，负责办理其收监、刑满释放等手续。对看守所留所服刑罪犯暂予监外执行，原服刑地与居住地在同一省、自治区、直辖市的，可以不移交档案。

第十八条　执行地县级社区矫正机构接收社区矫正对象后，应当建立社区矫正档案，包括以下内容：

（一）适用社区矫正的法律文书；

（二）接收、监管审批、奖惩、收监执行、解除矫正、终止矫正等有关社区矫正执行活动的法律文书；

（三）进行社区矫正的工作记录；

（四）社区矫正对象接受社区矫正的其他相关材料。

接受委托对社区矫正对象进行日常管理的司法所应当建立工作档案。

第十九条　执行地县级社区矫正机构、受委托的司法所应当为社区矫正对象确定矫正小组，与矫正小组签订矫正责任书，明确矫正小组成员的责任和义务，负责落实矫正方案。

矫正小组主要开展下列工作：

（一）按照矫正方案，开展个案矫正工作；

（二）督促社区矫正对象遵纪守法，遵守社区矫正规定；

（三）参与对社区矫正对象的考核评议和教育活动；

（四）对社区矫正对象走访谈话，了解其思想、工作和生活情况，及时向社区矫正机构或者司法所报告；

（五）协助对社区矫正对象进行监督管理和教育帮扶；

（六）协助社区矫正机构或者司法所开展其他工作。

第二十条 执行地县级社区矫正机构接收社区矫正对象后，应当组织或者委托司法所组织入矫宣告。

入矫宣告包括以下内容：

（一）判决书、裁定书、决定书、执行通知书等有关法律文书的主要内容；

（二）社区矫正期限；

（三）社区矫正对象应当遵守的规定、被剥夺或者限制行使的权利、被禁止的事项以及违反规定的法律后果；

（四）社区矫正对象依法享有的权利；

（五）矫正小组人员组成及职责；

（六）其他有关事项。

宣告由社区矫正机构或者司法所的工作人员主持，矫正小组成员及其他相关人员到场，按照规定程序进行。宣告后，社区矫正对象应当在书面材料上签字，确认已经了解所宣告的内容。

第二十一条 社区矫正机构应当根据社区矫正对象被判处管制、宣告缓刑、假释和暂予监外执行的不同裁判内容和犯罪类型、矫正阶段、再犯罪风险等情况，进行综合评估，划分不同类别，实施分类管理。

社区矫正机构应当把社区矫正对象的考核结果和奖惩情况作为分类管理的依据。

社区矫正机构对不同类别的社区矫正对象，在矫正措施和方法上应当有所区别，有针对性地开展监督管理和教育帮扶工作。

第二十二条 执行地县级社区矫正机构、受委托的司法所要根据社区矫正对象的性别、年龄、心理特点、健康状况、犯罪原因、悔罪表现等具体情况，制定矫正方案，有针对性地消除社区矫正对象可能重新犯罪的因素，帮助其成为守法公民。

矫正方案应当包括社区矫正对象基本情况、对社区矫正对象的综合评估结果、对社区矫正对象的心理状态和其他特殊情况的分析、拟采取的监督管理、教育帮扶措施等内容。

矫正方案应当根据分类管理的要求、实施效果以及社区矫正对象的表现等情况，相应调整。

第二十三条　执行地县级社区矫正机构、受委托的司法所应当根据社区矫正对象的个人生活、工作及所处社区的实际情况，有针对性地采取通信联络、信息化核查、实地查访等措施，了解掌握社区矫正对象的活动情况和行为表现。

第二十四条　社区矫正对象应当按照有关规定和社区矫正机构的要求，定期报告遵纪守法、接受监督管理、参加教育学习、公益活动和社会活动等情况。发生居所变化、工作变动、家庭重大变故以及接触对其矫正可能产生不利影响人员等情况时，应当及时报告。被宣告禁止令的社区矫正对象应当定期报告遵守禁止令的情况。

暂予监外执行的社区矫正对象应当每个月报告本人身体情况。保外就医的，应当到省级人民政府指定的医院检查，每三个月向执行地县级社区矫正机构、受委托的司法所提交病情复查情况。执行地县级社区矫正机构根据社区矫正对象的病情及保证人等情况，可以调整报告身体情况和提交复查情况的期限。延长一个月至三个月以下的，报上一级社区矫正机构批准；延长三个月以上的，逐级上报省级社区矫正机构批准。批准延长的，执行地县级社区矫正机构应当及时通报同级人民检察院。

社区矫正机构根据工作需要，可以协调对暂予监外执行的社区矫正对象进行病情诊断、妊娠检查或者生活不能自理的鉴别。

第二十五条　未经执行地县级社区矫正机构批准，社区矫正对象不得接触其犯罪案件中的被害人、控告人、举报人，不得接触同案犯等可能诱发其再犯罪的人。

第二十六条　社区矫正对象未经批准不得离开所居住市、县。确有正当理由需要离开的，应当经执行地县级社区矫正机构或者受委托的司法所批准。

社区矫正对象外出的正当理由是指就医、就学、参与诉讼、处理家庭或者工作重要事务等。

前款规定的市是指直辖市的城市市区、设区的市的城市市区和县级市的辖区。在设区的同一市内跨区活动的，不属于离开所居住的市、县。

第二十七条 社区矫正对象确需离开所居住的市、县的，一般应当提前三日提交书面申请，并如实提供诊断证明、单位证明、入学证明、法律文书等材料。

申请外出时间在七日内的，经执行地县级社区矫正机构委托，可以由司法所批准，并报执行地县级社区矫正机构备案；超过七日的，由执行地县级社区矫正机构批准。执行地县级社区矫正机构每次批准外出的时间不超过三十日。

因特殊情况确需外出超过三十日的，或者两个月内外出时间累计超过三十日的，应报上一级社区矫正机构审批。上一级社区矫正机构批准社区矫正对象外出的，执行地县级社区矫正机构应当及时通报同级人民检察院。

第二十八条 在社区矫正对象外出期间，执行地县级社区矫正机构、受委托的司法所应当通过电话通讯、实时视频等方式实施监督管理。

执行地县级社区矫正机构根据需要，可以协商外出目的地社区矫正机构协助监督管理，并要求社区矫正对象在到达和离开时向当地社区矫正机构报告，接受监督管理。外出目的地社区矫正机构在社区矫正对象报告后，可以通过电话通讯、实地查访等方式协助监督管理。

社区矫正对象应在外出期限届满前返回居住地，并向执行地县级社区矫正机构或者司法所报告，办理手续。因特殊原因无法按期返回的，应及时向社区矫正机构或者司法所报告情况。发现社区矫正对象违反外出管理规定的，社区矫正机构应当责令其立即返回，并视情节依法予以处理。

第二十九条 社区矫正对象确因正常工作和生活需要经常性跨

市、县活动的，应当由本人提出书面申请，写明理由、经常性去往市县名称、时间、频次等，同时提供相应证明，由执行地县级社区矫正机构批准，批准一次的有效期为六个月。在批准的期限内，社区矫正对象到批准市、县活动的，可以通过电话、微信等方式报告活动情况。到期后，社区矫正对象仍需要经常性跨市、县活动的，应当重新提出申请。

第三十条　社区矫正对象因工作、居所变化等原因需要变更执行地的，一般应当提前一个月提出书面申请，并提供相应证明材料，由受委托的司法所签署意见后报执行地县级社区矫正机构审批。

执行地县级社区矫正机构收到申请后，应当在五日内书面征求新执行地县级社区矫正机构的意见。新执行地县级社区矫正机构接到征求意见函后，应当在五日内核实有关情况，作出是否同意接收的意见并书面回复。执行地县级社区矫正机构根据回复意见，作出决定。执行地县级社区矫正机构对新执行地县级社区矫正机构的回复意见有异议的，可以报上一级社区矫正机构协调解决。

经审核，执行地县级社区矫正机构不同意变更执行地的，应在决定作出之日起五日内告知社区矫正对象。同意变更执行地的，应对社区矫正对象进行教育，书面告知其到新执行地县级社区矫正机构报到的时间期限以及逾期报到或者未报到的后果，责令其按时报到。

第三十一条　同意变更执行地的，原执行地县级社区矫正机构应当在作出决定之日起五日内，将有关法律文书和档案材料移交新执行地县级社区矫正机构，并将有关法律文书抄送社区矫正决定机关和原执行地县级人民检察院、公安机关。新执行地县级社区矫正机构收到法律文书和档案材料后，在五日内送达回执，并将有关法律文书抄送所在地县级人民检察院、公安机关。

同意变更执行地的，社区矫正对象应当自收到变更执行地决定之日起七日内，到新执行地县级社区矫正机构报到。新执行地县级社区矫正机构应当核实身份、办理登记接收手续。发现社区矫正对象未按规定时间报到的,新执行地县级社区矫正机构应当立即通知原执行地县级社区矫正机构,由原执行地县级社区矫正机构组织查找。未及时办理交付接收,造成社区矫正对象脱管漏管的,原执行地社区矫正机构会同新执行地社区矫正机构妥善处置。

对公安机关、监狱管理机关批准暂予监外执行的社区矫正对象变更执行地的,公安机关、监狱管理机关在收到社区矫正机构送达的法律文书后,应与新执行地同级公安机关、监狱管理机关办理交接。新执行地的公安机关、监狱管理机关应指定一所看守所、监狱接收社区矫正对象档案,负责办理其收监、刑满释放等手续。看守所、监狱在接收档案之日起五日内,应当将有关情况通报新执行地县级社区矫正机构。对公安机关批准暂予监外执行的社区矫正对象在同一省、自治区、直辖市变更执行地的,可以不移交档案。

第三十二条 社区矫正机构应当根据有关法律法规、部门规章和其他规范性文件,建立内容全面、程序合理、易于操作的社区矫正对象考核奖惩制度。

社区矫正机构、受委托的司法所应当根据社区矫正对象认罪悔罪、遵守有关规定、服从监督管理、接受教育等情况,定期对其考核。对于符合表扬条件、具备训诫、警告情形的社区矫正对象,经执行地县级社区矫正机构决定,可以给予其相应奖励或者处罚,作出书面决定。对于涉嫌违反治安管理行为的社区矫正对象,执行地县级社区矫正机构可以向同级公安机关提出建议。社区矫正机构奖励或者处罚的书面决定应当抄送人民检察院。

社区矫正对象的考核结果与奖惩应当书面通知其本人,定期公示,记入档案,做到准确及时、公开公平。社区矫正对象对考核奖惩提出异议的,执行地县级社区矫正机构应当及时处理,并将处理结果告知社区矫正对象。社区矫正对象对处理结果仍有异议的,可以向人民检察院提出。

第三十三条 社区矫正对象认罪悔罪、遵守法律法规、服从监督管理、接受教育表现突出的,应当给予表扬。

社区矫正对象接受社区矫正六个月以上并且同时符合下列条件的，执行地县级社区矫正机构可以给予表扬：

（一）服从人民法院判决，认罪悔罪；

（二）遵守法律法规；

（三）遵守关于报告、会客、外出、迁居等规定，服从社区矫正机构的管理；

（四）积极参加教育学习等活动，接受教育矫正的。

社区矫正对象接受社区矫正期间，有见义勇为、抢险救灾等突出表现，或者帮助他人、服务社会等突出事迹的，执行地县级社区矫正机构可以给予表扬。对于符合法定减刑条件的，由执行地县级社区矫正机构依照本办法第四十二条的规定，提出减刑建议。

第三十四条　社区矫正对象具有下列情形之一的，执行地县级社区矫正机构应当给予训诫：

（一）不按规定时间报到或者接受社区矫正期间脱离监管，未超过十日的；

（二）违反关于报告、会客、外出、迁居等规定，情节轻微的；

（三）不按规定参加教育学习等活动，经教育仍不改正的；

（四）其他违反监督管理规定，情节轻微的。

第三十五条　社区矫正对象具有下列情形之一的，执行地县级社区矫正机构应当给予警告：

（一）违反人民法院禁止令，情节轻微的；

（二）不按规定时间报到或者接受社区矫正期间脱离监管，超过十日的；

（三）违反关于报告、会客、外出、迁居等规定，情节较重的；

（四）保外就医的社区矫正对象无正当理由不按时提交病情复查情况，经教育仍不改正的；

（五）受到社区矫正机构两次训诫，仍不改正的；

（六）其他违反监督管理规定，情节较重的。

第三十六条　社区矫正对象违反监督管理规定或者人民法院禁

止令，依法应予治安管理处罚的，执行地县级社区矫正机构应当及时提请同级公安机关依法给予处罚，并向执行地同级人民检察院抄送治安管理处罚建议书副本，及时通知处理结果。

第三十七条 电子定位装置是指运用卫星等定位技术，能对社区矫正对象进行定位等监管，并具有防拆、防爆、防水等性能的专门的电子设备，如电子定位腕带等，但不包括手机等设备。

对社区矫正对象采取电子定位装置进行监督管理的，应当告知社区矫正对象监管的期限、要求以及违反监管规定的后果。

第三十八条 发现社区矫正对象失去联系的，社区矫正机构应当立即组织查找，可以采取通信联络、信息化核查、实地查访等方式查找，查找时要做好记录，固定证据。查找不到的，社区矫正机构应当及时通知公安机关，公安机关应当协助查找。社区矫正机构应当及时将组织查找的情况通报人民检察院。

查找到社区矫正对象后，社区矫正机构应当根据其脱离监管的情形，给予相应处置。虽能查找到社区矫正对象下落但其拒绝接受监督管理的，社区矫正机构应当视情节依法提请公安机关予以治安管理处罚，或者依法提请撤销缓刑、撤销假释、对暂予监外执行的收监执行。

第三十九条 社区矫正机构根据执行禁止令的需要，可以协调有关的部门、单位、场所、个人协助配合执行禁止令。

对禁止令确定需经批准才能进入的特定区域或者场所，社区矫正对象确需进入的，应当经执行地县级社区矫正机构批准，并通知原审人民法院和执行地县级人民检察院。

第四十条 发现社区矫正对象有违反监督管理规定或者人民法院禁止令等违法情形的，执行地县级社区矫正机构应当调查核实情况，收集有关证据材料，提出处理意见。

社区矫正机构发现社区矫正对象有撤销缓刑、撤销假释或者暂予监外执行收监执行的法定情形的，应当组织开展调查取证工作，依法向社区矫正决定机关提出撤销缓刑、撤销假释或者暂予监外执行收监执行建议,并将建议书抄送同级人民检察院。

第四十一条　社区矫正对象被依法决定行政拘留、司法拘留、强制隔离戒毒等或者因涉嫌犯新罪、发现判决宣告前还有其他罪没有判决被采取强制措施的,决定机关应当自作出决定之日起三日内将有关情况通知执行地县级社区矫正机构和执行地县级人民检察院。

第四十二条　社区矫正对象符合法定减刑条件的,由执行地县级社区矫正机构提出减刑建议书并附相关证据材料,报经地(市)社区矫正机构审核同意后,由地(市)社区矫正机构提请执行地的中级人民法院裁定。

依法应由高级人民法院裁定的减刑案件,由执行地县级社区矫正机构提出减刑建议书并附相关证据材料,逐级上报省级社区矫正机构审核同意后,由省级社区矫正机构提请执行地的高级人民法院裁定。

人民法院应当自收到减刑建议书和相关证据材料之日起三十日内依法裁定。

社区矫正机构减刑建议书和人民法院减刑裁定书副本,应当同时抄送社区矫正执行地同级人民检察院、公安机关及罪犯原服刑或者接收其档案的监狱。

第四十三条　社区矫正机构、受委托的司法所应当充分利用地方人民政府及其有关部门提供的教育帮扶场所和有关条件,按照因人施教的原则,有针对性地对社区矫正对象开展教育矫正活动。

社区矫正机构、司法所应当根据社区矫正对象的矫正阶段、犯罪类型、现实表现等实际情况,对其实施分类教育;应当结合社区矫正对象的个体特征、日常表现等具体情况,进行个别教育。

社区矫正机构、司法所根据需要可以采用集中教育、网上培训、实地参观等多种形式开展集体教育;组织社区矫正对象参加法治、道德等方面的教育活动;根据社区矫正对象的心理健康状况,对其开展心理健康教育、实施心理辅导。

社区矫正机构、司法所可以通过公开择优购买服务或者委托社会组织执行项目等方式,对社区矫正对象开展教育活动。

第四十四条 执行地县级社区矫正机构、受委托的司法所按照符合社会公共利益的原则,可以根据社区矫正对象的劳动能力、健康状况等情况,组织社区矫正对象参加公益活动。

第四十五条 执行地县级社区矫正机构、受委托的司法所依法协调有关部门和单位,根据职责分工,对遇到暂时生活困难的社区矫正对象提供临时救助;对就业困难的社区矫正对象提供职业技能培训和就业指导;帮助符合条件的社区矫正对象落实社会保障措施;协助在就学、法律援助等方面遇到困难的社区矫正对象解决问题。

第四十六条 社区矫正对象在缓刑考验期内,有下列情形之一的,由执行地同级社区矫正机构提出撤销缓刑建议:

(一)违反禁止令,情节严重的;

(二)无正当理由不按规定时间报到或者接受社区矫正期间脱离监管,超过一个月的;

(三)因违反监督管理规定受到治安管理处罚,仍不改正的;

(四)受到社区矫正机构两次警告,仍不改正的;

(五)其他违反有关法律、行政法规和监督管理规定,情节严重的情形。

社区矫正机构一般向原审人民法院提出撤销缓刑建议。如果原审人民法院与执行地同级社区矫正机构不在同一省、自治区、直辖市的,可以向执行地人民法院提出建议,执行地人民法院作出裁定的,裁定书同时抄送原审人民法院。

社区矫正机构撤销缓刑建议书和人民法院的裁定书副本同时抄送社区矫正执行地同级人民检察院。

第四十七条 社区矫正对象在假释考验期内,有下列情形之一的,由执行地同级社区矫正机构提出撤销假释建议:

(一)无正当理由不按规定时间报到或者接受社区矫正期间脱离监管,超过一个月的;

(二)受到社区矫正机构两次警告,仍不改正的;

（三）其他违反有关法律、行政法规和监督管理规定，尚未构成新的犯罪的。

社区矫正机构一般向原审人民法院提出撤销假释建议。如果原审人民法院与执行地同级社区矫正机构不在同一省、自治区、直辖市的，可以向执行地人民法院提出建议，执行地人民法院作出裁定的，裁定书同时抄送原审人民法院。

社区矫正机构撤销假释的建议书和人民法院的裁定书副本同时抄送社区矫正执行地同级人民检察院、公安机关、罪犯原服刑或者接收其档案的监狱。

第四十八条 被提请撤销缓刑、撤销假释的社区矫正对象具备下列情形之一的，社区矫正机构在提出撤销缓刑、撤销假释建议书的同时，提请人民法院决定对其予以逮捕：

（一）可能逃跑的；

（二）具有危害国家安全、公共安全、社会秩序或者他人人身安全现实危险的；

（三）可能对被害人、举报人、控告人或者社区矫正机构工作人员等实施报复行为的；

（四）可能实施新的犯罪的。

社区矫正机构提请人民法院决定逮捕社区矫正对象时，应当提供相应证据，移送人民法院审查决定。

社区矫正机构提请逮捕、人民法院作出是否逮捕决定的法律文书，应当同时抄送执行地县级人民检察院。

第四十九条 暂予监外执行的社区矫正对象有下列情形之一的，由执行地县级社区矫正机构提出收监执行建议：

（一）不符合暂予监外执行条件的；

（二）未经社区矫正机构批准擅自离开居住的市、县，经警告拒不改正，或者拒不报告行踪，脱离监管的；

（三）因违反监督管理规定受到治安管理处罚，仍不改正的；

（四）受到社区矫正机构两次警告的；

（五）保外就医期间不按规定提交病情复查情况，经警告拒不改正的；

（六）暂予监外执行的情形消失后，刑期未满的；

（七）保证人丧失保证条件或者因不履行义务被取消保证人资格，不能在规定期限内提出新的保证人的；

（八）其他违反有关法律、行政法规和监督管理规定，情节严重的情形。

社区矫正机构一般向执行地社区矫正决定机关提出收监执行建议。如果原社区矫正决定机关与执行地县级社区矫正机构在同一省、自治区、直辖市的，可以向原社区矫正决定机关提出建议。

社区矫正机构的收监执行建议书和决定机关的决定书，应当同时抄送执行地县级人民检察院。

第五十条 人民法院裁定撤销缓刑、撤销假释或者决定暂予监外执行收监执行的，由执行地县级公安机关本着就近、便利、安全的原则，送交社区矫正对象执行地所属的省、自治区、直辖市管辖范围内的看守所或者监狱执行刑罚。

公安机关决定暂予监外执行收监执行的，由执行地县级公安机关送交存放或者接收罪犯档案的看守所收监执行。

监狱管理机关决定暂予监外执行收监执行的，由存放或者接收罪犯档案的监狱收监执行。

第五十一条 撤销缓刑、撤销假释的裁定和收监执行的决定生效后，社区矫正对象下落不明的，应当认定为在逃。

被裁定撤销缓刑、撤销假释和被决定收监执行的社区矫正对象在逃的，由执行地县级公安机关负责追捕。撤销缓刑、撤销假释裁定书和对暂予监外执行罪犯收监执行决定书，可以作为公安机关追逃依据。

第五十二条 社区矫正机构应当建立突发事件处置机制，发现社区矫正对象非正常死亡、涉嫌实施犯罪、参与群体性事件的，应当立即与公安机关等有关部门协调联动、妥善处置，并将有关情况及时报告上一级社区矫正机构，同时通报执行地人民检察院。

第五十三条　社区矫正对象矫正期限届满，且在社区矫正期间没有应当撤销缓刑、撤销假释或者暂予监外执行收监执行情形的，社区矫正机构依法办理解除矫正手续。

社区矫正对象一般应当在社区矫正期满三十日前，作出个人总结，执行地县级社区矫正机构应当根据其在接受社区矫正期间的表现等情况作出书面鉴定，与安置帮教工作部门做好衔接工作。

执行地县级社区矫正机构应当向社区矫正对象发放解除社区矫正证明书，并书面通知社区矫正决定机关，同时抄送执行地县级人民检察院和公安机关。

公安机关、监狱管理机关决定暂予监外执行的社区矫正对象刑期届满的，由看守所、监狱依法为其办理刑满释放手续。

社区矫正对象被赦免的，社区矫正机构应当向社区矫正对象发放解除社区矫正证明书，依法办理解除矫正手续。

第五十四条　社区矫正对象矫正期满，执行地县级社区矫正机构或者受委托的司法所可以组织解除矫正宣告。

解矫宣告包括以下内容：

（一）宣读对社区矫正对象的鉴定意见；

（二）宣布社区矫正期限届满，依法解除社区矫正；

（三）对判处管制的，宣布执行期满，解除管制；对宣告缓刑的，宣布缓刑考验期满，原判刑罚不再执行；对裁定假释的，宣布考验期满，原判刑罚执行完毕。

宣告由社区矫正机构或者司法所工作人员主持，矫正小组成员及其他相关人员到场，按照规定程序进行。

第五十五条　社区矫正机构、受委托的司法所应当根据未成年社区矫正对象的年龄、心理特点、发育需要、成长经历、犯罪原因、家庭监护教育条件等情况，制定适应未成年人特点的矫正方案，采取有益于其身心健康发展、融入正常社会生活的矫正措施。

社区矫正机构、司法所对未成年社区矫正对象的相关信息应当保密。对未成年社区矫正对象的考核奖惩和宣告不公开进行。对未成年社区矫正对象进行宣告或者处罚时，应通知其监护人到场。

社区矫正机构、司法所应当选任熟悉未成年人身心特点，具有法律、教育、心理等专业知识的人员负责未成年人社区矫正工作，并通过加强培训、管理，提高专业化水平。

第五十六条 社区矫正工作人员的人身安全和职业尊严受法律保护。

对任何干涉社区矫正工作人员执法的行为，社区矫正工作人员有权拒绝，并按照规定如实记录和报告。对于侵犯社区矫正工作人员权利的行为，社区矫正工作人员有权提出控告。

社区矫正工作人员因依法履行职责遭受不实举报、诬告陷害、侮辱诽谤，致使名誉受到损害的，有关部门或者个人应当及时澄清事实，消除不良影响，并依法追究相关单位或者个人的责任。

对社区矫正工作人员追究法律责任，应当根据其行为的危害程度、造成的后果、以及责任大小予以确定，实事求是，过罚相当。社区矫正工作人员依法履职的，不能仅因社区矫正对象再犯罪而追究其法律责任。

第五十七条 有关单位对人民检察院的书面纠正意见在规定的期限内没有回复纠正情况的，人民检察院应当督促回复。经督促被监督单位仍不回复或者没有正当理由不纠正的，人民检察院应当向上一级人民检察院报告。

有关单位对人民检察院的检察建议在规定的期限内经督促无正当理由不予整改或者整改不到位的，检察机关可以将相关情况报告上级人民检察院，通报被建议单位的上级机关、行政主管部门或者行业自律组织等，必要时可以报告同级党委、人大，通报同级政府、纪检监察机关。

第五十八条 本办法所称"以上""内"，包括本数；"以下""超过"，不包括本数。

第五十九条 本办法自 2020 年 7 月 1 日起施行。最高人民法院、最高人民检察院、公安部、司法部2012年1月10日印发的《社区矫正实施办法》（司发通〔2012〕12号）同时废止。

最高人民法院、最高人民检察院、公安部、国家安全部、司法部、国家卫生健康委关于印发《关于进一步规范暂予监外执行工作的意见》的通知

（2023年5月28日　司发通〔2023〕24号）

各省、自治区、直辖市高级人民法院、人民检察院、公安厅（局）、国家安全厅（局）、司法厅（局）、卫生健康委，新疆维吾尔自治区高级人民法院生产建设兵团分院、新疆生产建设兵团人民检察院、公安局、国家安全局、司法局、监狱管理局、卫生健康委：

为认真贯彻党中央关于完善刑罚执行制度的部署要求，确保依法准确适用暂予监外执行，最高人民法院、最高人民检察院、公安部、国家安全部、司法部、国家卫生健康委共同制定了《关于进一步规范暂予监外执行工作的意见》。现印发给你们，请认真贯彻执行。

关于进一步规范暂予监外执行工作的意见

为进一步依法准确适用暂予监外执行，确保严格规范公正文明执法，根据《中华人民共和国刑事诉讼法》《中华人民共和国监狱法》《中华人民共和国社区矫正法》等有关法律和《暂予监外执行规定》，结合工作实际，提出如下意见：

一、进一步准确把握相关诊断检查鉴别标准

1.《暂予监外执行规定》中的"短期内有生命危险"，是指罪犯所患疾病病情危重，有临床生命体征改变，并经临床诊断和评估后确有短期内发生死亡可能的情形。诊断医院在《罪犯病情诊断书》

注明"短期内有死亡风险"或者明确出具病危通知书，视为"短期内有生命危险"。临床上把某种疾病评估为"具有发生猝死的可能"一般不作为"短期内有生命危险"的情形加以使用。

罪犯就诊的医疗机构七日内出具的病危通知书可以作为诊断医院出具《罪犯病情诊断书》的依据。

2.《保外就医严重疾病范围》中的"久治不愈"是指所有范围内疾病均应有规范治疗过程，仍然不能治愈或好转者，才符合《保外就医严重疾病范围》医学条件。除《保外就医严重疾病范围》明确规定需经规范治疗的情形外，"久治不愈"是指经门诊治疗和/或住院治疗并经临床评估后仍病情恶化或未见好转的情形。在诊断过程中，经评估确认短期内有生命危险，即符合保外就医医学条件。

3.《保外就医严重疾病范围》关于"严重功能障碍"中的"严重"，一般对应临床上实质脏器（心、肺、肝、肾、脑、胰腺等）功能障碍"中度及以上的"的分级标准。

4.《保外就医严重疾病范围》关于患精神疾病罪犯"无服刑能力"的评估，应当以法医精神病司法鉴定意见为依据。精神疾病的发作和控制、是否为反复发作，应当以省级人民政府指定医院的诊断结果为依据。

5.《暂予监外执行规定》中"生活不能自理"的鉴别参照《劳动能力鉴定 职工工伤与职业病致残等级（GB/T 16180-2014）》执行。进食、翻身、大小便、穿衣洗漱、自主行动等五项日常生活行为中有三项需要他人协助才能完成，且经过六个月以上治疗、护理和观察，自理能力不能恢复的，可以认定为生活不能自理。六十五周岁以上的罪犯，上述五项日常生活行为有一项需要他人协助才能完成即可视为生活不能自理。

二、进一步规范病情诊断和妊娠检查

6. 暂予监外执行病情诊断和妊娠检查应当在省级人民政府指定的医院进行，病情诊断由两名具有副高以上专业技术职称的医师负责，妊娠检查由两名具有中级以上专业技术职称的医师负责。

罪犯被送交监狱执行刑罚前，人民法院决定暂予监外执行的，组织诊断工作由人民法院负责。

7. 医院应当在收到人民法院、公安机关、监狱管理机关、监狱委托书后五个工作日内组织医师进行诊断检查，并在二十个工作日内完成并出具《罪犯病情诊断书》。对于罪犯病情严重必须立即保外就医的，受委托医院应当在三日内完成诊断并出具《罪犯病情诊断书》。

8. 医师应当认真查看医疗文件，亲自诊查病人，进行合议并出具意见，填写《罪犯病情诊断书》或《罪犯妊娠检查书》，并附三个月内的客观诊断依据。《罪犯病情诊断书》《罪犯妊娠检查书》由两名负责诊断检查的医师签名，并经主管业务院长审核签名后，加盖诊断医院公章。

《罪犯病情诊断书》或《罪犯妊娠检查书》应当包括罪犯基本情况、医学检查情况、诊断检查意见等内容，诊断依据应当包括疾病诊断结果、疾病严重程度评估等。罪犯病情诊断意见关于病情的表述应当符合《保外就医严重疾病范围》相应条款。

《罪犯病情诊断书》自出具之日起三个月内可以作为人民法院、公安机关、监狱管理机关决定或批准暂予监外执行的依据。超过三个月的，人民法院、公安机关、监狱应当委托医院重新进行病情诊断，并出具《罪犯病情诊断书》。

9. 医师对诊断检查意见有分歧的，应当在《罪犯病情诊断书》或《罪犯妊娠检查书》中写明分歧内容和理由，分别签名或者盖章。因意见分歧无法作出一致结论的，人民法院、公安机关、监狱应当委托其他同等级或者以上等级的省级人民政府指定的医院重新组织诊断检查。

10. 在暂予监外执行工作中，司法工作人员或者参与诊断检查的医师与罪犯有近亲属关系或者其他利害关系的应当回避。

三、进一步严格决定批准审查和收监执行审查

11. 人民法院、公安机关、监狱管理机关决定或批准暂予监外执行时，采取书面审查方式进行。审查过程中，遇到涉及病情诊断、妊娠检查或生活不能自理鉴别意见专业疑难问题时，可以委托法医技术人员或省级人民政府指定医院具有副高以上职称的医师审核并出具意见，审核意见作为是否暂予监外执行的参考。

12. 对于病情严重适用立即保外就医程序的，公安机关、监狱管理机关应当在罪犯保外就医后三个工作日内召开暂予监外执行评审委员会予以确认。

13. 对在公示期间收到不同意见，或者在社会上有重大影响、社会关注度高的罪犯，或者其他有听证审查必要的，监狱、看守所提请暂予监外执行，人民法院、公安机关、监狱管理机关决定或批准暂予监外执行，可以组织听证。听证意见作为是否提请或批准、决定暂予监外执行的参考。

听证时，应当通知罪犯、其他申请人、公示期间提出不同意见的人等有关人员参加。人民法院、公安机关、监狱管理机关、监狱或者看守所组织听证，还应当通知同级人民检察院派员参加。

人民检察院经审查认为需要以听证方式办理暂予监外执行案件和收监执行监督案件的，人民法院、公安机关、监狱管理机关、监狱或者看守所应当予以协同配合提供支持。

14. 人民法院、人民检察院、公安机关、监狱管理机关审查社区矫正机构收监执行的建议，一般采取书面审查方式，根据工作需要也可以组织核查。社区矫正机构应当同时提交罪犯符合收监情形、有不计入执行刑期情形等相关证明材料，在《收监执行建议书》中注明并提出明确意见。人民法院、公安机关、监狱管理机关经审查认为符合收监情形的，应当出具收监执行决定书，送社区矫正机构并抄送同级人民检察院；不符合收监情形的，应当作出不予收监执行决定书并抄送同级人民检察院。公安机关、监狱应当在收到收监执行决定书之日起三日内将罪犯收监执行。

对于人民法院、公安机关、监狱管理机关经审查认为需要补充材料并向社区矫正机构提出的，社区矫正机构应当在十五个工作日内补充完成。

15. 对暂予监外执行期间因犯新罪或者发现判决宣告以前还有其

他罪没有判决，被侦查机关采取强制措施的罪犯，社区矫正机构接到侦查机关通知后，应当通知罪犯原服刑或接收其档案的监狱、看守所。对被判处监禁刑罚的，应当由原服刑的监狱、看守所收监执行；原服刑的监狱、看守所与接收其档案的监狱、看守所不一致的，应当由接收其档案的监狱、看守所收监执行。对没有被判处监禁刑罚，社区矫正机构认为符合收监情形的，应当提出收监执行建议，并抄送执行地县级人民检察院。

16. 对不符合暂予监外执行条件的罪犯通过贿赂等非法手段被暂予监外执行的，应当由原暂予监外执行决定或批准机关作出收监执行的决定并抄送同级人民检察院，将罪犯收监执行。罪犯收监执行后，监狱或者看守所应当向所在地中级人民法院提出不计入执行刑期的建议书。人民法院应当自收到建议书之日起一个月内依法对罪犯的刑期重新计算作出裁定。

人民检察院发现不符合暂予监外执行条件的罪犯通过贿赂等非法手段被暂予监外执行的，应当向原暂予监外执行决定或批准机关提出纠正意见并附相关材料。原暂予监外执行决定或批准机关应当重新进行核查，并将相关情况反馈人民检察院。

原暂予监外执行决定或批准机关作出收监执行的决定后，对刑期已经届满的，罪犯原服刑或接收其档案的监狱或者看守所应当向所在地中级人民法院提出不计入执行刑期的建议书，人民法院审核裁定后，应当将罪犯收监执行。人民法院决定收监执行的，应当一并作出重新计算刑期的裁定，通知执行地公安机关将罪犯送交原服刑或接收其档案的监狱或者看守所收监执行。罪犯收监执行后应当继续执行的刑期自收监之日起计算。

被决定收监执行的罪犯在逃的，由罪犯社区矫正执行地县级公安机关负责追捕。原暂予监外执行决定或批准机关作出的收监执行决定可以作为公安机关追逃依据。

四、进一步强化全过程监督制约

17. 人民检察院应当对暂予监外执行进行全程法律监督。罪犯病情诊断、妊娠检查前，人民法院、监狱、看守所应当将罪犯信息、时间和地点至少提前一个工作日向人民检察院通报。对具有"短期内有生命危险"情形的应当立即通报。人民检察院可以派员现场监督诊断检查活动。

人民法院、公安机关、监狱应当在收到病情诊断意见、妊娠检查结果后三个工作日内将《罪犯病情诊断书》或者《罪犯妊娠检查书》及诊断检查依据抄送人民检察院。

人民检察院可以依法向有关单位和人员调查核实情况，调阅复制案卷材料，并可以参照本意见第6至11条重新组织对被告人、罪犯进行诊断、检查或者鉴别等。

18. 人民法院、公安机关、监狱管理机关、监狱、看守所、社区矫正机构要依法接受检察机关的法律监督，认真听取检察机关的意见、建议。

19. 人民法院、人民检察院、公安机关、监狱管理机关、监狱、看守所应当邀请人大代表、政协委员或者有关方面代表作为监督员对暂予监外执行工作进行监督。

20. 人民法院、公安机关、监狱管理机关办理暂予监外执行案件，除病情严重必须立即保外就医的，应当在立案或收到监狱、看守所提请暂予监外执行建议后五个工作日内将罪犯基本情况、原判认定的罪名和刑期、申请或者启动暂予监外执行的事由，以及病情诊断、妊娠检查、生活不能自理鉴别的结果向社会公示。依法不予公开的案件除外。

公示应当载明提出意见的方式，期限为三日。对提出异议的，人民法院、公安机关、监狱管理机关应当在调查核实后五个工作日内予以回复。

21. 人民法院、公安机关、监狱管理机关应当在决定或批准之日起十个工作日内，将暂予监外执行决定书在互联网公开。对在看守所、监狱羁押或服刑的罪犯，因病情严重适用立即保外就医程序的，应当在批准之日起三个工作日内在看守所、监狱进行为期五日的公告。

22. 各省、自治区、直辖市高级人民法院、人民检察院、公安厅（局）、司法厅（局）、卫生健康委应当共同建立暂予监外执行诊断检查医院名录，并在省级人民政府指定的医院相关文件中及时向社会公布并定期更新。

23. 罪犯暂予监外执行决定书有下列情形之一的，不予公开：

（一）涉及国家秘密的；

（二）未成年人犯罪的；

（三）人民法院、公安机关、监狱管理机关认为不宜公开的其他情形。

人民法院、公安机关、监狱管理机关、监狱应当对拟公开的暂予监外执行决定书中涉及罪犯家庭住址、身份证号码等个人隐私的信息作技术处理，但应当载明暂予监外执行的情形。

五、进一步加强社区矫正衔接配合和监督管理

24. 社区矫正机构应当加强与人民法院、人民检察院、公安机关、监狱管理机关以及存放或者接收罪犯档案的监狱、看守所的衔接配合，建立完善常态化联系机制。需要对社区矫正对象采取限制出境措施的，应当按有关规定办理。

25. 社区矫正机构应当加强暂予监外执行罪犯定期身体情况报告监督和记录，对保外就医的，每三个月审查病情复查情况，并根据需要向人民法院、人民检察院、公安机关、监狱管理机关，存放或者接收罪犯档案的监狱、看守所反馈。对属于患严重疾病、久治不愈的，社区矫正机构可以结合具保情况、家庭状况、经济条件等，延长罪犯复查期限，并通报执行地县级人民检察院。

26. 社区矫正机构根据工作需要，组织病情诊断、妊娠检查或者生活不能自理的鉴别，应当通报执行地县级人民检察院，并可以邀请人民法院、人民检察院、公安机关、监狱管理机关、监狱、看守所参加。人民法院、人民检察院、公安机关、监狱管理机关、监狱、看守所依法配合社区矫正工作。

27. 社区矫正工作中，对暂予监外执行罪犯组织病情诊断、妊娠检查或者生活不能自理的鉴别应当参照本意见第 6 至 11 条执行。

六、进一步严格工作责任

28. 暂予监外执行组织诊断检查、决定批准和执行工作，实行"谁承办谁负责、谁主管谁负责、谁签字谁负责"的办案责任制。

29. 在暂予监外执行工作中，司法工作人员或者从事病情诊断检查等工作的相关人员有玩忽职守、徇私舞弊等行为的，一律依法依纪追究责任；构成犯罪的，依法追究刑事责任。在案件办理中，发现司法工作人员相关职务犯罪线索的，及时移送检察机关。

30. 在暂予监外执行工作中，司法工作人员或者从事病情诊断检查等工作的相关人员依法履行职责，没有故意或重大过失，不能仅以罪犯死亡、丧失暂予监外执行条件、违反监督管理规定或者重新犯罪而被追究责任。

31. 国家安全机关办理危害国家安全的刑事案件，涉及暂予监外执行工作的，适用本意见。

32. 本意见自 2023 年 7 月 1 日起施行。此前有关规定与本意见不一致的，以本意见为准。

2. 业务规范、标准类

社区矫正术语（SF/T 0055—2019）

（2019 年 9 月 30 日）

前　　言

本标准按照 GB/T 1.1—2009 给出的规则起草。

请注意本文件的某些内容可能涉及专利。本文件的发布机构不承担识别这些专利的责任。

本标准由中华人民共和国司法部提出。

本标准由司法部信息中心归口。

本标准起草单位：司法部社区矫正管理局、上海市社区矫正管理局。

本标准主要起草人：姜爱东、刘晔、郭健、肖运出、钟蕾、田航军、乔明强、符佳华。

社区矫正术语

1 范围

本标准规定了社区矫正领域常用的基础术语、业务术语、统计与评价指标术语、信息化术语和社区矫正相关机构与装备简称。

本标准适用于社区矫正业务管理与应用以及社区矫正信息化相关系统的规划、设计、建设与运维。

2 基础术语

2.1

社区矫正 community-corrections

将符合法定条件的罪犯置于社区内，由社区矫正机构在有关部门、社会组织和志愿者的协助下，在判决、裁定或决定确定的期限内，矫正其犯罪心理和行为恶习的非监禁刑罚执行活动。

注：引自 2012 年 3 月 1 日实施的最高人民法院、最高人民检察院、公安部、司法部《社区矫正实施办法》第三条。

2.2

社区矫正决定机关 community-corrections ruling authority

依法判处罪犯管制、宣告缓刑、裁定假释和决定暂予监外执行的人民法院和依法批准罪犯暂予监外执行的监狱管理机关、公安机关。

2.3

社区矫正机构 community-corrections institution

刑事诉讼法规定的社区矫正的执行机关。

注：社区矫正机构由县级以上地方人民政府根据需要设置。

2.4

社区矫正委员会 community-corrections committee

矫委会 correction committee

由乡镇以上地方人民政府依法设立，负责组织、协调和指导本行政区域内社区矫正工作的议事协调机构。

2.5

社区矫正中心 community-corrections center

社矫中心 correction center

社区矫正机构根据工作需要，为组织实施社区矫正各项工作而建立的承担监督管理、教育矫正、适应性帮扶、应急处置等功能的专门执法场所和工作平台。

2.6

社区矫正对象 community-corrections subject

社矫对象 subject

被判处管制、宣告缓刑、假释或者暂予监外执行的罪犯。

2.7

未成年社区矫正对象 juvenile community-corrections subject

未成年对象 juvenile

犯罪时不满十八周岁的社区矫正对象。

2.8

重点社区矫正对象 community-corrections key subject

经评估需要重点监管的社区矫正对象。

2.9

社区矫正机构工作人员 community-corrections institution staff

社矫工作人员 institution staff

具备法律等专业知识，履行监督管理等执法职责，专职从事社区矫正工作的国家工作人员。

2.10

社区矫正社会工作者 community-corrections social worker

社工 social worker

具有社会工作专业知识和技能,在社区矫正机构组织下,协助开展社区矫正工作的人员。

2.11

社区矫正志愿者 community-corrections volunteer

志愿者 volunteer

具有一定专业技能,在社区矫正机构组织下,自愿为社区矫正工作开展提供无偿服务的社会人员。

3 业务术语

3.1

居住地 place of residence

社区矫正对象固定、合法的住所所在地的县(市、区、旗)。

3.2

执行地 place of enforcement

由社区矫正决定机关核实并确定的社区矫正对象的居住地。

3.3

居住地核实 residency verification

根据社区矫正决定机关的委托,社区矫正机构对被告人或者罪犯的居住地进行实地核实确认,提交委托机关的活动。

3.4

调查评估 investigation and evaluation

根据社区矫正决定机关的委托,社区矫正机构对被告人或者罪犯的社会危险性和对所居住社区的影响进行调查,形成评估报告提交委托机关的执法活动。

3.5

社区矫正接收 community-corrections reception

社区矫正机构依据生效的法律文书对社区矫正对象开展的核对

法律文书、核实身份、办理接收登记和建立档案等一系列的执法活动。

3.6

入矫宣告 community-corrections reception announcement

社区矫正机构接收社区矫正对象后,在一定范围内宣告社区矫正对象的犯罪事实、执行社区矫正的期限以及应遵守的规定的执法活动。

3.7

解矫宣告 community-corrections discharge announcement

社区矫正机构在社区矫正对象矫正期满时,依法公开宣告解除社区矫正的执法活动。

3.8

执行地变更 change of residence

社区矫正对象因居所变化,经社区矫正机构批准发生的所居住地的变更。

3.9

矫正方案 correction plan

社区矫正机构根据社区矫正对象性别、年龄、犯罪情况、被判处的刑罚种类、悔罪表现、个性特征和生活环境等情况进行综合评估,制定的有针对性的监督管理和教育帮扶的方案。

3.10

矫正小组 community-corrections group

社区矫正机构为社区矫正对象确定的负责落实社区矫正措施的专门小组。

3.11

社区矫正执行档案 community-corrections enforcement archive

社区矫正对象适用社区矫正法律文书以及接收、监管审批、奖惩、收监执行和解除矫正等有关社区矫正执行活动的文书档案。

3.12

社区矫正工作档案 community-corrections work archive

社区矫正机构及矫正小组进行社区矫正的工作记录,社区矫正对象接受社区矫正的相关材料等。

3.13

报告 report

社区矫正对象定期或不定期向社区矫正机构反映其遵纪守法、接受监督管理、以及工作学习生活等情况的活动。

3.14

外出 leave of absence

经社区矫正机构批准同意社区矫正对象在规定时间离开并返回执行地的活动。

3.15

电子定位监管 supervision with electronic positioning system

借助电子设备,采用电子定位技术,掌握限制社区矫正对象的活动范围、加强监督管理的措施。

3.16

分类管理 hierarchical management

社区矫正机构根据社区矫正对象性别、年龄、犯罪情况、被判处的刑罚种类和悔罪表现等情况实行的分类差别化管理。

3.17

个别教育 individual education

社区矫正机构工作人员遵循分类管理和分别教育的原则,根据社区矫正对象的个体特点,采取针对性措施,矫正其不良心理及行为的教育矫正活动。

3.18

集中教育 centralized education

社区矫正机构组织社区矫正对象开展的集体教育矫正活动。

3.19

社区服务 community service

由社区矫正机构组织或认可，由有劳动能力的社区矫正对象向社会、社区及特定机构和个人提供公益性或补偿性的劳动或服务。

3.20

心理矫正 psychological correction

依据心理学的原理与技术，综合运用心理健康教育、心理测量与评估、心理咨询与疏导、心理危机干预及心理疾病转介等方法和手段，了解社区矫正对象的心理问题，帮助其调整改善不良认知，消除心理障碍，减少负面情绪，增强适应社会能力，提高教育矫正质量和效果的矫正措施。

3.21

社会适应性帮扶 adaptive support

各级社区矫正机构协调有关部门、社会组织和社会力量，帮助有困难和需求的社区矫正对象实现就业就学、获得社会救助和落实基本社会保障等，促进社区矫正对象顺利融入社会的各种帮扶活动。

3.22

再犯罪风险评估 risk evaluation of recidivism

根据社区矫正对象基本情况、现实行为表现及思想变化等主客观因素，对其再犯罪的可能性、危险性进行的一种评价活动。

3.23

再犯罪原因评估 factors of recidivism evaluation

对社区矫正对象在社区矫正期间再犯罪的主客观原因进行的分析和评估。

注：再犯罪原因评估为改进监督管理和教育帮扶措施服务。

3.24

脱管 disengaged from supervision

社区矫正对象在社区矫正期间脱离执行地社区矫正机构的监督管理，导致下落不明或者虽能查找到其下落但拒绝接受监督管理的情形。

3.25

漏管 oversight in supervision

人民法院、公安机关、司法行政机关在社区矫正对象交付接收工作中衔接脱节，或者社区矫正对象逃避监管、未按规定时间期限报到，造成没有及时执行社区矫正的情形。

3.26

社区矫正突发案（事）件 community-corrections emergency incident

社区矫正对象发生重大安全事故、参与重大群体性事件、发生重大刑事案件，造成恶劣社会影响或严重后果，需要采取紧急处置措施予以应对的案（事）件。

3.27

先行拘留 detention in advance

被提请撤销缓刑、假释的社区矫正对象具有法定情形，社区矫正机构依法提请人民法院对其作出拘留决定，并由法院通知公安机关执行的执法活动。

3.28

撤销缓刑 probation revocation

被宣告缓刑的社区矫正对象，在社区矫正期内，因违反法律、行政法规或者国务院有关部门关于缓刑的监督管理规定，或者违反法院判决中的禁止令情节严重，被人民法院依法撤销缓刑，执行原判刑罚的决定。

3.29

撤销假释 parole revocation

被裁定假释的社区矫正对象，在社区矫正期内，因违反法律、行政法规或者国务院有关部门关于假释的监督管理规定的行为，被人民法院依法撤销假释，收监执行原判刑罚未执行完毕的刑罚的决定。

3.30

暂予监外执行收监执行 revocation of execution outside the prison

收监执行 revocation of execution

暂予监外执行的社区矫正对象,发现不符合暂予监外执行条件的;严重违反有关暂予监外执行监督管理规定的;暂予监外执行的情形消失后,罪犯刑期未满的,被依法押送至监狱或看守所关押的活动。

3.31

社区矫正终止 termination of community-corrections

社区矫正对象被收监执行的,因犯新罪或者被发现在判决宣告以前还有其他罪没有判决而被判处刑罚的,或者社区矫正对象死亡等情形下,终结社区矫正的执法活动。

4 统计与评价指标术语

4.1

列管社区矫正对象人数 number of community-corrections subjects being supervised

列管人数 number of subjects being supervised

上个期间末在册社区矫正对象数量与本期间内新接收的社区矫正对象人数之和。

4.2

调查评估率 survey evaluation rate

在一个期间内,新接收社区矫正对象中开展过调查评估的人数占新接收社区矫正对象的比率。

4.3

电子监管率 electronic supervision rate

某一个时间节点,对在册社区矫正对象进行电子定位监管的人数占在册社区矫正对象数的比率。

4.4

警告率 warning rate

一个期间内,受到警告的社区矫正对象人次与列管人数的比率。

4.5

收监执行率 imprisonment and execution rate

一个期间内,社区矫正对象收监人数与列管人数的比率。

4.6

脱管率 disengaged from supervision rate

某一个时间节点,社区矫正对象脱管人数占在册社区矫正对象数的比率。

4.7

再犯罪率 recidivism rate

一个期间内,社区矫正对象再犯罪人数与列管人数的比率。

4.8

社区矫正小组配比率 community-corrections team ratio

一个期间内,为社区矫正对象确定专门的矫正小组数与在册社区矫正对象总数的比率。

4.9

教育矫正率 educational correction rate

一个期间内,社区矫正对象受到教育矫正总人次与列管人数的比率。

4.10

社会适应性帮扶率 social adaptive assistance rate

一个期间内,社区矫正对象受到帮扶的总人次与列管人数的比率。

4.11

社区矫正机构工作人员配比率 community-corrections staff ratio

在一个期间内,专职从事社区矫正的省、市、县国家工作人员数与在册社区矫正对象数的比率。

4.12

社区矫正社会工作者配比率 community-corrections social worker ratio

在一个期间内,参与社区矫正工作的专职社会工作者数与在册社区矫正对象数的比率。

4.13

社区矫正社会志愿者配比率 community-corrections social volunteer ratio

在一个期间内,参与社区矫正工作的社会志愿者数与在册社区矫正对象数的比率。

5 信息化术语

5.1

智慧矫正 smart community-corrections

将信息技术与社区矫正工作深度融合再造,实现人力、设备和信息等资源有效整合与优化配置,构建集自动化数据采集与共享、精准化大数据分析与研判、智能化管理决策与指挥调度等功能为一体的全流程智能化社区矫正信息化体系。

5.2

社区矫正一体化平台 community-corrections integrated information platform

纵向贯通部、省、市、县、乡五级,横向联通法院、检察院、公安和相关部门,融合大数据分析、人工智能、**移动互联和物联网**等技术,集成社区矫正各项智慧化融合应用,具备社区矫正全业务、全流程和全时段智能化统一运作管理功能的业务应用集成。

5.3

社区矫正数据中心 community-corrections data center

用于安置承载社区矫正业务数据、社区矫正对象相关数据以及法院、检察院和公安等相关部门数据的计算机系统及相关部件的设施。

注:社区矫正数据中心在符合相关规范的建筑场所中部署,或在部省级司法行政数据中心部署。

5.4

社区矫正指挥中心 community-corrections command center

集社区矫正中心监控、司法所监控、移动监控、电子定位监控和视频点名五位于一体，具备视频监控、指挥调度、视频点名、工作督察、智能分析和预测预警功能，对社区矫正工作进行综合应急指挥处置的平台。

5.5

社区矫正定位管理系统 positioning system of community-corrections subjects

运用计算机技术、地理信息技术、移动定位技术、通信技术和网络技术，实现对社区矫正对象的位置监控及管理，为社区矫正工作提供决策依据的信息系统。

5.6

社区矫正电子定位终端 community-corrections electronic positioning terminal

定位终端 positioning terminal

依托移动通信网络，具备定位等功能的社区矫正专用电子终端。

注：电子定位终端包括电子定位腕带、手机等。

5.7

社区矫正移动执法终端 community-corrections portable law enforcement terminal

移动执法终端 portable law enforcement terminal

为社区矫正机构工作人员配置的便携式、可移动的执法终端。

注：社区矫正移动执法终端实现移动执法管理，具备移动执法监管、音视频录音录像、人脸抓拍采集、移动无线图像传输、语音通信、社区矫正电子定位终端信息获取、生物特征获取、身份证读取及校验和扩展摄像等功能。

5.8

社区矫正移动执法车 community-corrections enforcement vehicle

社矫执法车 enforcement vehicle

在开放区域的条件下，依托移动通讯、GIS 和监控等技术，用于社区矫正日常业务和应急指挥调度的专业技术车辆。

5.9

自助矫正终端 self-service correcting terminal

具备身份证读取，声纹、人脸、指纹采集和比对，身份核验，报到登记，信息采集等与社区矫正一体化平台集成应用的一体机。

5.10

矫务通 mobile application for community-corrections institution staff

由社区矫正机构工作人员使用，用于社区矫正工作的移动应用。

5.11

协矫通 mobile application for community-corrections social staff

由参与社区矫正工作的社会工作者使用，用于协助开展社区矫正工作的移动应用。

5.12

在矫通 mobile application for subject of community-corrections

由社区矫正对象使用，用于接受社区矫正的移动应用。

6 社区矫正相关机构与装备简称

社区矫正相关机构与装备简称见表 1。

表 1 社区矫正相关机构与装备简称

序号	中文名称	中文名称简称	英文名称	英文名称简称
1	司法部社区矫正管理局	部社矫局	community-corrections administration of the ministry of justice	corrections administration

续表

序号	中文名称	中文名称简称	英文名称	英文名称简称
2	省（自治区、直辖市）社区矫正管理局	省(区、市)社矫局	provincial (autonomous region, direct-controlled municipality) community-corrections administration	provincial (autonomous region, direct-controlled municipality) correction administration
3	市（州、盟、地区）社区矫正管理局	市(州、盟、地区)社矫局	municipal(prefecture, league, regional) community-corrections administration	municipal (prefecture, league, regional) correction administration
4	县（市、区、旗）社区矫正管理局	县(市、区、旗)社矫局	county (municipal, district, banner) community-corrections administration	county (municipal, district, banner) correction administration
5	社区矫正执法总队	社矫总队	community-corrections law enforcement general command	law enforcement general command
6	社区矫正执法支队	社矫支队	community-corrections law enforcement command	law enforcement command
7	社区矫正执法大队	社矫大队	community-corrections law enforcement unit	law enforcement unit
8	社区矫正执法中队	社矫中队	community-corrections law enforcement squad	law enforcement squad
9	社区矫正移动执法终端、社区矫正电子定位终端、自助矫正终端、社区矫正移动执法车	社矫四大装备	community-corrections portable law enforcement terminal、community-corrections electronic positioning terminal、self-service correcting terminal、community-corrections enforcement vehicle	positioning terminal、portable law enforcement terminal、self-service correcting terminal、enforcement vehicle

参 考 文 献

[1] 司发通［2012］12号．社区矫正实施办法．最高人民法院、最高人民检察院、公安部、司法部．2012年1月10日印发

[2] 司发通［2014］112号．暂予监外执行规定．最高人民法院、最高人民检察院、公安部、司法部、卫计委．2014年10月24日印发

[3] 司发通［2016］88号．关于进一步加强社区矫正工作衔接配合管理的意见．最高人民法院、最高人民检察院、公安部、司法部．2016年8月30日印发

[4] 司发通［2018］78号．司法部关于加强社区矫正专案执行工作的意见．司法部．2018年8月1日印发

六、依法行政类

（一）法律法规类

1. 法律类（略）

2. 行政法规类（略）

3. 部门规章类

农业综合行政执法管理办法

（2022年11月22日农业农村部令2022年第9号公布 自2023年1月1日起施行）

第一章 总 则

第一条 为加强农业综合行政执法机构和执法人员管理，规范农业行政执法行为，根据《中华人民共和国行政处罚法》等有关法律的规定，结合农业综合行政执法工作实际，制定本办法。

第二条 县级以上人民政府农业农村主管部门及农业综合行政执法机构开展农业综合行政执法工作及相关活动，适用本办法。

第三条 农业综合行政执法工作应当遵循合法行政、合理行政、诚实信用、程序正当、高效便民、权责统一的原则。

第四条 农业农村部负责指导和监督全国农业综合行政执法工作。

县级以上地方人民政府农业农村主管部门负责本辖区内农业综合行政执法工作。

第五条 县级以上地方人民政府农业农村主管部门应当明确农业综合行政执法机构与行业管理、技术支撑机构的职责分工，健全完善线索处置、信息共享、监督抽查、检打联动等协作配合机制，形成执法合力。

第六条 县级以上地方人民政府农业农村主管部门应当建立健全跨区域农业行政执法联动机制，加强与其他行政执法部门、司法机关的交流协作。

第七条 县级以上人民政府农业农村主管部门对农业行政执法工作中表现突出、有显著成绩和贡献或者有其他突出事迹的执法机构、执法人员，按照国家和地方人民政府有关规定给予表彰和奖励。

第八条 县级以上地方人民政府农业农村主管部门及其农业综合行政执法机构应当加强基层党组织和党员队伍建设，建立健全党风廉政建设责任制。

第二章 执法机构和人员管理

第九条 县级以上地方人民政府农业农村主管部门依法设立的农业综合行政执法机构承担并集中行使农业行政处罚以及与行政处罚相关的行政检查、行政强制职能，以农业农村部门名义统一执法。

第十条 省级农业综合行政执法机构承担并集中行使法律、法规、规章明确由省级人民政府农业农村主管部门及其所属单位承担的农业行政执法职责，负责查处具有重大影响的跨区域复杂违法案件，监督指导、组织协调辖区内农业行政执法工作。

市级农业综合行政执法机构承担并集中行使法律、法规、规章规定明确由市级人民政府农业农村主管部门及其所属单位承担的农业行政执法职责，负责查处具有较大影响的跨区域复杂违法案件及其直接管辖的市辖区内一般农业违法案件，监督指导、组织协调辖区内农业行政执法工作。

县级农业综合行政执法机构负责统一实施辖区内日常执法检查和一般农业违法案件查处工作。

第十一条　农业农村部建立健全执法办案指导机制，分领域遴选执法办案能手，组建全国农业行政执法专家库。

市级以上地方人民政府农业农村主管部门应当选调辖区内农业行政执法骨干组建执法办案指导小组，加强对基层农业行政执法工作的指导。

第十二条　县级以上地方人民政府农业农村主管部门应当建立与乡镇人民政府、街道办事处执法协作机制，引导和支持乡镇人民政府、街道办事处执法机构协助农业综合行政执法机构开展日常巡查、投诉举报受理以及调查取证等工作。

县级农业行政处罚权依法交由乡镇人民政府、街道办事处行使的，县级人民政府农业农村主管部门应当加强对乡镇人民政府、街道办事处综合行政执法机构的业务指导和监督，提供专业技术、业务培训等方面的支持保障。

第十三条　上级农业农村主管部门及其农业综合行政执法机构可以根据工作需要，经下级农业农村主管部门同意后，按程序调用下级农业综合行政执法机构人员开展调查、取证等执法工作。

持有行政执法证件的农业综合行政执法人员，可以根据执法协同工作需要，参加跨部门、跨区域、跨层级的行政执法活动。

第十四条　农业综合行政执法人员应当经过岗位培训，考试合格并取得行政执法证件后，方可从事行政执法工作。

农业综合行政执法机构应当鼓励和支持农业综合行政执法人员参加国家统一法律职业资格考试，取得法律职业资格。

第十五条　农业农村部负责制定全国农业综合行政执法人员培

训大纲，编撰统编执法培训教材，组织开展地方执法骨干和师资培训。

县级以上地方人民政府农业农村主管部门应当制定培训计划，组织开展本辖区内执法人员培训。鼓励有条件的地方建设农业综合行政执法实训基地、现场教学基地。

农业综合行政执法人员每年应当接受不少于60学时的公共法律知识、业务法律知识和执法技能培训。

第十六条 县级以上人民政府农业农村主管部门应当定期开展执法练兵比武活动，选拔和培养业务水平高、综合素质强的执法办案能手。

第十七条 农业综合行政执法机构应当建立和实施执法人员定期轮岗制度，培养通专结合、一专多能的执法人才。

第十八条 县级以上人民政府农业农村主管部门可以根据工作需要，按照规定程序和权限为农业综合行政执法机构配置行政执法辅助人员。

行政执法辅助人员应当在农业综合行政执法机构及执法人员的指导和监督下开展行政执法辅助性工作。禁止辅助人员独立执法。

第三章 执法行为规范

第十九条 县级以上人民政府农业农村主管部门实施行政处罚及相关执法活动，应当做到事实清楚，证据充分，程序合法，定性准确，适用法律正确，裁量合理，文书规范。

农业综合行政执法人员应当依照法定权限履行行政执法职责，做到严格规范公正文明执法，不得玩忽职守、超越职权、滥用职权。

第二十条 县级以上人民政府农业农村主管部门应当通过本部门或者本级政府官方网站、公示栏、执法服务窗口等平台，向社会公开行政执法人员、职责、依据、范围、权限、程序等农业行政执法基本信息，并及时根据法律法规及机构职能、执法人员等变化情况进行动态调整。

县级以上人民政府农业农村主管部门作出涉及农产品质量安全、农资质量、耕地质量、动植物疫情防控、农机、农业资源生态环境保护、植物新品种权保护等具有一定社会影响的行政处罚决定，应当依法向社会公开。

第二十一条　县级以上人民政府农业农村主管部门应当通过文字、音像等形式，对农业行政执法的启动、调查取证、审核决定、送达执行等全过程进行记录，全面系统归档保存，做到执法全过程留痕和可回溯管理。

查封扣押财产、收缴销毁违法物品产品等直接涉及重大财产权益的现场执法活动，以及调查取证、举行听证、留置送达和公告送达等容易引发争议的行政执法过程，应当全程音像记录。

农业行政执法制作的法律文书、音像等记录资料，应当按照有关法律法规和档案管理规定归档保存。

第二十二条　县级以上地方人民政府农业农村主管部门作出涉及重大公共利益，可能造成重大社会影响或引发社会风险，案件情况疑难复杂、涉及多个法律关系等重大执法决定前，应当依法履行法制审核程序。未经法制审核或者审核未通过的，不得作出决定。

县级以上地方人民政府农业农村主管部门应当结合本部门行政执法行为类别、执法层级、所属领域、涉案金额等，制定本部门重大执法决定法制审核目录清单。

第二十三条　农业综合行政执法机构制作农业行政执法文书，应当遵照农业农村部制定的农业行政执法文书制作规范和农业行政执法基本文书格式。

农业行政执法文书的内容应当符合有关法律、法规和规章的规定，做到格式统一、内容完整、表述清楚、逻辑严密、用语规范。

第二十四条　农业农村部可以根据统一和规范全国农业行政执法裁量尺度的需要，针对特定的农业行政处罚事项制定自由裁量权基准。

县级以上地方人民政府农业农村主管部门应当根据法律、法规、规章以及农业农村部规定，制定本辖区农业行政处罚自由裁量权基准，明确裁量标准和适用条件，并向社会公开。

县级以上人民政府农业农村主管部门行使农业行政处罚自由裁量权，应当根据违法行为的事实、性质、情节、社会危害程度等，准确适用行政处罚种类和处罚幅度。

第二十五条　农业综合行政执法人员开展执法检查、调查取证、采取强制措施和强制执行、送达执法文书等执法时，应当主动出示执法证件，向当事人和相关人员表明身份，并按照规定要求统一着执法服装、佩戴农业执法标志。

第二十六条　农业农村部定期发布农业行政执法指导性案例，规范和统一全国农业综合行政执法法律适用。

县级以上人民政府农业农村主管部门应当及时发布辖区内农业行政执法典型案例，发挥警示和震慑作用。

第二十七条　农业综合行政执法机构应当坚持处罚与教育相结合，按照"谁执法谁普法"的要求，将法治宣传教育融入执法工作全过程。

县级农业综合行政执法人员应当采取包区包片等方式，与农村学法用法示范户建立联系机制。

第二十八条　农业综合行政执法人员依法履行法定职责受法律保护，非因法定事由、非经法定程序，不受处分。任何组织和个人不得阻挠、妨碍农业综合行政执法人员依法执行公务。

农业综合行政执法人员因故意或者重大过失，不履行或者违法履行行政执法职责，造成危害后果或者不良影响的，应当依法承担行政责任。

第二十九条　农业综合行政执法机构及其执法人员应当严格依照法律、法规、规章的要求进行执法，严格遵守下列规定：

（一）不准徇私枉法、庇护违法者；

（二）不准越权执法、违反程序办案；

（三）不准干扰市场主体正常经营活动；

（四）不准利用职务之便为自己和亲友牟利；

（五）不准执法随意、畸轻畸重、以罚代管；

（六）不准作风粗暴。

第四章 执法条件保障

第三十条 县级以上地方人民政府农业农村主管部门应当落实执法经费财政保障制度，将农业行政执法运行经费、执法装备建设经费、执法抽检经费、罚没物品保管处置经费等纳入部门预算，确保满足执法工作需要。

第三十一条 县级以上人民政府农业农村主管部门应当依托大数据、云计算、人工智能等信息技术手段，加强农业行政执法信息化建设，推进执法数据归集整合、互联互通。

农业综合行政执法机构应当充分利用已有执法信息系统和信息共享平台，全面推行掌上执法、移动执法，实现执法程序网上流转、执法活动网上监督、执法信息网上查询。

第三十二条 县级以上地方人民政府农业农村主管部门应当根据执法工作需要，为农业综合行政执法机构配置执法办公用房和问询室、调解室、听证室、物证室、罚没收缴扣押物品仓库等执法辅助用房。

第三十三条 县级以上地方人民政府农业农村主管部门应当按照党政机关公务用车管理办法、党政机关执法执勤用车配备使用管理办法等有关规定，结合本辖区农业行政执法实际，为农业综合行政执法机构合理配备农业行政执法执勤用车。

县级以上地方人民政府农业农村主管部门应当按照有关执法装备配备标准为农业综合行政执法机构配备依法履职所需的基础装备、取证设备、应急设备和个人防护设备等执法装备。

第三十四条 县级以上地方人民政府农业农村主管部门内设或所属的农业综合行政执法机构中在编在职执法人员，统一配发农业综合行政执法制式服装和标志。

县级以上地方人民政府农业农村主管部门应当按照综合行政执法制式服装和标志管理办法及有关技术规范配发制式服装和标志，不得自行扩大着装范围和提高发放标准，不得改变制式服装和标志样式。

农业综合行政执法人员应当妥善保管制式服装和标志，辞职、调离或者被辞退、开除的，应当交回所有制式服装和帽徽、臂章、肩章等标志；退休的，应当交回帽徽、臂章、肩章等所有标志。

第三十五条　农业农村部制定、发布全国统一的农业综合行政执法标识。

县级以上地方人民政府农业农村主管部门应当按照农业农村部有关要求，规范使用执法标识，不得随意改变标识的内容、颜色、内部结构及比例。

农业综合行政执法标识所有权归农业农村部所有。未经许可，任何单位和个人不得擅自使用，不得将相同或者近似标识作为商标注册。

第五章　执 法 监 督

第三十六条　上级农业农村部门应当对下级农业农村部门及其农业综合行政执法机构的行政执法工作情况进行监督，及时纠正违法或明显不当的行为。

第三十七条　属于社会影响重大、案情复杂或者可能涉及犯罪的重大违法案件，上级农业农村部门可以采取发函督办、挂牌督办、现场督办等方式，督促下级农业农村部门及其农业综合行政执法机构调查处理。接办案件的农业农村部门及其农业综合行政执法机构应当及时调查处置，并按要求反馈查处进展情况和结果。

第三十八条　县级以上人民政府农业农村主管部门应当建立健全行政执法文书和案卷评查制度，定期开展评查，发布评查结果。

第三十九条　县级以上地方人民政府农业农村主管部门应当定期对本单位农业综合行政执法工作情况进行考核评议。考核评议结果作为农业行政执法人员职级晋升、评优评先的重要依据。

第四十条 农业综合行政执法机构应当建立行政执法情况统计报送制度，按照农业农村部有关要求，于每年6月30日和12月31日前向本级农业农村主管部门和上一级农业综合行政执法机构报送半年、全年执法统计情况。

第四十一条 县级以上地方人民政府农业农村主管部门应当健全群众监督、舆论监督等社会监督机制，对人民群众举报投诉、新闻媒体曝光、有关部门移送的涉农违法案件及时回应，妥善处置。

第四十二条 鼓励县级以上地方人民政府农业农村主管部门会同财政、司法行政等有关部门建立重大违法行为举报奖励机制，结合本地实际对举报奖励范围、标准等予以具体规定，规范发放程序，做好全程监督。

第四十三条 县级以上人民政府农业农村主管部门应当建立领导干部干预执法活动、插手具体案件责任追究制度。

第四十四条 县级以上人民政府农业农村主管部门应当建立健全突发问题预警研判和应急处置机制，及时回应社会关切，提高风险防范及应对能力。

第六章 附　　则

第四十五条 本办法自2023年1月1日起施行。

应急管理行政执法人员依法履职管理规定

(2022年10月13日应急管理部令第9号公布　自2022年12月1日起施行)

第一条 为了全面贯彻落实行政执法责任制和问责制，监督和保障应急管理行政执法人员依法履职尽责，激励新时代新担当新作为，根据《中华人民共和国公务员法》《中华人民共和国安全生产法》等法律法规和有关文件规定，制定本规定。

第二条　各级应急管理部门监督和保障应急管理行政执法人员依法履职尽责，适用本规定。法律、行政法规或者国务院另有规定的，从其规定。

本规定所称应急管理行政执法人员，是指应急管理部门履行行政检查、行政强制、行政处罚、行政许可等行政执法职责的人员。

应急管理系统矿山安全监察机构、地震工作机构、消防救援机构监督和保障有关行政执法人员依法履职尽责，按照本规定的相关规定执行。根据依法授权或者委托履行应急管理行政执法职责的乡镇政府、街道办事处以及开发区等组织，监督和保障有关行政执法人员依法履职尽责的，可以参照本规定执行。

第三条　监督和保障应急管理行政执法人员依法履职尽责，应当坚持中国共产党的领导，遵循职权法定、权责一致、过罚相当、约束与激励并重、惩戒与教育相结合的原则，做到尽职免责、失职问责。

第四条　应急管理部门应当按照本级人民政府的安排，梳理本部门行政执法依据，编制权责清单，将本部门依法承担的行政执法职责分解落实到所属执法机构和执法岗位。分解落实所属执法机构、执法岗位的执法职责，不得擅自增加或者减少本部门的行政执法权限。

应急管理部门应当制定安全生产年度监督检查计划，按照计划组织开展监督检查。同时，应急管理部门应当按照部署组织开展有关专项治理，依法组织查处违法行为和举报的事故隐患。应急管理部门应当统筹开展前述执法活动，确保对辖区内安全监管重点企业按照明确的时间周期固定开展"全覆盖"执法检查。

应急管理部门应当对照权责清单，对行政许可和其他直接影响行政相对人权利义务的重要权责事项，制定办事指南和运行流程图，并以适当形式向社会公众公开。

第五条　应急管理行政执法人员根据本部门的安排或者当事人

的申请,在法定权限范围内依照法定程序履行行政检查、行政强制、行政处罚、行政许可等行政执法职责,做到严格规范公正文明执法,不得玩忽职守、超越职权、滥用职权、徇私舞弊。

第六条 应急管理行政执法人员因故意或者重大过失,未履行、不当履行或者违法履行有关行政执法职责,造成危害后果或者不良影响的,应当依法承担行政执法责任。

第七条 应急管理行政执法人员在履职过程中,有下列情形之一的,应当依法追究有关行政执法人员的行政执法责任:

(一)对符合行政处罚立案标准的案件不立案或者不及时立案的;

(二)对符合法定条件的行政许可申请不予受理的,或者未依照法定条件作出准予或者不予行政许可决定的;

(三)对监督检查中已经发现的违法行为和事故隐患,未依法予以处罚或者未依法采取处理措施的;

(四)涂改、隐匿、伪造、偷换、故意损毁有关记录或者证据,妨碍作证,或者指使、支持、授意他人做伪证,或者以欺骗、利诱等方式调取证据的;

(五)违法扩大查封、扣押范围,在查封、扣押法定期间不作出处理决定或者未依法及时解除查封、扣押,对查封、扣押场所、设施或者财物未尽到妥善保管义务,或者违法使用、损毁查封、扣押场所、设施或者财物的;

(六)违法实行检查措施或者强制措施,给公民人身或者财产造成损害、给法人或者其他组织造成损失的;

(七)选择性执法或者滥用自由裁量权,行政执法行为明显不当或者行政执法结果明显不公正的;

(八)擅自改变行政处罚种类、幅度,或者擅自改变行政强制对象、条件、方式的;

(九)行政执法过程中违反行政执法公示、执法全过程记录、重大执法决定法制审核制度的;

（十）违法增设行政相对人义务，或者粗暴、野蛮执法或者故意刁难行政相对人的；

（十一）截留、私分、变相私分罚款、没收的违法所得或者财物、查封或者扣押的财物以及拍卖和依法处理所得款项的；

（十二）对应当依法移送司法机关追究刑事责任的案件不移送，以行政处罚代替刑事处罚的；

（十三）无正当理由超期作出行政执法决定，不履行或者无正当理由拖延履行行政复议决定、人民法院生效裁判的；

（十四）接到事故报告信息不及时处置，或者弄虚作假、隐瞒真相、通风报信，干扰、阻碍事故调查处理的；

（十五）对属于本部门职权范围的投诉举报不依法处理的；

（十六）无法定依据、超越法定职权、违反法定程序行使行政执法职权的；

（十七）泄露国家秘密、工作秘密，或者泄露因履行职责掌握的商业秘密、个人隐私的；

（十八）法律、法规、规章规定的其他应当追究行政执法责任的情形。

第八条 应急管理行政执法人员在履职过程中，有下列情形之一的，应当从重追究其行政执法责任：

（一）干扰、妨碍、抗拒对其追究行政执法责任的；

（二）打击报复申诉人、控告人、检举人或者行政执法责任追究案件承办人员的；

（三）一年内出现2次以上应当追究行政执法责任情形的；

（四）违法或者不当执法行为造成重大经济损失或者严重社会影响的；

（五）法律、法规、规章规定的其他应当从重追究行政执法责任的情形。

第九条 应急管理行政执法人员在履职过程中，有下列情形之一的，可以从轻、减轻追究其行政执法责任：

（一）能够主动、及时报告过错行为并采取补救措施，有效避免损失、阻止危害后果发生或者挽回、消除不良影响的；

（二）在调查核实过程中，能够配合调查核实工作，如实说明本人行政执法过错情况的；

（三）检举同案人或者其他人应当追究行政执法责任的问题，或者有其他立功表现，经查证属实的；

（四）主动上交或者退赔违法所得的；

（五）法律、法规、规章规定的其他可以从轻、减轻追究行政执法责任的情形。

第十条 有下列情形之一的，不予追究有关行政执法人员的行政执法责任：

（一）因行政执法依据不明确或者对有关事实和依据的理解认识不一致，致使行政执法行为出现偏差的，但故意违法的除外；

（二）因行政相对人隐瞒有关情况或者提供虚假材料导致作出错误行政执法决定，且已按照规定认真履行审查职责的；

（三）依据检验、检测、鉴定、评价报告或者专家评审意见等作出行政执法决定，且已按照规定认真履行审查职责的；

（四）行政相对人未依法申请行政许可或者登记备案，在其违法行为造成不良影响前，应急管理部门未接到投诉举报或者由于客观原因未能发现的，但未按照规定履行监督检查职责的除外；

（五）按照批准、备案的安全生产年度监督检查计划以及有关专项执法工作方案等检查计划已经认真履行监督检查职责，或者虽尚未进行监督检查，但未超过法定或者规定时限，行政相对人违法的；

（六）因出现新的证据致使原认定事实、案件性质发生变化，或者因标准缺失、科学技术、监管手段等客观条件的限制未能发现存在问题、无法定性的，但行政执法人员故意隐瞒或者因重大过失遗漏证据的除外；

（七）对发现的违法行为或者事故隐患已经依法立案查处、责令改正、采取行政强制措施等必要的处置措施，或者已依法作出行政

处罚决定,行政相对人拒不改正、违法启用查封扣押的设备设施或者仍违法生产经营的;

(八)对拒不执行行政处罚决定的行政相对人,已经依法申请人民法院强制执行的;

(九)因不可抗力或者其他难以克服的因素,导致未能依法履行职责的;

(十)不当执法行为情节显著轻微并及时纠正,未造成危害后果或者不良影响的;

(十一)法律、法规、规章规定的其他不予追究行政执法责任的情形。

第十一条 在推进应急管理行政执法改革创新中因缺乏经验、先行先试出现的失误,尚无明确限制的探索性试验中的失误,为推动发展的无意过失,免予或者不予追究行政执法责任。但是,应当及时依法予以纠正。

第十二条 应急管理部门对发现的行政执法过错行为线索,依照《行政机关公务员处分条例》等规定的程序予以调查和处理。

第十三条 追究应急管理行政执法人员行政执法责任,应当充分听取当事执法人员的意见,全面收集相关证据材料,以法律、法规、规章等规定为依据,综合考虑行政执法过错行为的性质、情节、危害程度以及执法人员的主观过错等因素,做到事实清楚、证据确凿、定性准确、处理恰当、程序合法、手续完备。

行政执法过错行为情节轻微、危害较小,且具有法定从轻或者减轻情形的,根据不同情况,可以予以谈话提醒、批评教育、责令检查、诫勉、取消当年评优评先资格、调离执法岗位等处理,免予或者不予处分。

第十四条 应急管理部门发现有关行政执法人员涉嫌违反党纪或者涉嫌职务违法、职务犯罪的,应当依照有关规定及时移送纪检监察机关处理。

纪检监察机关和其他有权单位介入调查的,应急管理部门可以按照要求对有关行政执法人员是否依法履职、是否存在行政执法过错行为等问题，组织相关专业人员进行论证并出具书面论证意见，作为有权机关、单位认定责任的参考。

对同一行政执法过错行为，纪检监察机关已经给予党纪、政务处分的，应急管理部门不再重复处理。

第十五条　应急管理行政执法人员依法履行职责受法律保护。有权拒绝任何单位和个人违反法定职责、法定程序或者有碍执法公正的要求。

对地方各级党委、政府以及有关部门、单位领导干部及相关人员非法干预应急管理行政执法活动的，应急管理行政执法人员应当全面、如实记录，其所在应急管理部门应当及时向有关机关通报反映情况。

第十六条　应急管理行政执法人员因依法履行职责遭受不实举报、诬告陷害以及侮辱诽谤，致使名誉受到损害的，其所在的应急管理部门应当以适当方式及时澄清事实，消除不良影响，维护应急管理行政执法人员声誉，并依法追究相关单位或者个人的责任。

应急管理行政执法人员因依法履行职责，本人或者其近亲属遭受恐吓威胁、滋事骚扰、攻击辱骂或者人身、财产受到侵害的，其所在的应急管理部门应当及时告知当地公安机关并协助依法处置。

第十七条　各级应急管理部门应当为应急管理行政执法人员依法履行职责提供必要的办公用房、执法装备、后勤保障等条件，并采取措施保障其人身健康和生命安全。

第十八条　各级应急管理部门应当加强对应急管理行政执法人员的专业培训，建立标准化制度化培训机制，提升应急管理行政执法人员依法履职能力。

应急管理部门应当适应综合行政执法体制改革需要，组织开展应急管理领域综合行政执法人才能力提升行动，培养应急管理行政执法骨干人才。

第十九条　应急管理部门应当建立健全评议考核制度，遵循公开、公平、公正原则,将应急管理行政执法人员依法履职尽责情况纳入行政执法评议考核范围,有关考核标准、过程和结果以适当方式在一定范围内公开。强化考核结果分析运用,并将其作为干部选拔任用、评优评先的重要依据。

第二十条 对坚持原则、敢抓敢管、勇于探索、担当作为,在防范化解重大安全风险、应急抢险救援等方面或者在行政执法改革创新中作出突出贡献的应急管理行政执法人员,应当按照规定给予表彰奖励。

第二十一条 本规定自 2022 年 12 月 1 日起施行。原国家安全生产监督管理总局 2009 年 7 月 25 日公布、2013 年 8 月 29 日第一次修正、2015 年 4 月 2 日第二次修正的《安全生产监管监察职责和行政执法责任追究的规定》同时废止。

(二)规范性文件和业务规范、标准类

1. 规范性文件类

司法部关于印发《行政复议普通程序听取意见办法》《行政复议普通程序听证办法》《关于进一步加强行政复议调解工作推动行政争议实质性化解的指导意见》的通知

(2024 年 4 月 3 日 司规〔2024〕1 号)

各省、自治区、直辖市人民政府行政复议机构,新疆生产建设兵团行政复议机构,国务院各部门行政复议机构:

《行政复议普通程序听取意见办法》《行政复议普通程序听证办法》《关于进一步加强行政复议调解工作推动行政争议实质性化解的指导意见》已经司法部部长办公会议审议通过，现予印发，请认真贯彻执行。

行政复议普通程序听取意见办法

第一条　为规范行政复议普通程序听取意见工作，进一步提高行政复议工作质效，更好保护公民、法人、其他组织的合法权益，根据《中华人民共和国行政复议法》，制定本办法。

第二条　本办法所称听取意见，是指行政复议机构适用普通程序办理行政复议案件时，当面或者通过互联网、电话等方式听取当事人的意见，并将听取的意见记录在案，查明案件事实的审理过程。

第三条　行政复议人员应当结合被申请人提交的答复书和证据材料，主要就案件事实和证据听取申请人意见。

行政复议人员在听取意见时，根据案件实际情况和实质性化解行政争议的要求，询问申请人的调解意愿。

第四条　下列事项作为听取申请人意见的重点内容：

（一）与申请人本人行为有关的签字、录音录像、证人证言、执法笔录等证据是否真实；

（二）行政行为对申请人涉案的资格资质、权利义务、行为能力等情况的认定是否准确；

（三）行政行为对申请人人身权、财产权、受教育权等合法权益造成的具体损害；

（四）行政行为作出过程中，申请人的知情、陈述、申辩、听证等程序性权利是否得到保障；

（五）申请人在申请书等材料中所述，与被申请人证据材料反映的案件事实有矛盾的部分；

（六）行政复议机构认为其他应当听取意见的。

申请人在申请书等材料中已对上述事项充分、完整陈述意见的，行政复议人员可以询问申请人有无其他补充意见。

第五条 行政复议人员听取申请人意见时，应当表明身份，主动说明案由和听取意见的法律依据。听取意见应当耐心、细致，用语文明、规范，并客观、如实记录申请人的意见。当面或者通过视频方式听取意见时，还应当出示行政复议人员工作证件。同步录音、录像的，应当告知申请人相关情况。

第六条 在申请人未查阅、复制相关证据材料的情况下听取意见时，行政复议人员应当先对相关证据材料的名称、主要内容和证明目的进行描述。

申请人要求查阅、复制相关证据材料后再陈述意见的，行政复议机构应当依法安排申请人进行查阅、复制。申请人查阅、复制相关证据材料时，应当当面询问其意见。

第七条 当面听取申请人意见的，行政复议人员不得少于两人。当面听取意见应当形成书面记录，必要时同步录音、录像。

前款规定的听取意见记录，应当记载听取意见的对象、方式、时间、地点、意见主要内容，经申请人核对无误后签字确认，并由行政复议人员签字。申请人拒绝签字的，行政复议人员应当注明。

第八条 通过电话、即时通讯的音视频工具听取申请人意见的，应当进行同步录音、录像，并形成书面记录。通过电子邮箱、即时通讯的文字工具听取申请人意见的，应当截屏存档，并形成书面记录。

前款规定的听取意见记录，应当记载听取意见的对象、方式、时间、通话号码或者互联网地址、意见主要内容、音像或者截屏等留证材料目录，并由行政复议人员签字。

第九条 当面或者通过互联网、电话等方式听取申请人意见时，申请人表示事后提供书面意见的，应当明确提供书面意见的具体期限。

第十条 申请人未提供互联网、电话等联系方式的，行政复议人员可以通过被申请人或者申请人所在地的行政复议机构与申请人联系，请其提供有效联系方式。

第十一条 申请人陈述意见时，对法律或者事实有明显误解，或者所陈述的意见与案件审查明显无关时，行政复议人员可以释法明理，进行必要的引导。

第十二条 同一行政复议案件申请人人数众多的，可以根据查明案件事实的需要，听取申请人代表或者部分申请人的意见。

第十三条 第三人意见的听取，参照听取申请人意见的规定办理。

第三人的利益诉求与申请人有冲突的，可以就双方各自提出的案件事实和证据，听取对方意见。

第十四条 听取被申请人的意见，依法通过通知其提交书面答复和证据材料的方式进行。

第十五条 下列情形属于因当事人原因不能听取意见的情形：

（一）听取当事人意见时被拒绝的；

（二）当事人提供的电话、即时通讯的音视频联系方式在三个以上不同工作日均无法接通，或者提供的电子邮箱、即时通讯的文字联系方式在五个工作日内均未应答的；

（三）当事人未提供互联网、电话等联系方式，行政复议机构无法取得联系的；

（四）当事人表示事后提供书面意见，逾期未提供的；

（五）其他因当事人原因不能听取意见的。

上述情形应当留存相关证据并记录在案，由两名以上行政复议人员签字确认。

第十六条 行政复议机关应当综合考虑所听取的当事人意见，对案件证据材料进行审查，认定案件事实。

第十七条 听取意见记录及录音、录像、截屏等留证材料应当附卷存档备查。

第十八条 适用简易程序审理的案件，可以参照本办法的规定听取当事人意见。

第十九条 听取意见记录的示范文本由司法部另行制定。

第二十条 本办法自发布之日起施行。

行政复议普通程序听证办法

第一条 为规范行政复议普通程序听证工作，进一步提高行政复议工作质效，更好保护公民、法人、其他组织的合法权益，根据《中华人民共和国行政复议法》，制定本办法。

第二条 本办法所称行政复议听证，是指行政复议机构适用普通程序办理行政复议案件时，组织涉案人员通过陈述、申辩、举证、质证等形式，查明案件事实的审理过程。

本办法所称当事人，是指行政复议案件的申请人、被申请人、第三人。当事人及其代理人、参加听证活动的证人、鉴定人、勘验人、翻译人员为听证参加人。

第三条 审理下列重大、疑难、复杂的行政复议案件，行政复议机构应当组织听证：

（一）涉及国家利益、重大社会公共利益的；

（二）涉及群体性纠纷或者社会关注度较高的；

（三）涉及新业态、新领域、新类型行政争议，案情复杂的；

（四）被申请人定案证据疑点较多，当事人对案件主要事实分歧较大的；

（五）法律关系复杂的；

（六）其他重大、疑难、复杂案件。

申请人提出听证申请，行政复议机构认为有必要的，可以组织听证。

第四条 行政复议机构应当在举行听证的 5 个工作日前将听证时间、地点和拟听证事项等以听证通知书的方式通知当事人。

行政复议机构举行听证前决定变更听证时间、地点的，应当及时告知当事人，并说明理由。

第五条 申请人、第三人委托代理人参加听证的，应当在听证开始前提交授权委托书。

申请人、第三人人数众多且未推选代表人的，行政复议机构可以视情况要求其推选代表人参加听证。代表人参加听证的，应当在听证开始前提交代表人推选材料。申请人、第三人推选不出代表人的，行政复议机构可以在申请人、第三人中指定代表人。

被申请人的负责人应当参加听证。不能参加的，应当说明理由，并委托相应的工作人员参加听证，在听证开始前提交授权委托书。

第六条 接到听证通知书后，申请人、第三人不能按时参加听证的，应当及时告知行政复议机构并说明理由。

当事人无正当理由拒不参加听证的，行政复议机构进行缺席听证。

第七条 行政复议机构应当指定一名行政复议人员任主持人，两名以上行政复议人员任听证员，一名记录员制作听证笔录。

当事人认为主持人、听证员、记录员与案件有直接利害关系要求回避的，由行政复议机构决定。

第八条 听证室正中设听证主持人和听证员席位。主持人席位前方设申请人、被申请人及代理人席位，分两侧相对而坐。第三人的席位，根据其利益诉求和当事人人数情况，设置在申请人或者被申请人一侧。证人、鉴定人、勘验人位置设置在主持人席位正前方。

第九条 听证开始前，主持人、听证员应当核实当事人身份，核实代理人身份及授权委托书、授权事项范围，核实证人、鉴定人、勘验人、翻译人员的身份。

第十条 核实听证参加人身份后，主持人应当宣布以下听证纪律：

（一）听证参加人在主持人的主持下发言、提问；

（二）未经主持人允许，听证参加人不得提前退席；

（三）未经主持人允许，不得录音、录像或者摄影；

（四）不得大声喧哗，不得鼓掌、哄闹或者进行其他妨碍听证秩序的活动。

第十一条 主持人宣布听证开始，按照下列程序实施听证：

（一）主持人说明案由和听证参加人；

（二）申请人陈述行政复议申请的主要事实、理由，明确行政复议请求，并可以举证；

（三）被申请人陈述行政复议答复要点并举证；

（四）第三人参加听证的，由第三人陈述自己观点，并可以举证；

（五）证人、鉴定人、勘验人参加听证活动的，由其进行相关陈述，回答主持人、听证员和经主持人同意的当事人的提问；

（六）各方质证；

（七）各方围绕主持人归纳的案件焦点问题陈述意见、进行申辩；

（八）主持人、听证员对需要查明的问题向听证参加人询问；

（九）主持人询问当事人有无补充意见。

主持人可以根据案件审理的具体情况，对前款规定的流程顺序进行适当调整。

证人、鉴定人、勘验人仅在需要其进行相关陈述、回答提问、核对听证笔录环节参与听证活动。

第十二条 前条规定的程序结束后，主持人可以询问当事人是否同意现场调解。当事人同意的，主持人进行现场调解。

第十三条 有下列情形之一的，听证主持人可以决定中止听证：

（一）当事人有正当理由不能及时到场的；

（二）经核实听证参加人身份有误，不能当场解决并影响案件审理的；

（三）听证过程中发现需要通知新的参加人到场，或者有新的事实需要调查核实，不能当场完成的；

（四）其他影响听证正常进行，不能当场解决的。

中止听证后，恢复听证的时间、地点和拟听证事项等由行政复议机构决定并通知当事人。

中止听证不影响行政复议审理期限的计算。确需停止行政复议审理期限计算的，应当依照《中华人民共和国行政复议法》第三十九条的规定，决定中止行政复议。

第十四条 记录员应当将行政复议听证的全部活动记入听证笔录。行政复议机构认为有必要的，可以对听证情况进行全过程录音、录像。

本办法第十一条、第十二条规定的程序结束后，由主持人宣布听证结束，并组织听证参加人对听证笔录确认无误后签字。听证参加人认为笔录有差错的，可以要求更正。听证参加人拒绝签字的，由听证主持人在笔录中注明。

第十五条 对于违反听证纪律、扰乱听证秩序的听证参加人，主持人有权劝阻和警告。

听证参加人无正当理由且未经许可中途退出听证，行政复议机构进行缺席听证。相关情况应当记入听证笔录。

第十六条 同时符合下列各项条件的，行政复议机构可以采取线上视频方式举行听证：

（一）各方当事人均同意采取线上视频方式举行听证；

（二）案件不涉及国家秘密、商业秘密、个人隐私或者可能危及国家安全、公共安全、社会稳定的情形；

（三）听证参加人具备参与在线听证的技术条件和能力，包括具备上传和接收证据材料、进行线上电子签名确认等技术条件；

（四）不需要证人现场作证和鉴定人、勘验人现场发表意见；

（五）不存在必须通过现场核对相关证据材料才能够查清案件事实的情形。

第十七条 线上视频方式举行听证，按照本办法规定的相关程序进行。主持人、听证员应当加强在线身份核实，并强化说明引导，维护当事人合法权益和听证秩序，确保线上听证顺利进行。

第十八条　现场听证的案件，符合本办法第十六条第二项至第五项规定的，证人、鉴定人、勘验人可以通过线上视频方式作证或者发表意见。

符合前款规定条件，部分当事人可以通过线上视频方式参加听证。但是，其他当事人有合理理由提出异议的除外。

第十九条　行政复议听证不得向当事人收取任何费用。

经过听证的行政复议案件，行政复议机关应当根据听证笔录、审查认定的事实和证据，依法作出行政复议决定。

第二十条　本办法自发布之日起施行。

关于进一步加强行政复议调解工作推动行政争议实质性化解的指导意见

加强行政复议调解工作对于推动行政争议实质性化解，深化行政争议源头治理，充分发挥行政复议公正高效、便民为民的制度优势和化解行政争议的主渠道作用具有重要意义。新修订的《中华人民共和国行政复议法》高度重视调解工作，强化调解在行政复议中的运用，完善了行政复议调解制度，对行政复议调解工作提出了更高要求。为贯彻落实新修订的行政复议法，切实加强行政复议调解工作，现提出如下意见。

一、总体要求

坚持以习近平新时代中国特色社会主义思想为指导，全面贯彻落实党的二十大精神，深入学习贯彻习近平法治思想，自觉践行以人民为中心的发展理念，坚持和发展新时代"枫桥经验"，贯彻落实新修订的行政复议法，坚持依法能动复议，进一步拓宽行政复议调解范围，加大行政复议调解工作力度，健全行政复议调解工作机制，全面提升行政复议调解能力，不断提高调解结案比重，充分发挥调解在矛盾纠纷预防化解中的基础性作用，推动行政争议化解在基层、化解在初始阶段、化解在行政程序中，切实维护人民群众的合法权益，为落实全面依法治国方略、推进法治政府建设、维护社会安全稳定发挥更大作用。要坚持依法自愿。开展行政复议调解工作应当充分尊重当事人意愿，不得损害国家利益、社会公共利益和他人合法权益，不得违反法律、法规的强制性规定。要坚持应调尽调。切实贯彻调解优先的工作理念，在案件办理全流程、各环节有针对性地加强调解工作，积极引导和促进当事人通过调解方式达成共识，及时化解行政纠纷。要坚持务实高效。坚持问题导向、结果导向，全面了解申请人的争议由来和实质诉求，找准矛盾症结，采取因势利导、便捷灵活的方式方法解决行政争议，防止程序空转。要坚持统筹协调。协调整合各部门行政资源参与调解，增强与司法机关等共同推进行政争议源头治理合力，加强与人民调解、专业调解等调解机制的有机对接，形成程序衔接、优势互补、协同配合的行政争议化解机制。

二、全面强化行政复议调解和行政争议源头治理工作

（一）实现调解工作对各类行政复议案件全覆盖。认真做好涉行使行政裁量权行政行为的调解工作，综合研判事实、性质、情节、法律要求和本地区经济社会发展状况等因素，在当地行政裁量权基准明确的范围内提出或者指导形成调解和解方案；尚未制定行政裁量权基准的，要加强类案对比，调解和解方案与类别、性质、情节相同或者相近事项的处理结果要保持基本一致。能动开展羁束性行政行为调解工作，对应予维持但申请人确有合理需求的，要指导申请人通过合法方式满足法定条件，并可在法律允许范围内为申请人提供便利。加大"一揽子"调解力度，对行政争议的产生与其他行政行为密切相关，适合由行政复议机构一并调解的，组织各方进行调解，真正做到一并调解、案结事了。增强调解工作针对性，对行政行为存在违法或不当问题的，要推动被申请人主动采取自我纠错或者补救措施；对仅因申请人存在误解或者不满情绪引发争议的，要做好解释说明和情绪疏导工作。

（二）将调解工作贯穿到行政复议办理全过程。积极引导当事人

在案件受理环节参加受理前调解,通过被申请人自查自纠、向申请人释法明理等工作,申请人同意撤回行政复议申请的,不再处理该申请并按规定记录、存档。高度重视行政复议案件审理环节的调解工作,案件承办人要充分利用听证会、听取意见、调解会等开展诉求沟通、法理辨析、情绪疏导,提出或者指导形成调解和解方案,积极促使各方意见达成一致。对于当事人有明显调解意愿但期限不足的,行政复议机构可以运用行政复议中止制度,经当事人同意后中止计算相关期限,及时开展和完成调解工作。要避免久调不决,在任一方当事人提出恢复审理请求,或者行政复议机构评估认为难以达成一致意见的,及时终止调解,依法作出行政复议决定。

(三)加大行政复议调解书的履行力度。盯紧行政复议调解的"最后一公里",对行政复议调解书明确的履行内容,行政复议机构应当鼓励当事人在制发行政复议调解书时履行;即时履行确有困难的,引导当事人在合理期限内履行。行政复议调解书对原行政行为进行变更的,原行政行为不再执行。行政复议机构要建立行政复议调解书履行情况跟踪回访制度,加强对被申请人履行情况的监督。对被申请人不履行或者无正当理由拖延履行行政复议调解书的,制发责令限期履行通知书,并运用约谈、通报批评等监督手段,督促被申请人履行。对调解过程中发现的违法或不当行政行为,即使调撤结案,也应当通过制发行政复议意见书等方式,督促相关行政机关予以纠正。

(四)加强重点领域行政争议的调解工作。行政复议机构要对本地区、本系统行政争议总体情况定期梳理,针对行政争议数量较多、案结事了率较低的房屋及土地征收、行政处罚、工伤认定等重点领域,加强调查研究,在找准问题根源的基础上,分类施策,促进行政争议实质性化解。加强涉企行政复议案件调解工作,推动被申请人提升涉企执法水平,依法平等保护各类市场主体,为企业健康发展营造公平、稳定、可预期的良好环境。积极邀请工商联、商会、优秀企业家参与行政复议调解,增强涉企行政复议调解工作的实效性。

（五）强化行政争议源头治理。行政复议机构要强化源头治理观念，增强前端化解能力，做深做实"抓前端、治未病"。注重在调解过程中了解社情民意，充分研判行政执法不规范、行政管理不科学的问题和类型化矛盾成因，通过推动行政执法机关改进和完善行政执法行为，有效预防各类行政争议的发生。主动与人民法院、人民检察院和有关行政机关等单位建立沟通交流和共同研判机制，结合当地实际，选取土地管理、生态环境保护、食品药品安全、教育、社会保障、安全生产、税收等关系群众切身利益的重点领域，每年度至少开展1次行政争议源头治理专题交流研判活动。

三、建立健全行政复议调解工作机制

（六）建立行政复议调解工作台账。行政复议机构要完整记载每件行政复议案件征询申请人调解意愿情况、调解工作开展情况、调解书履行情况、调解未成功原因分析情况等。除行政复议申请不符合受理条件、案件本身难以进行调解等情况外，征询申请人调解意愿率要逐步达到100%。要定期统计分析各案件承办人、本单位和下一级行政复议机构调解开展率、调解结案率、调解书履行率等数据信息，将相关数据作为分析、研究、改进行政复议调解和实质性化解工作的重要依据。

（七）优化行政复议调解工作平台。充分依托行政复议接待窗口、基层司法所、公共法律服务中心等，开展行政复议调解工作。行政复议机构要主动担当作为，有效发挥各类行政争议化解中心的平台作用，通过在政务中心服务大厅、矛盾纠纷多元化解机构、信访中心等场所增设窗口、设置智能终端、张贴宣传图解等方式，引导更多行政争议通过行政复议渠道化解，以行政复议调解和解方式结案，并积极与行政诉讼调解进行信息对接，实现信息数据和调解经验共享，有条件的地方可以探索承接人民法院委托移交的行政争议调解工作。

（八）健全第三方力量参与行政复议调解机制。积极引入第三方力量参与行政复议调解，增强行政复议调解工作合力。建立行政复议调解专家库，根据案件需要抽调专家库中相关领域的专家作为调解员，与行政复议案件承办人共同调解。与当地群众日常生活密切相关的案件，可以邀请争议发生地的人大代表、政协委员、基层群众自治组织成员等作为调解员共同参与行政复议调解。对于案件涉及的民事纠纷，可以引导当事人通过人民调解组织、专业调解组织等多元纠纷化解力量先行调解。探索建立经询问当事人同意后，将有关民事纠纷移交人民调解组织、专业调解组织等多元纠纷化解力量进行调解的对接机制。

（九）完善行政复议调解工作统筹协调机制。对于涉及面广、利益关系复杂、影响力大、社会关注度高的行政复议案件，行政复议机构要提请行政复议机关组织被申请人和相关政府部门共同参与调解，整合行政资源，推动实质性化解。重大、疑难、复杂行政复议案件的调解，要提交行政复议委员会咨询论证。行政复议调解可能涉及标的数额较大幅度改变的，要求被申请人依照内部决策程序提出方案，确保调解和解方案合法合规。相关行政复议案件调解工作情况，要及时报送行政复议机关负责人。对于本地区多发的涉及跨部门行政职权的案件，要逐步形成常态化调解统筹协调机制。

四、加强行政复议调解工作保障

（十）加强组织领导。各级司法行政机关要积极争取党委、政府的重视支持，逐步将行政复议调解工作纳入法治政府建设有关考核指标体系，推动行政争议实质性化解。加强和规范行政复议调解工作管理，切实转变观念，形成注重运用调解方式推进复议工作的良好氛围，克服不愿调、不会调、不善调等问题。要协调相关部门统筹安排行政复议调解工作所需设施装备和经费预算，把行政复议调解工作纳入政府购买行政复议与应诉服务内容。

（十一）重视能力建设。加强对参与调解的行政复议人员和第三方人员的专业知识、调解技能、职业道德等方面的培训，加快建设高水平的行政复议调解队伍。要树立精品意识，积极培育一批成绩突出、群众认可的行政复议调解工作室或者调解员，不断创新调解工作方法、工作模式，提高行政复议调解工作能力。

（十二）加大宣传力度。行政复议机构要及时总结、宣传开展行政复议调解工作的先进经验、先进事迹、先进人物，充分发挥示范引领作用。要通过政府网站、新闻发布会、报刊、电视、网络和新媒体等方式，全方位宣传行政复议调解工作优势特点和生动案例，引导更多当事人通过行政复议调解方式实质解决行政争议，推动提升行政复议工作的群众满意度。

2. 业务规范、标准类（略）

七、队伍建设类

（一）法律法规类

1. 法律类

中华人民共和国公职人员政务处分法

（2020年6月20日第十三届全国人民代表大会常务委员会第十九次会议通过　2020年6月20日中华人民共和国主席令第46号公布　自2020年7月1日起施行）

第一章　总　　则

第一条　为了规范政务处分，加强对所有行使公权力的公职人员的监督，促进公职人员依法履职、秉公用权、廉洁从政从业、坚持道德操守，根据《中华人民共和国监察法》，制定本法。

第二条　本法适用于监察机关对违法的公职人员给予政务处分的活动。

本法第二章、第三章适用于公职人员任免机关、单位对违法的公职人员给予处分。处分的程序、申诉等适用其他法律、行政法规、国务院部门规章和国家有关规定。

本法所称公职人员，是指《中华人民共和国监察法》第十五条规定的人员。

第三条　监察机关应当按照管理权限，加强对公职人员的监督，依法给予违法的公职人员政务处分。

公职人员任免机关、单位应当按照管理权限，加强对公职人员的教育、管理、监督，依法给予违法的公职人员处分。

监察机关发现公职人员任免机关、单位应当给予处分而未给予，或者给予的处分违法、不当的，应当及时提出监察建议。

第四条 给予公职人员政务处分，坚持党管干部原则，集体讨论决定；坚持法律面前一律平等，以事实为根据，以法律为准绳，给予的政务处分与违法行为的性质、情节、危害程度相当；坚持惩戒与教育相结合，宽严相济。

第五条 给予公职人员政务处分，应当事实清楚、证据确凿、定性准确、处理恰当、程序合法、手续完备。

第六条 公职人员依法履行职责受法律保护，非因法定事由、非经法定程序，不受政务处分。

第二章　政务处分的种类和适用

第七条 政务处分的种类为：

（一）警告；

（二）记过；

（三）记大过；

（四）降级；

（五）撤职；

（六）开除。

第八条 政务处分的期间为：

（一）警告，六个月；

（二）记过，十二个月；

（三）记大过，十八个月；

（四）降级、撤职，二十四个月。

政务处分决定自作出之日起生效，政务处分期自政务处分决定生效之日起计算。

第九条　公职人员二人以上共同违法，根据各自在违法行为中所起的作用和应当承担的法律责任，分别给予政务处分。

第十条　有关机关、单位、组织集体作出的决定违法或者实施违法行为的，对负有责任的领导人员和直接责任人员中的公职人员依法给予政务处分。

第十一条　公职人员有下列情形之一的，可以从轻或者减轻给予政务处分：

（一）主动交代本人应当受到政务处分的违法行为的；

（二）配合调查，如实说明本人违法事实的；

（三）检举他人违纪违法行为，经查证属实的；

（四）主动采取措施，有效避免、挽回损失或者消除不良影响的；

（五）在共同违法行为中起次要或者辅助作用的；

（六）主动上交或者退赔违法所得的；

（七）法律、法规规定的其他从轻或者减轻情节。

第十二条　公职人员违法行为情节轻微，且具有本法第十一条规定的情形之一的，可以对其进行谈话提醒、批评教育、责令检查或者予以诫勉，免予或者不予政务处分。

公职人员因不明真相被裹挟或者被胁迫参与违法活动，经批评教育后确有悔改表现的，可以减轻、免予或者不予政务处分。

第十三条　公职人员有下列情形之一的，应当从重给予政务处分：

（一）在政务处分期内再次故意违法，应当受到政务处分的；

（二）阻止他人检举、提供证据的；

（三）串供或者伪造、隐匿、毁灭证据的；

（四）包庇同案人员的；

（五）胁迫、唆使他人实施违法行为的；

（六）拒不上交或者退赔违法所得的；

（七）法律、法规规定的其他从重情节。

第十四条　公职人员犯罪，有下列情形之一的，予以开除：

（一）因故意犯罪被判处管制、拘役或者有期徒刑以上刑罚（含宣告缓刑）的；

（二）因过失犯罪被判处有期徒刑，刑期超过三年的；

（三）因犯罪被单处或者并处剥夺政治权利的。

因过失犯罪被判处管制、拘役或者三年以下有期徒刑的，一般应当予以开除；案件情况特殊，予以撤职更为适当的，可以不予开除，但是应当报请上一级机关批准。

公职人员因犯罪被单处罚金，或者犯罪情节轻微，人民检察院依法作出不起诉决定或者人民法院依法免予刑事处罚的，予以撤职；造成不良影响的，予以开除。

第十五条　公职人员有两个以上违法行为的，应当分别确定政务处分。应当给予两种以上政务处分的，执行其中最重的政务处分；应当给予撤职以下多个相同政务处分的，可以在一个政务处分期以上、多个政务处分期之和以下确定政务处分期，但是最长不得超过四十八个月。

第十六条　对公职人员的同一违法行为，监察机关和公职人员任免机关、单位不得重复给予政务处分和处分。

第十七条　公职人员有违法行为，有关机关依照规定给予组织处理的，监察机关可以同时给予政务处分。

第十八条　担任领导职务的公职人员有违法行为，被罢免、撤销、免去或者辞去领导职务的，监察机关可以同时给予政务处分。

第十九条　公务员以及参照《中华人民共和国公务员法》管理的人员在政务处分期内，不得晋升职务、职级、衔级和级别；其中，被记过、记大过、降级、撤职的，不得晋升工资档次。被撤职的，按照规定降低职务、职级、衔级和级别，同时降低工资和待遇。

第二十条　法律、法规授权或者受国家机关依法委托管理公共事务的组织中从事公务的人员，以及公办的教育、科研、文化、医疗卫生、体育等单位中从事管理的人员，在政务处分期内，不得晋升职务、岗位和职员等级、职称；其中，被记过、记大过、降级、撤职的，不得晋升薪酬待遇等级。被撤职的，降低职务、岗位或者职员等级，同时降低薪酬待遇。

第二十一条 国有企业管理人员在政务处分期内，不得晋升职务、岗位等级和职称；其中，被记过、记大过、降级、撤职的，不得晋升薪酬待遇等级。被撤职的，降低职务或者岗位等级，同时降低薪酬待遇。

第二十二条 基层群众性自治组织中从事管理的人员有违法行为的，监察机关可以予以警告、记过、记大过。

基层群众性自治组织中从事管理的人员受到政务处分的，应当由县级或者乡镇人民政府根据具体情况减发或者扣发补贴、奖金。

第二十三条 《中华人民共和国监察法》第十五条第六项规定的人员有违法行为的，监察机关可以予以警告、记过、记大过。情节严重的，由所在单位直接给予或者监察机关建议有关机关、单位给予降低薪酬待遇、调离岗位、解除人事关系或者劳动关系等处理。

《中华人民共和国监察法》第十五条第二项规定的人员，未担任公务员、参照《中华人民共和国公务员法》管理的人员、事业单位工作人员或者国有企业人员职务的，对其违法行为依照前款规定处理。

第二十四条 公职人员被开除，或者依照本法第二十三条规定，受到解除人事关系或者劳动关系处理的，不得录用为公务员以及参照《中华人民共和国公务员法》管理的人员。

第二十五条 公职人员违法取得的财物和用于违法行为的本人财物，除依法应当由其他机关没收、追缴或者责令退赔的，由监察机关没收、追缴或者责令退赔；应当退还原所有人或者原持有人的，依法予以退还；属于国家财产或者不应当退还以及无法退还的，上缴国库。

公职人员因违法行为获得的职务、职级、衔级、级别、岗位和职员等级、职称、待遇、资格、学历、学位、荣誉、奖励等其他利益，监察机关应当建议有关机关、单位、组织按规定予以纠正。

第二十六条　公职人员被开除的，自政务处分决定生效之日起，应当解除其与所在机关、单位的人事关系或者劳动关系。

公职人员受到开除以外的政务处分，在政务处分期内有悔改表现，并且没有再发生应当给予政务处分的违法行为的，政务处分期满后自动解除，晋升职务、职级、衔级、级别、岗位和职员等级、职称、薪酬待遇不再受原政务处分影响。但是，解除降级、撤职的，不恢复原职务、职级、衔级、级别、岗位和职员等级、职称、薪酬待遇。

第二十七条　已经退休的公职人员退休前或者退休后有违法行为的，不再给予政务处分，但是可以对其立案调查；依法应当予以降级、撤职、开除的，应当按照规定相应调整其享受的待遇，对其违法取得的财物和用于违法行为的本人财物依照本法第二十五条的规定处理。

已经离职或者死亡的公职人员在履职期间有违法行为的，依照前款规定处理。

第三章　违法行为及其适用的政务处分

第二十八条　有下列行为之一的，予以记过或者记大过；情节较重的，予以降级或者撤职；情节严重的，予以开除：

（一）散布有损宪法权威、中国共产党领导和国家声誉的言论的；

（二）参加旨在反对宪法、中国共产党领导和国家的集会、游行、示威等活动的；

（三）拒不执行或者变相不执行中国共产党和国家的路线方针政策、重大决策部署的；

（四）参加非法组织、非法活动的；

（五）挑拨、破坏民族关系，或者参加民族分裂活动的；

（六）利用宗教活动破坏民族团结和社会稳定的；

（七）在对外交往中损害国家荣誉和利益的。

有前款第二项、第四项、第五项和第六项行为之一的，对策划者、组织者和骨干分子，予以开除。

公开发表反对宪法确立的国家指导思想，反对中国共产党领导，反对社会主义制度，反对改革开放的文章、演说、宣言、声明等的，予以开除。

第二十九条　不按照规定请示、报告重大事项，情节较重的，予以警告、记过或者记大过；情节严重的，予以降级或者撤职。

违反个人有关事项报告规定，隐瞒不报，情节较重的，予以警告、记过或者记大过。

篡改、伪造本人档案资料的，予以记过或者记大过；情节严重的，予以降级或者撤职。

第三十条　有下列行为之一的，予以警告、记过或者记大过；情节严重的，予以降级或者撤职：

（一）违反民主集中制原则，个人或者少数人决定重大事项，或者拒不执行、擅自改变集体作出的重大决定的；

（二）拒不执行或者变相不执行、拖延执行上级依法作出的决定、命令的。

第三十一条　违反规定出境或者办理因私出境证件的，予以记过或者记大过；情节严重的，予以降级或者撤职。

违反规定取得外国国籍或者获取境外永久居留资格、长期居留许可的，予以撤职或者开除。

第三十二条　有下列行为之一的，予以警告、记过或者记大过；情节较重的，予以降级或者撤职；情节严重的，予以开除：

（一）在选拔任用、录用、聘用、考核、晋升、评选等干部人事工作中违反有关规定的；

（二）弄虚作假，骗取职务、职级、衔级、级别、岗位和职员等级、职称、待遇、资格、学历、学位、荣誉、奖励或者其他利益的；

（三）对依法行使批评、申诉、控告、检举等权利的行为进行压制或者打击报复的；

（四）诬告陷害，意图使他人受到名誉损害或者责任追究等不良影响的；

（五）以暴力、威胁、贿赂、欺骗等手段破坏选举的。

第三十三条 有下列行为之一的，予以警告、记过或者记大过；情节较重的，予以降级或者撤职；情节严重的，予以开除：

（一）贪污贿赂的；

（二）利用职权或者职务上的影响为本人或者他人谋取私利的；

（三）纵容、默许特定关系人利用本人职权或者职务上的影响谋取私利的。

拒不按照规定纠正特定关系人违规任职、兼职或者从事经营活动，且不服从职务调整的，予以撤职。

第三十四条 收受可能影响公正行使公权力的礼品、礼金、有价证券等财物的，予以警告、记过或者记大过；情节较重的，予以降级或者撤职；情节严重的，予以开除。

向公职人员及其特定关系人赠送可能影响公正行使公权力的礼品、礼金、有价证券等财物，或者接受、提供可能影响公正行使公权力的宴请、旅游、健身、娱乐等活动安排，情节较重的，予以警告、记过或者记大过；情节严重的，予以降级或者撤职。

第三十五条 有下列行为之一，情节较重的，予以警告、记过或者记大过；情节严重的，予以降级或者撤职：

（一）违反规定设定、发放薪酬或者津贴、补贴、奖金的；

（二）违反规定，在公务接待、公务交通、会议活动、办公用房以及其他工作生活保障等方面超标准、超范围的；

（三）违反规定公款消费的。

第三十六条 违反规定从事或者参与营利性活动，或者违反规定兼任职务、领取报酬的，予以警告、记过或者记大过；情节较重的，予以降级或者撤职；情节严重的，予以开除。

第三十七条 利用宗族或者黑恶势力等欺压群众，或者纵容、包庇黑恶势力活动的，予以撤职；情节严重的，予以开除。

第三十八条　有下列行为之一，情节较重的，予以警告、记过或者记大过；情节严重的，予以降级或者撤职：

（一）违反规定向管理服务对象收取、摊派财物的；

（二）在管理服务活动中故意刁难、吃拿卡要的；

（三）在管理服务活动中态度恶劣粗暴，造成不良后果或者影响的；

（四）不按照规定公开工作信息，侵犯管理服务对象知情权，造成不良后果或者影响的；

（五）其他侵犯管理服务对象利益的行为，造成不良后果或者影响的。

有前款第一项、第二项和第五项行为，情节特别严重的，予以开除。

第三十九条　有下列行为之一，造成不良后果或者影响的，予以警告、记过或者记大过；情节较重的，予以降级或者撤职；情节严重的，予以开除：

（一）滥用职权，危害国家利益、社会公共利益或者侵害公民、法人、其他组织合法权益的；

（二）不履行或者不正确履行职责，玩忽职守，贻误工作的；

（三）工作中有形式主义、官僚主义行为的；

（四）工作中有弄虚作假，误导、欺骗行为的；

（五）泄露国家秘密、工作秘密，或者泄露因履行职责掌握的商业秘密、个人隐私的。

第四十条　有下列行为之一的，予以警告、记过或者记大过；情节较重的，予以降级或者撤职；情节严重的，予以开除：

（一）违背社会公序良俗，在公共场所有不当行为，造成不良影响的；

（二）参与或者支持迷信活动，造成不良影响的；

（三）参与赌博的；

（四）拒不承担赡养、抚养、扶养义务的；

（五）实施家庭暴力，虐待、遗弃家庭成员的；

（六）其他严重违反家庭美德、社会公德的行为。

吸食、注射毒品，组织赌博，组织、支持、参与卖淫、嫖娼、色情淫乱活动的，予以撤职或者开除。

第四十一条 公职人员有其他违法行为，影响公职人员形象，损害国家和人民利益的，可以根据情节轻重给予相应政务处分。

第四章 政务处分的程序

第四十二条 监察机关对涉嫌违法的公职人员进行调查，应当由二名以上工作人员进行。监察机关进行调查时，有权依法向有关单位和个人了解情况，收集、调取证据。有关单位和个人应当如实提供情况。

严禁以威胁、引诱、欺骗及其他非法方式收集证据。以非法方式收集的证据不得作为给予政务处分的依据。

第四十三条 作出政务处分决定前，监察机关应当将调查认定的违法事实及拟给予政务处分的依据告知被调查人，听取被调查人的陈述和申辩，并对其陈述的事实、理由和证据进行核实，记录在案。被调查人提出的事实、理由和证据成立的，应予采纳。不得因被调查人的申辩而加重政务处分。

第四十四条 调查终结后，监察机关应当根据下列不同情况，分别作出处理：

（一）确有应受政务处分的违法行为的，根据情节轻重，按照政务处分决定权限，履行规定的审批手续后，作出政务处分决定；

（二）违法事实不能成立的，撤销案件；

（三）符合免予、不予政务处分条件的，作出免予、不予政务处分决定；

（四）被调查人涉嫌其他违法或者犯罪行为的，依法移送主管机关处理。

第四十五条　决定给予政务处分的，应当制作政务处分决定书。政务处分决定书应当载明下列事项：

（一）被处分人的姓名、工作单位和职务；

（二）违法事实和证据；

（三）政务处分的种类和依据；

（四）不服政务处分决定，申请复审、复核的途径和期限；

（五）作出政务处分决定的机关名称和日期。

政务处分决定书应当盖有作出决定的监察机关的印章。

第四十六条　政务处分决定书应当及时送达被处分人和被处分人所在机关、单位，并在一定范围内宣布。

作出政务处分决定后，监察机关应当根据被处分人的具体身份书面告知相关的机关、单位。

第四十七条　参与公职人员违法案件调查、处理的人员有下列情形之一的，应当自行回避，被调查人、检举人及其他有关人员也有权要求其回避：

（一）是被调查人或者检举人的近亲属的；

（二）担任过本案的证人的；

（三）本人或者其近亲属与调查的案件有利害关系的；

（四）可能影响案件公正调查、处理的其他情形。

第四十八条　监察机关负责人的回避，由上级监察机关决定；其他参与违法案件调查、处理人员的回避，由监察机关负责人决定。

监察机关或者上级监察机关发现参与违法案件调查、处理人员有应当回避情形的，可以直接决定该人员回避。

第四十九条　公职人员依法受到刑事责任追究的，监察机关应当根据司法机关的生效判决、裁定、决定及其认定的事实和情节，依照本法规定给予政务处分。

公职人员依法受到行政处罚，应当给予政务处分的，监察机关可以根据行政处罚决定认定的事实和情节，经立案调查核实后，依照本法给予政务处分。

监察机关根据本条第一款、第二款的规定作出政务处分后，司法机关、行政机关依法改变原生效判决、裁定、决定等，对原政务处分决定产生影响的，监察机关应当根据改变后的判决、裁定、决定等重新作出相应处理。

第五十条 监察机关对经各级人民代表大会、县级以上各级人民代表大会常务委员会选举或者决定任命的公职人员予以撤职、开除的，应当先依法罢免、撤销或者免去其职务，再依法作出政务处分决定。

监察机关对经中国人民政治协商会议各级委员会全体会议或者其常务委员会选举或者决定任命的公职人员予以撤职、开除的，应当先依章程免去其职务，再依法作出政务处分决定。

监察机关对各级人民代表大会代表、中国人民政治协商会议各级委员会委员给予政务处分的，应当向有关的人民代表大会常务委员会，乡、民族乡、镇的人民代表大会主席团或者中国人民政治协商会议委员会常务委员会通报。

第五十一条 下级监察机关根据上级监察机关的指定管辖决定进行调查的案件，调查终结后，对不属于本监察机关管辖范围内的监察对象，应当交有管理权限的监察机关依法作出政务处分决定。

第五十二条 公职人员涉嫌违法，已经被立案调查，不宜继续履行职责的，公职人员任免机关、单位可以决定暂停其履行职务。

公职人员在被立案调查期间，未经监察机关同意，不得出境、辞去公职；被调查公职人员所在机关、单位及上级机关、单位不得对其交流、晋升、奖励、处分或者办理退休手续。

第五十三条 监察机关在调查中发现公职人员受到不实检举、控告或者诬告陷害，造成不良影响的，应当按照规定及时澄清事实，恢复名誉，消除不良影响。

第五十四条 公职人员受到政务处分的，应当将政务处分决定书存入其本人档案。对于受到降级以上政务处分的，应当由人事部门按照管理权限在作出政务处分决定后一个月内办理职务、工资及其他有关待遇等的变更手续；特殊情况下，经批准可以适当延长办理期限，但是最长不得超过六个月。

第五章　复审、复核

第五十五条　公职人员对监察机关作出的涉及本人的政务处分决定不服的，可以依法向作出决定的监察机关申请复审；公职人员对复审决定仍不服的，可以向上一级监察机关申请复核。

监察机关发现本机关或者下级监察机关作出的政务处分决定确有错误的，应当及时予以纠正或者责令下级监察机关及时予以纠正。

第五十六条　复审、复核期间，不停止原政务处分决定的执行。

公职人员不因提出复审、复核而被加重政务处分。

第五十七条　有下列情形之一的，复审、复核机关应当撤销原政务处分决定，重新作出决定或者责令原作出决定的监察机关重新作出决定：

（一）政务处分所依据的违法事实不清或者证据不足的；

（二）违反法定程序，影响案件公正处理的；

（三）超越职权或者滥用职权作出政务处分决定的。

第五十八条　有下列情形之一的，复审、复核机关应当变更原政务处分决定，或者责令原作出决定的监察机关予以变更：

（一）适用法律、法规确有错误的；

（二）对违法行为的情节认定确有错误的；

（三）政务处分不当的。

第五十九条　复审、复核机关认为政务处分决定认定事实清楚，适用法律正确的，应当予以维持。

第六十条　公职人员的政务处分决定被变更，需要调整该公职人员的职务、职级、衔级、级别、岗位和职员等级或者薪酬待遇等的，应当按照规定予以调整。政务处分决定被撤销的，应当恢复该公职人员的级别、薪酬待遇，按照原职务、职级、衔级、岗位和职员等级安排相应的职务、职级、衔级、岗位和职员等级，并在原政务处分决定公布范围内为其恢复名誉。没收、追缴财物错误的,应当依法予以返还、赔偿。

公职人员因有本法第五十七条、第五十八条规定的情形被撤销政务处分或者减轻政务处分的,应当对其薪酬待遇受到的损失予以补偿。

第六章 法 律 责 任

第六十一条 有关机关、单位无正当理由拒不采纳监察建议的,由其上级机关、主管部门责令改正,对该机关、单位给予通报批评,对负有责任的领导人员和直接责任人员依法给予处理。

第六十二条 有关机关、单位、组织或者人员有下列情形之一的,由其上级机关,主管部门,任免机关、单位或者监察机关责令改正,依法给予处理:

(一)拒不执行政务处分决定的;

(二)拒不配合或者阻碍调查的;

(三)对检举人、证人或者调查人员进行打击报复的;

(四)诬告陷害公职人员的;

(五)其他违反本法规定的情形。

第六十三条 监察机关及其工作人员有下列情形之一的,对负有责任的领导人员和直接责任人员依法给予处理:

(一)违反规定处置问题线索的;

(二)窃取、泄露调查工作信息,或者泄露检举事项、检举受理情况以及检举人信息的;

(三)对被调查人或者涉案人员逼供、诱供,或者侮辱、打骂、虐待、体罚或者变相体罚的;

(四)收受被调查人或者涉案人员的财物以及其他利益的;

(五)违反规定处置涉案财物的;

(六)违反规定采取调查措施的;

(七)利用职权或者职务上的影响干预调查工作、以案谋私的;

（八）违反规定发生办案安全事故，或者发生安全事故后隐瞒不报、报告失实、处置不当的；

（九）违反回避等程序规定，造成不良影响的；

（十）不依法受理和处理公职人员复审、复核的；

（十一）其他滥用职权、玩忽职守、徇私舞弊的行为。

第六十四条　违反本法规定，构成犯罪的，依法追究刑事责任。

第七章　附　　则

第六十五条　国务院及其相关主管部门根据本法的原则和精神，结合事业单位、国有企业等的实际情况，对事业单位、国有企业等的违法的公职人员处分事宜作出具体规定。

第六十六条　中央军事委员会可以根据本法制定相关具体规定。

第六十七条　本法施行前，已结案的案件如果需要复审、复核，适用当时的规定。尚未结案的案件，如果行为发生时的规定不认为是违法的，适用当时的规定；如果行为发生时的规定认为是违法的，依照当时的规定处理，但是如果本法不认为是违法或者根据本法处理较轻的，适用本法。

第六十八条　本法自 2020 年 7 月 1 日起施行。

2. 行政法规类（略）

3. 监察法规类（略）

（二）规范性文件和业务规范、标准类

关于进一步规范司法人员与当事人、律师、特殊关系人、中介组织接触交往行为的若干规定

（2015年9月6日最高人民法院、最高人民检察院、公安部、国家安全部、司法部发布）

第一条 为规范司法人员与当事人、律师、特殊关系人、中介组织的接触、交往行为，保证公正司法，根据有关法律和纪律规定，结合司法工作实际，制定本规定。

第二条 司法人员与当事人、律师、特殊关系人、中介组织接触、交往，应当符合法律纪律规定，防止当事人、律师、特殊关系人、中介组织以不正当方式对案件办理进行干涉或者施加影响。

第三条 各级司法机关应当建立公正、高效、廉洁的办案机制，确保司法人员与当事人、律师、特殊关系人、中介组织无不正当接触、交往行为，切实防止利益输送，保障案件当事人的合法权益，维护国家法律统一正确实施，维护社会公平正义。

第四条 审判人员、检察人员、侦查人员在诉讼活动中，有法律规定的回避情形的，应当自行回避，当事人及其法定代理人也有权要求他们回避。

审判人员、检察人员、侦查人员的回避，应当依法按程序批准后执行。

第五条 严禁司法人员与当事人、律师、特殊关系人、中介组

织有下列接触交往行为：

（一）泄露司法机关办案工作秘密或者其他依法依规不得泄露的情况；

（二）为当事人推荐、介绍诉讼代理人、辩护人、或者为律师、中介组织介绍案件，要求、建议或者暗示当事人更换符合代理条件的律师；

（三）接受当事人、律师、特殊关系人、中介组织请客送礼或者其他利益；

（四）向当事人、律师、特殊关系人、中介组织借款、租借房屋，借用交通工具、通讯工具或者其他物品；

（五）在委托评估、拍卖等活动中徇私舞弊，与相关中介组织和人员恶意串通、弄虚作假、违规操作等行为；

（六）司法人员与当事人、律师、特殊关系人、中介组织的其他不正当接触交往行为。

第六条 司法人员在案件办理过程中，应当在工作场所、工作时间接待当事人、律师、特殊关系人、中介组织。因办案需要，确需与当事人、律师、特殊关系人、中介组织在非工作场所、非工作时间接触的，应依照相关规定办理审批手续并获批准。

第七条 司法人员在案件办理过程中因不明情况或者其他原因在非工作时间或非工作场所接触当事人、律师、特殊关系人、中介组织的，应当在三日内向本单位纪检监察部门报告有关情况。

第八条 司法人员从司法机关离任后，不得担任原任职单位办理案件的诉讼代理人或者辩护人，但是作为当事人的监护人或者近亲属代理诉讼或者进行辩护的除外。

第九条 司法人员有违反本规定行为的，当事人、律师、特殊关系人、中介组织和其他任何组织和个人可以向有关司法机关反映情况或者举报。

第十条 对反映或者举报司法人员违反本规定的线索，司法机关纪检监察部门应当及时受理，全面、如实记录，认真进行核查。

对实名举报的，自受理之日起一个月内进行核查并将查核结果向举报人反馈。

不属于本单位纪检监察部门管辖的司法人员违反本规定的，将有关线索移送有管辖权的纪检监察部门处理。

第十一条 司法人员违反本规定，依照《中国共产党纪律处分条例》、《行政机关公务员处分条例》、《人民法院工作人员处分条例》、《检察人员纪律处分条例（试行）》、《公安机关人民警察纪律条令》等规定给予纪律处分，并按程序报经批准后予以通报，必要时可以向社会公开；造成冤假错案或者其他严重后果，构成犯罪的，依法追究刑事责任。

第十二条 司法机关应当将司法人员执行本规定的情况记入个人廉政档案。单位组织人事部门将执行本规定情况作为司法人员年度考核和晋职晋级的重要依据。

第十三条 司法机关应当每季度对司法人员与当事人、律师、特殊关系人、中介组织的不正当接触、交往情况进行汇总分析，报告同级党委政法委和上级司法机关。

第十四条 本规定所称"司法人员"，是指在法院、检察院、公安机关、国家安全机关、司法行政机关依法履行审判、执行、检察、侦查、监管职责的人员。

本规定所称"特殊关系人"，是指当事人的父母、配偶、子女、同胞兄弟姊妹和与案件有利害关系或可能影响案件公正处理的其他人。

本规定所称"中介组织"，是指依法通过专业知识和技术服务，向委托人提供代理性、信息技术服务性等中介服务的机构，主要包括受案件当事人委托从事审计、评估、拍卖、变卖、检验或者破产管理等服务的中介机构。公证机构、司法鉴定机构参照"中介组织"适用本规定。

第十五条 本规定自印发之日起施行。

八、工作保障类

(一) 法律法规类（略）

1. 法律类（略）

2. 行政法规类（略）

3. 部门规章类（略）

（二）规范性文件和业务规范、标准类

1. 规范性文件类

司法部、财政部关于建立健全政府购买法律服务机制的意见

（2020年10月8日　司发通〔2020〕72号）

各省、自治区、直辖市司法厅（局）、财政厅（局），新疆生产建设兵团司法局、财政局，各计划单列市司法局、财政局：

为积极稳妥、依法规范有序推进政府购买法律服务工作，根据政府采购和购买服务等有关法律法规，结合法律服务工作实际，提出如下指导意见。

一、总体要求

以习近平新时代中国特色社会主义思想为指导，深入贯彻落实党的十九大和十九届二中、三中、四中全会精神，落实《关于深化律师制度改革的意见》、《关于加快推进公共法律服务体系建设的意见》、《关于政府向社会力量购买服务的指导意见》等部署要求，大力推进政府购买法律服务工作，完善政府购买法律服务机制，强化政府公共法律服务职能，提高政府依法行政能力和水平，加快建设覆盖城乡、便捷高效、均等普惠的现代公共法律服务体系，增强人民群众共享全面依法治国的获得感、幸福感、安全感，为统筹推进"五位一体"总体布局、协调推进"四个全面"战略布局提供优质法律服务和有力法治保障。

二、购买主体和承接主体

各级国家机关是政府购买法律服务的购买主体。党的机关、政协机关、民主党派机关、承担行政职能的事业单位和使用行政编制的群团组织机关使用财政性资金购买法律服务的，参照国家机关执行。

政府购买法律服务的承接主体应当具备法律服务能力，并符合有关法律、行政法规、规章规定的资格条件。

购买主体应当依法保障承接主体平等参与政府购买法律服务的权利，不得设置不合理的条件对承接主体实行差别待遇或者歧视待遇。

三、购买内容

政府购买法律服务的内容为属于政府职责范围且适合通过市场化方式提供的法律服务事项。政府购买法律服务的具体范围和内容实行指导性目录管理。下列法律服务事项可以依法纳入政府购买服务指导性目录：

（一）政府向社会公众提供的公共法律服务。主要是政府为保障和改善民生，促进基层依法治理，维护社会和谐稳定，委托律师、基层法律服务工作者等社会力量向公民、法人和其他组织提供的公共性、公益性、普惠性、兜底性的法律服务，包括：法律援助服务；值班律师法律帮助服务；村（居）法律顾问服务；法治宣传教育服务；人民调解服务；公共法律服务热线、网络、实体平台法律咨询服务；公益性律师调解、律师代理申诉、律师化解涉法涉诉信访案件服务；公益性公证、司法鉴定服务；仲裁委员会参与基层纠纷解决服务；等等。

（二）政府履职所需辅助性法律服务。主要是政府委托律师、基层法律服务工作者等社会力量提供的政府法律顾问服务及其他辅助性法律服务，包括：参与重大决策、重大执法决定合法性审查，为重大决策、重大行政行为提供法律意见；参与法律法规规章、党内法规和规范性文件的起草论证；参与合作项目的洽谈，起草、修改重要的法律文书或者合同；参与处理行政复议、诉讼、仲裁等法律事务；为处置涉法涉诉案件、信访案件和重大突发事件等提供法律服务；参与法治建设相关调研、培训、督察等工作；为行政活动办理合同证明、权利确认、保全证据、现场监督等公证；等等。

实施政府购买法律服务的部门负责将符合规定的法律服务事项纳入本部门政府购买服务指导性目录，根据经济社会发展变化、政府职能转变及公众需求等情况，按程序及时对目录进行动态调整。

四、购买活动实施

购买主体应当按照《政府采购法》和《政府购买服务管理办法》等法律法规规章和制度规定组织实施购买活动。

（一）预算管理。政府购买法律服务项目所需资金，应当在年度部门预算中统筹安排。

（二）采购管理。购买主体应当综合考虑购买内容的供求特点、市场发育程度等因素，按照方式灵活、程序简便、公开透明、竞争有序、公平择优的原则，采用适当采购方式确定承接主体，并参照所在区域同类法律服务的市场收费标准合理确定政府购买价格。

（三）合同管理。购买主体与承接主体应当签订政府购买法律服务书面合同，明确服务对象、服务内容、服务期限、服务数量和质量、双方权利义务、服务价格及资金结算方式、服务绩效目标、违约责任等内容。

（四）履约责任。购买主体应当加强对政府购买法律服务项目的履约管理，开展绩效执行监控和验收评估，按照合同约定向承接主体支付服务费用。承接主体应当认真履行合同，依法诚信规范执业，规范使用政府购买服务项目资金，按时保质保量提供法律服务。

五、指导监督

购买主体和承接主体应当自觉接受监察监督、财政监督、审计监督、社会监督以及服务对象的监督。

省级司法行政部门和财政部门可以结合本地实际制定政府购买法律服务的具体办法，进一步明确购买主体、承接主体、购买内容、购买程序等，推进本地区政府购买法律服务工作有序开展。

各级财政部门负责本级政府购买法律服务计划的审核和监督管理，可以根据需要对部门实施的资金金额和社会影响大的政府购买法律服务项目开展重点绩效评价，会同司法行政部门积极推动各相关部门将符合条件的法律服务事项纳入本部门政府购买服务指导性目录。

各级司法行政部门应当引导律师等社会力量有序参与政府购买法律服务供给，加强业务指导和监督，研究完善政府购买法律服务质量标准，促进提高法律服务水平。

2. 业务规范、标准类（略）

图书在版编目（CIP）数据

司法所工作规范手册/《司法所工作规范手册》编写组编. -- 北京：中国法治出版社，2025.8. -- ISBN 978-7-5216-5319-9

Ⅰ.D926.13-62

中国国家版本馆 CIP 数据核字第 2025Y8A268 号

责任编辑：李宏伟　应博群　　　　　　　　封面设计：杨鑫宇

司法所工作规范手册
SIFASUO GONGZUO GUIFAN SHOUCE

编者/《司法所工作规范手册》编写组
经销/新华书店
印刷/三河市国英印务有限公司
开本/880 毫米×1230 毫米　32 开　　　印张/10.5　字数/222 千
版次/2025 年 8 月第 1 版　　　　　　　2025 年 8 月第 1 次印刷

中国法治出版社出版

书号 ISBN 978-7-5216-5319-9　　　　　　　定价：45.00 元

北京市西城区西便门西里甲 16 号西便门办公区
邮政编码：100053　　　　　　　　　　　传真：010-63141600
网址：http://www.zgfzs.com　　　　　编辑部电话：010-63141804
市场营销部电话：010-63141612　　　　印务部电话：010-63141606

（如有印装质量问题，请与本社印务部联系。）